扬州文化研究论丛

The Research Forum of Yangzhou Culture

第廿四辑

赵昌智 主编

广 陵 书 社

图书在版编目（ＣＩＰ）数据

扬州文化研究论丛. 第24辑 / 赵昌智主编. -- 扬州：
广陵书社, 2019.12
ISBN 978-7-5554-1421-6

Ⅰ. ①扬… Ⅱ. ①赵… Ⅲ. ①文化史－扬州－文集
Ⅳ. ①K295.33-53

中国版本图书馆CIP数据核字(2019)第296170号

书 名	扬州文化研究论丛. 第24辑
主 编	赵昌智
责任编辑	李 洁 胡 珍
出 版 人	曾学文
出版发行	广陵书社

扬州市维扬路 349 号 邮编 225009
（0154）85228081（总编办） （0514）85228088（发行部）
http://www.yzglpub.com E-mail：yzglss@163.com

印 刷	扬州皓宇图文印刷有限公司
开 本	787毫米×1092毫米 1/16
印 张	13.75
字 数	220千字
版 次	2019年12月第1版
印 次	2019年12月第1次印刷
标准书号	ISBN 978-7-5554-1421-6
定 价	60.00元

目　录

维扬艺文

邗城史探

广陵才俊

学人笔札

典籍选刊

卷 首 语

　　本辑收录的论文主要聚焦在对地方文献与文人交游的研究两个方面。

　　《论语》云："夏礼吾能言之，杞不足徵也；殷礼吾能言之，宋不足徵也——文献不足故也。"就是说，要了解古代的文化，必须要有足够多的文献。朱熹《四书章句集注》解释："文，典籍也；献，贤也。"可见古代的"文"指典籍文章，"献"指的是古代先贤的事迹与言论，而这正好就是本辑论文的重点。

　　今天的文献学，其含义已有所不同，它包括了校勘学、目录学、版本学及辨伪、辑佚、注释、编纂、标点等许多方面，本辑多篇论文也正好与之相关。

　　《焦循代撰〈丧服足征录序〉文本与阮元定本之差异》将焦循代序和阮元的改定本对校，发现二者文字有所不同，指出阮序文字表述更为准确、完备、妥当，且言简意赅，可视为二次创作，也可见其治学，行文周密；阮序并未收入阮元《揅经室集》中，亦见其尊重代撰者之意。

　　《校阮元〈宋本十三经注疏并经典释文校勘记·周礼注疏校勘记〉卷一》对文选楼本《周礼注疏校勘记》卷一中的校勘文字进行再校订，由于阮校本所用的参校版本较少，日本加藤虎之亮《周礼经注疏音义校勘记》虽为近代日本学者研究诸经注疏之典范，但依然存在着参校版本不全、漏校部分文字、不作考证判断等缺陷。作者援据多种古抄宋椠，分卷再校阮记，将《周礼注疏》整理工作，又大大推进一步。

　　《阮元〈儒林传稿〉文本源流及其演变考之四——以征引、覆辑〈四库全书总目〉为例》以《儒林传稿》与《四库全书总目》对校，分析《儒林传稿》征引《总目》的内容与方法；又将其与《清史稿·儒林传》对校，探讨《儒林传》覆辑《儒林传稿》征引与修订《总目》的情况，为研究《儒林传稿》文本源流与演变，提供重要参考依据。

　　《〈刘文淇集〉标点指瑕》指出台北"中央研究院"文哲研究所整理出版的《刘文淇集》存在的一些断句不当、标注引文不当、使用标点不当等问题，纠正了其中对于国名、书名、官名、人名、人称以及对于个别古文字的误解。

　　如果说，了解文献学是研究历史文化的内功，那么，了解历史人物的社会交往状况，就是研究历史文化的外功。孟子说："颂其诗，读其书，不知其人，可乎？是以论其世也，是尚友也。"本辑所收入的几篇有关文人交游的文章，正是提供了这方面的成果与资料。

《嘤其鸣也 求其友声——以郑板桥为中心试论扬州八怪的交友之道》以郑板桥为中心，阐述扬州八怪的交友之道，说明其可称许者有善学多闻、善道友长、善规友短、真情相处诸方面，分析其交友之道的源泉是儒学传统和平民精神，揭示其交友的本质是君子之素交、文人之学交、平民之情交。

《边寿民事迹新考》对边寿民的家世与文化活动作了新的考订，对《边寿民年谱》中谱主交游的范围加以扩充，增添了吴玉搢、蒋汾功、蒋衡、梁启心、方楘如、汪枚等知名学者文人与边氏交往的新资料，对推进边寿民研究有所裨益。

《程且硕和曹寅的诗文之交》引用程且硕与曹寅相唱和的诗词，说明两人交往密切、友谊深厚，又分析了他在曹寅和李煦之间产生矛盾时内心的痛苦和纠结。

《凌晓楼先生交游考》搜集了与清代学者凌曙交游者三十一人的资料，分为书院诸师、幕府师友、学林前辈、直朋谅友、弟子晚辈、金石同好等六类，《汪楫交游略述》介绍了清初学者汪楫的一大批交游对象，分为师长前辈、遗民隐士、同乡彦友、仁宦之友、博学鸿儒、方外交游等六个群体，这些材料都有助于深入了解这些文化人的生平事迹、思想脉络、创作环境与学术源流。

尽管这些文章的结论还可以进一步推敲，其研究深度和广度还有待于进一步提升，但对于扬州文化研究无疑都是有益的。

焦循代撰《丧服足征录序》文本与阮元定本之差异

王章涛

摘　要：本文以焦循《雕菰集》收录的《代阮抚军[元]作〈丧服足征录〉序》，与《通艺录》本《丧服足征录》卷首署名阮元序进行文字对校，发现了一些细微的差别，当是阮元对焦循代作之文改定之作，从这些精细的文字修改之中可见阮元治学严谨，行文深知"关照"的特色。

关键词：阮元　焦循　《〈丧服足征录〉序》

焦循《雕菰集》卷十五载《代阮抚军[元]作〈丧服足征录〉序》。该《序》为歙县通儒程瑶田著《仪礼丧服文足征记》所作。另，署名阮元，题作《仪礼丧服文足征记叙》，见存于：一、《皇清经解》本，卷六十八，该《记》卷首；二、《通艺录》本，该《记》卷首。

笔者在撰写《焦循焦廷琥年谱》时，出于对取用资料的审慎，依据《雕菰集》所载该《记》之《序》与《通艺录》所载该《记》卷首之《序》作了对校。发现文字差异甚多，虽总体框架并无大变，文意也无大伤，但通过具体的对比，细加审视，还是发现有细微的差别，值得探讨和研究。

对焦循代作《序》与署阮元之《叙》对校时，所取版本说明如下：焦

《序》，取刘建臻点校《焦循诗文集》本，广陵书社2009年版。笔者持广陵书社版与《雕菰楼集》（即《雕菰集》，同书异名）道光四年仪征阮福刻本，并《文选楼丛书》本对校，无讹。可视为一体，勿疑。阮《叙》，取谢芳庆点校《程瑶田全集·通艺录》本，黄山书社2008年版，笔者未及与嘉庆刊本、《安徽丛书》本对校，与早年抄件对照一番，推想无讹。

对校方法说明：

一、以《雕菰集》焦《序》为正文，为明白计称"焦文"，也有别于"阮文"。

二、焦文之本字、本句、本段，用圆括号括入者，表示在阮文中已删落，不作说明。本字、本句、本段后加圆括号，且有文字者，是据阮文对校后，所作改易等情况的说明。

三、焦文无，而阮文衍生之文字植入焦文中，用方括号括入，以示为阮文增补者。

四、刘建臻点校之焦文，内中标"省略号"有三。因撰者引此引文时删落个中文字，故而增之。然无论《雕菰集》初刻本、汇印本，还是《通艺录》刻本，皆无此标示，一是雕板困难；二是旧时常例，乃至民国时期，已启用新式标点，也往往随意截句，而不加省略号。今见《通艺录》黄山书社标点排印本仍循旧例。

特此说明。

代阮抚军作《丧服足征录》序

歙（之）通儒程易田先生（"田先生"改作"畴孝廉方正之"）《通艺录》，所论说宗法、沟洫、古器、九谷，草木等（"等"改作"诸"）篇，精确不刊，海内[深于学术者，]宗之久矣。嘉庆七年[夏]，（岁次壬戌，某修葺杭州圣庙，既落成，以旧乐器敝损，不堪考击，迎先生来，考订钟律，吹管协之，裁毛为磬，股鼓句倨，一合于古。）先生从容（"从容""改作"来杭州"）出（近）所著《丧服足征记》七卷见示。[元案]《仪礼》此篇，自子夏为《传》，郑康成氏以为失误。后之儒者或疑郑《注》之非，（大）率皆凭执空论，无有确（"确"改作"显"）证，（虽譊譊辨议，）终不足以定是非之准（"定是非之准"改作"明卜氏之传意"）。先生（"先生"改作"孝廉"）一以[玩索]经文为本，穷其（"穷其"改作"辨"）疑似于豪末（"末"改作"芒"）之间。圣人制礼精义，一旦昭著，所以裨益经学，启发（"发"改作"迪"）后人，非浅鲜也。试揭其精要（"要"改作"者"），略述于左（"于左"改作"之"）"缌麻"篇（"篇"改作"章"）末云："长殇、中殇、降一等，下殇降二等，齐衰之殇中从上，大功之殇中从下。"郑氏以为《传》文，注云："是妇人为夫之族著殇服法。"盛世佐疑之云："不专指妇人，后人散《传》文于经文，下［此］数语无所属，故怒于末。"然未尝以（"以"政作"会"）全经［之文］核之也。又（《传》于）"小功殇服"［传］问云："中殇何以不见也？大功之殇中从上，小功之殇中从下。"郑《注》云："大功小功，皆谓服其成人。"郝敬疑之云："大功小功谓殇服，郑《注》固执作解。"然亦未尝以（"以"改作"会"）全经［之文］核之也。先生以（"以"改作"则"）考成人齐衰，见于殇服者十四人，并长（殇）中（殇）大功下（殇）小功［成人］大功见于殇服者十一人，并长（殇）小功，中下缌麻，而成人小功亲，元中下殇服，是以成人之服言之，所谓"济衰之殇中从上，大功之殇中从下"者，以殇服言之，则所谓"大功之殇中从上，小功之殇中从下"也。因断"长（殇）中（殇）降一等"四语为经文。于是经传杂陈之中，条理一贯，而"缌麻"章"庶孙之中殇"，亦无容改"中"为"下"矣。"不杖期"［章］"惟子不报"，《传》曰：女子子适人者，为其父母期，故言不报也。"《注》云："男女（"女"改作"子"）同不报耳（……）《传》惟据女子，似失之。"盛世佐疑之云："男子为父不服期，不在报中明矣。女子适人，与其馀十人服期同，疑亦在报中，故辨之。郑讥《传》失，未达斯义。"然未尝以经文核之也。先生则考上经"姑、姊妹，女子适人无主者，姑、姊妹报"，而不言女子［子］不报。此经言"姑、姊妹，女女（下一"女"改作"子"）子无主者（……）惟子不报"，而不言"姑、姊妹报"，［因］断其为互见互省之例。又此章，经"公妾及大夫之妾为其父母"，《传》云："（何以期也？）妾不得体君，得为其父母遂也。"《注》云："然则女君有以尊降其父母者与（"与"改作"欤"；实互通）？（……）此《传》似误（矣）。"郝敬疑之云："（《传》未尝谓女君可降其父母也）谓妾之父母，君同凡人，妾自为重服以自遂，以君之贵尚不厌妾（此）父母之丧（"丧"改作"服"），所以为重，《传》安得误？"然未尝以经文核之也。先生则考（公妾、大夫之）妾为其子。《传》云"妾不得体君，为其子得遂也"。于是知妾之于父母，宜（"宜"改作"当"）以妾之于子例。而郑氏以女君为例，（为）拟不于伦也。"大功"章："大夫之妾，为君之庶子，女子子嫁者、未嫁者为世父母、叔父母、姑、姊妹。"（马融）旧读，以"大夫之妾"为建首，下二"为"字贯之。郑氏谓"女子子（嫁者、未嫁者）"别起贯下，（而）斥《传》文为"不辞"。朱子尝疑之，以为旧读正得《传》义。嗣是依旧读。疑郑《注》者甚众，然均未以经文核之，而郑《注》与旧说尚两可也。先生则考："女子在室为世父母、叔父母服期，出降旁亲，当服大功。今嫁大夫，当降服小功。"又考［定］"女子嫁者［例］不降正亲，而（"而"改作"必"）降旁亲。"于是，经文草句与《传》文（可）不迷于所往（"迷于所往"改作"相溷淆"）矣。至于高祖之不制服小功，［末］之可以娶妇，从父昆弟之孙不服缌麻，素食非白食，弟之妻称妇，精言妙（"妙"改作"善"）解，穷极隐微传圣人制礼，［贤人传礼］之心于千百年之后，非好学深思，心知其意，何以能此（"此"改作"之"）！夫融会（"融会"改作"玩索"）经之全文，以求经之义，不为传注所拘牵，（此诚经学之大要也。读先生此书，不惟明于此经之文，庶乎知通经之路矣。因付梓以公诸世。）［此儒者之所以通也。若云有背郑旨，不考卜氏之本书，此西晋、南宋门户之锢习。我朝学者持论公而择善确，不肯出此。扬州阮元叙。］

就阮元改易处，解析如下：

一、程瑶田字与称谓：程瑶田（1725—1814），小名千几，字易田，又字伯易、易畴。九应乡试，至乾隆三十五年（1770）恩科始中式。五十二年，大挑，得吏部选，为嘉定县儒学教谕。嘉庆元年（1796），诏开廉方正科，安徽巡抚以瑶田应，赴礼部会试，举孝廉方正，赐六品顶带。纵观程瑶田晚年与友朋往来，提及瑶田者多以"易畴"称之，时至民国间撰著亦多如此，可见其字以"易畴"行。"孝廉方正"则是瑶田最具身份之称谓。综上，可知阮元所取为妥。

二、增"深于学术者"，阮元所指"崇奉者"更有针对性，更明确。

三、增"夏"字，删落"岁次壬戌至一合于古"文字。此改，时间细化，更明确。"岁次"乃重复，余事非本文要交待者，赘文，删削甚是。

四、"从容"改作"来杭州"；删"近"。交待"地点"；并指"七卷"之书非一时之作，表述更准确。

五、"后之儒者"至"定是非之准"一段。其中，用"显"代"确"，合乎逻辑；既无"显证"，何须"辨议"；无"辨议"，如何"定是非"；既"凭执空论"，结论作"终不足明卜氏之传意"，当是明白、准确。另，程瑶田解析《仪礼·丧服》末章"长殇、中殇降一等"四句，知其为经文，而郑玄误以为子夏《传》。子夏（前507—？），春秋末卫人，一说晋国温人。本名卜商，字子夏，以字行。孔子的学生。故此处有"卜氏"之谓。

六、"先生一以经文为本，穷其疑似于豪末之间"句，增"玩索"一词；又见文末"夫融会经之全文"句，改"融会"为"玩索"。并释之：玩索：反复玩味探索。"融会"，此处作调和，和洽解。取"融会"，明显辞不达意，而"玩索"则极切意。至于"穷其"改作"辨"、"末"改作"芒"，虽一字之易，准而有神效。

七、"经文章句与《传》文可不迷于所往矣"，改作"经文章句与《传》文不相溷淆"。溷淆，混乱、杂乱意。改得言简意赅。

八、"传圣人制礼之心于千百年之后"句，增"贤人传礼"，表述"制"与"传"的传承关系，方有千百年之久远，得"完备"之效。

九、"'此诚经学'至'公诸世'"一节，三十六字；改易为"'此儒者'至'不肯出此'"一节，四十六字。比较两节文字，对"求经之义，不为传注所拘牵"，两家说各执重点。焦循以"融会"诸经，得"通经之路"，阮元则以为"玩索"诸经，"所以通"。阮元在《重刻宋板注疏总目录》后有云："窃谓士人读书当从经学始，经学当从《注疏》始，空疏之士，高明之徒，读《注疏》不终卷，而思卧者，是不能潜心擘索，终身不知有圣贤诸儒经传之学矣。至于《注疏》诸义，亦有是有非。我朝经学最盛，诸儒论之甚详，是又在好学深思、实事求是之士，由《注疏》而推求寻览之也。"为阮说四十六字加释。

阮元改易此文，可谓二次创作，精细到一个字，可见其治学严谨，行文深知"关照"。焦循代撰之文出现的落差，因他未及完窥阮元之思路，不足为怪，更不能轻视焦循不善文。阮元改定之文，仅冠于程瑶田《仪礼丧服文足征记》卷首，未收入《擘经室集》中，亦见其尊重代撰者之意。

作者工作单位：扬州文化研究会

校阮元《宋本十三经注疏并经典释文校勘记·周礼注疏校勘记》卷一*

孔祥军

摘　要：本文主要对文选楼本阮元《宋本十三经注疏并经典释文校勘记·周礼注疏校勘记》卷一相关校勘文字进行再校订，校订的主要依据是日本古抄本单疏本《周礼疏》、南宋越刊八行本《周礼疏》、南宋刊经注本《周礼》等阮元及主事者臧庸诸人未见之文献，并加以考正说明。

关键词：周礼注疏校勘记　周礼注疏　阮元

《周礼注疏校勘记》乃阮元总纂《宋本十三经注疏并经典释文校勘记》

---

* 本文为国家社科基金项目"阮刻《十三经注疏》圈字汇校考正集成研究"阶段性成果，项目号 19BTQ049。

之第四种[1],实际主事者则为臧庸[2]。臧庸校勘所用底本为元刊明修十行本《附释音周礼注疏》,疑即阮元家藏之本,而为其后南昌府学重刊《周礼注疏》之底本,《周礼注疏校勘记·引据各本目录》列有此本。此本补板印面较多,主要为明正德十二年及嘉靖年间所补,与日本内阁文库藏本、东京大学东洋文库藏本、北京市文物局藏本补板印面情况高度相似,疑为一本,而江西省乐平市图书馆藏元刊十行本《周礼注疏》虽偶有正德年间补板印面,但从总体上来说要远少于前者,考虑到宋刊十行本《周礼注疏》已不存于世,则此本或为目前所知存世最早刊行之十行本。前述数种皆属十行本系统,而闽本、明监本、毛本俱为其余绪,可谓一脉相承,臧庸主要利用单经本系统之唐石经、经注本系统之嘉靖本、注疏本系统之惠栋校本与其相校,不但参校版本太少,而且所谓惠栋校本,其究属何本,也非常令人怀疑[3],所以从挍勘角度来说,是极不充分的。

日本昭和三十二年,加藤虎之亮《周礼经注疏音义挍勘记》正式出版发行,据其自序,乃穷三十有三年之功,搜罗各类《周礼》重要文献,详加细校,最终得以行世,可谓近代日本学者研究诸经注疏之典范[4]。然而,加藤此书依然存在诸多缺陷。首先,是书同样存在着参校版本文献不够全面的问题,以经注本系统而言,则阙婺州本、金刻本;以十行注疏本系统而言,则阙元刊明修十行全本,其所据为残本;以八行本注疏系统而言,则阙宋刊八行本,其所据为民国董康影印本,此本底本情况复杂,类似百衲本,

---

[1] 第一种为《周易注疏挍勘记》,拙作《阮刻〈周易注疏〉圈字汇校考正》(光明日报出版社二〇一九年版)有系统校正,可参看;第二种为《尚书注疏挍勘记》;第三种为《毛诗注疏挍勘记》,笔者有系列校正文章,发表于《扬州文化研究论丛》第十六、十八、十九、二十、二十一、二十三辑,可参看。

[2] 阮元《十三经注疏校勘记序》,沈莹莹校点《揅经室一集》卷十一,《儒藏》精华编277上,北京大学出版社2016年版,,第237页。

[3] 通常认为惠栋校本所据者或为宋刊八行本《周礼疏》,然据臧庸《周礼注疏挍勘记》所引,似乎并非如此,如《挍勘记》卷一"然不先均王国"条,云"惠挍本'先'作'言'",然国家图书馆藏南宋越刊八行本《周礼疏》正作"先",台北"故宫博物院"藏南宋越刊八行本《周礼注疏》亦作"先",则惠栋所校异文,不可视为八行本文字也。

[4] 参看徐渊《海外汉学家校勘整理中国经典的高峰——加藤虎之亮与〈周礼经注疏音义校勘记〉》,《中华读书报》2016年12月7日版。

且多有描改，绝不可视为八行[1]：以上皆为《周礼》经注疏文最为关键的几种版本，是书俱阙，是为最大之缺陷。其次，一些重要版本虽已列为参校本，但在具体校记中，却往往漏校。加藤此书以阮本为底本，依其凡例，凡与之相异者皆出校，仅以阮本卷一为例，第五页左"不释唯"，单疏本作"不得惟"，未出校；第十三页左"掌大贡九赋"，单疏本作"掌九贡九赋"，未出校。日本古抄本《周礼疏》是最为重要的参校版本，加藤竟漏校如此，其他各本亦多有漏校，如阮本卷四第七页左"凡其至之义"，加藤谓"诸本'之义'作'膳羞'"，今十行本系统诸本皆作"之义"，不作"膳羞"，可见其漏校情况是比较严重的，这在很大程度上降低了其校勘文字的可信度。第三，加藤主要是罗列众本异文，几乎不作考证判断，也使其校勘成绩大打折扣。有鉴于此，今援据古抄宋椠，分卷以校阮记，冀有助于《周礼注疏》之整理，又有益于读《周礼》者也。

本文主要引据文献，为省篇幅，率用简称，详情如下：

《续修四库全书》第一八一册《宋本十三经注疏并经典释文校勘记·周礼注疏校勘记》，上海古籍出版社 2002 年影印南京图书馆藏清嘉庆阮氏文选楼刻本，简称阮记。各条所标页码即此影印本之页码，每页再分上下。参考《皇清经解·十三经注疏校勘记·周礼校勘记》，上海书店 1988 年影印道光九年学海堂原刊本、凤凰出版社 2005 年影印上海书局光绪十三年直行本。

《周礼疏》，日本京都大学图书馆藏单疏抄本，简称单疏本。

《中华再造善本·周礼疏》，北京图书馆出版社 2003 年影印国家图书馆藏宋两浙东路茶盐司宋元递修本，简称八行本。

《善本丛书·景印宋浙东茶盐司本周礼注疏》，台湾"国立故宫博物院"一九七六年影印木，简称故宫本。

《周礼疏》，董氏诵芬室民国二十八年影宋本，简称董本。

---

[1] 董本往往与宋刊八行本文字不同，如如《校勘记》卷一"疾病相扶持"条，云："嘉靖本作'疾病相扶'，无'持'字，案：《疏》中引注，正作'疾病相扶'，今诸本有'持'字者，浅人据今本《孟子》所增，当删。"此处董本作"扶"无"持"字，而国家图书馆藏南宋越刊八行本《周礼疏》、台北"故宫博物院"藏南宋越刊八行本《周礼注疏》皆作"扶持"，颇疑董本及据阮记删改也。

《附释音周礼注疏》,江西省乐平市图书馆藏元刊十行本,简称十行本。

《附释音周礼注疏》,日本内阁文库藏元刊明修十行本,简称内阁本,据版式、字体等特征于括号内注明其印面所见板片时代。

《附释音周礼注疏》,日本东京大学东洋文化研究所藏元刊明修十行本,简称东大本,据版式、字体等特征于括号内注明其印面所见板片时代。

《中华再造善本·十三经注疏·附释音周礼注疏》,北京图书馆出版社2006年影印北京市文物局藏刘盼遂旧藏元刊明修本,简称刘本,据版式、字体等特征于括号内注明其印面所见板片时代。

《附释音周礼注疏》,日本米泽县图书馆藏朝鲜活字本,简称朝鲜本。

《十三经注疏·周礼注疏》,哈佛大学汉和图书馆藏明嘉靖李元阳刊本,其脱叶则据日本东京大学东洋文化研究所藏本,简称闽本。

《十三经注疏·周礼注疏》,日本内阁文库藏万历十七年刊本,简称明监本。

《十三经注疏·周礼注疏》,日本东京大学东洋文化研究所藏汲古阁刊本,简称毛本。

《殿本十三经注疏·周礼注疏》,线装书局2013年影印天津图书馆藏武英殿刊本,简称殿本。

《附释音周礼注疏》,艺文印书馆2007年影印嘉庆年间江西南昌府学刊本《重栞宋本周礼注疏附校勘记》,简称阮本,所附校勘记简称卢记。

《开成石经·周礼》,《西安碑林全集》第一二一册至第一二六册,广东经济出版社、海天出版社1999年影拓本,简称唐石经。

《宋刊巾箱本八种·周礼》,华东师范大学出版社2014年影印民国陶氏涉园影印本,简称白文本。

《中华再造善本·周礼》,北京图书馆出版社2003年影印国家图书馆藏宋婺州市门巷唐宅刻本,简称婺本。

《周礼郑注》,文禄堂民国二十三年影宋本,简称建本。

《中华再造善本·周礼》,北京图书馆出版社2005年影印北京大学图书馆藏宋刻本,简称附图本。

《中华再造善本·纂图互注周礼》,北京图书馆出版社2003年影印国家图书馆藏宋刻本,简称纂图本。

《中华再造善本·京本点校附音重言重意互注周礼》,北京图书馆出版社 2005 年影印北京大学图书馆藏宋刻本,简称京本。

《中华再造善本·周礼》,北京图书馆出版社 2005 年影印国家图书馆藏金刻本,简称金本。

《中华再造善本·周礼》,北京图书馆出版社 2009 年影印国家图书馆藏明嘉靖吴郡徐氏刻三礼本,简称徐本。

《四部丛刊初编·周礼》,商务印书馆据明翻相台岳氏本影印本,简称岳本。

浦镗《十三经注疏正字·周礼》,《四库全书珍本初集》经部二十六集,沈阳出版社 1998 年影印本,简称《正字》。

加藤虎之亮《周礼经注疏音义校勘记》,日本无穷会昭和三十二出版,简称加记。

汪文台《十三经注疏校勘记识语》,《续修四库全书》第一八三册,上海古籍出版社 2002 年影印上海辞书出版社图书馆藏清光绪三年江西书局刻本,简称《识语》。

孙诒让《十三经注疏校记》,齐鲁书社,1983 年版,简称孙记。

孙诒让《孙诒让全集·周礼正义》,中华书局 2015 年版,简称《正义》。

《中华再造善本·经典释文》,北京图书馆出版社 2003 年影印国家图书馆藏宋刻宋元递修本,简称《释文》。

《中华再造善本·尔雅》,北京图书馆出版社 2002 年影印国家图书馆藏宋刻本,简称《尔雅》。

《中华再造善本·重校鹤山先生大全文集》,北京图书馆出版社 2004 年影印国家图书馆藏宋开庆元年刻本,简称《鹤山集》。

《中华再造善本·仪礼经传通解》,北京图书馆出版社 2006 年影印南京图书馆藏宋嘉定十年南康道院刻元明递修本,简称《通解》。

《仪礼经传通解正续编·仪礼经传通解续》,北京大学出版社 2012 年影印宋刊元明递修本,简称《续通解》。

1. 第 99 页下 昌之成

阮记云:"《礼记·礼运》《正义》引《易纬》作'昌之成运'。○按:此用'灵''成''经'为韵语,'运'乃衍文也。"

按:"成",单疏本、八行本、故宫本、董本、内阁本(嘉靖)、东大本(嘉靖）、刘本（嘉靖）、朝鲜本、闽本、明监本、毛本皆同。此《疏》引《易纬》，单疏本《尚书正义》亦引之，正作“成”，无“运”字，阮记按语是也。

2. 第 99 页下 斗机云

阮记云：“浦镗云疑作‘运斗枢’。”

按：单疏本、八行本、故宫本、董本、内阁本（嘉靖）、东大本（嘉靖）、刘本（嘉靖）、朝鲜本、闽本、明监本、毛本皆同。《正字》云“斗机，疑‘运斗枢’之误”，非谓斗机云疑为运斗枢也，阮记误引，然浦说无据，不可信从。

3. 第 100 页下 四时交者

阮记云：“毛本‘交’误‘郊’，案：当作‘四时之所交者’。”

按：“交”，单疏本、八行本、故宫本、董本、十行本、内阁本（元）、东大本（元）、刘本（元）、朝鲜本、闽本、明监本同；毛本作“郊”。考郑注云“四时之所交也”，《疏》文述而释之，故云“‘四时交’者”，原文不误，阮记非也，毛本改作“郊”误甚。

4. 第 101 页上 然不先均王国

阮记云：“惠校本‘先’作‘言’，此误，当订正。”

按：“先”，单疏本、八行本、故宫本、董本、十行本、内阁本（嘉靖）、东大本（嘉靖）、刘本（嘉靖）、朝鲜本、闽本、明监本、毛本皆同。考《疏》文云“然不先均王国，而言均邦国者，王之冢宰，若言王国，恐不兼诸侯，今言邦国，则举外可以包内也”，文义晓畅，先均王国者，即先言均王国也，经文曰“以佐王均邦国”，实不言“均王国”，故《疏》文不云“然不言均王国”也，诸本皆作“先”，无有作“言”者，阮记谓惠校本作“言”，不知其所据也，检宋刊《鹤山集》卷一百四引贾《疏》，正作“先”，亦可为证，作“先”是也，当从单疏本，阮记非也。

5. 第 101 页上 恐不兼诸侯

阮记云：“惠校本‘恐’作‘悉’，此误。”

按：“恐”，单疏本、董本、十行本、内阁本（嘉靖）、东大本（嘉靖）、刘本（嘉靖）、朝鲜本、闽本、明监本、毛本同；八行本作“悉”，故宫本同。悉不兼诸侯，不知何义，考《疏》文云“然不先均王国，而言均邦国者，王之冢宰，若言王国，恐不兼诸侯，今言邦国，则举外可以包内也”，文义晓畅，检宋刊《鹤山集》卷一百四引贾《疏》，正作“恐”，亦可为证，作“恐”是也，当从单疏本，作“悉”非也，阮记亦非也。加记此条未列异文，则其所据所谓浙本，当为董本无疑也。

6. 第 101 页下　腊人食医之等府史俱无者

阮记云："浦镗云'腊人食医'当是'食医疾医'之误。"

按：单疏本、八行本、故宫本、董本、十行本、内阁本（元）、东大本（元）、刘本（元）、朝鲜本、闽本、明监本、毛本皆同。考《疏》文云"腊人、食医之等，府、史俱无者，以其专官行事，更无所须故也"，据经文，腊人有"府二人、史二人"，此六字，八行本、故宫本、董本、十行本、内阁本（嘉靖）、东大本（嘉靖）、刘本（嘉靖）、朝鲜本、明监本、毛本、婺本、建本、附图本、纂图本、京本、金本、徐本、岳本、唐石经、白文本皆同，而食医、疾医俱无府、史，故浦说可信，加记以为当从，可备一说，亦或"腊人"二字为衍文也。王引之《经义述闻·周官上》"腊人无府史"条以为，据此处贾《疏》，可推知腊人下当无"府二人史二人"六字，乃因上鳖人、下医师皆有此六字而误衍。此说纯属猜测，如上所述，传世诸本皆有此六字，此其一；检贾《疏》云"有府兼有史，以其当职事繁故也；或空有史而无府者，以其当职事少，得史即足故也；至于角人、羽人等，直有府无史，以其当职文书少，而有税物须藏之，故直有府也；腊人、食医之等，府、史俱无者，以其专官行事，更无所须故也"，又《兽人》职明云"凡兽入于腊人，皮毛筋角入于玉府"，则腊人、玉府俱有物须藏之，既须藏之，据上引贾《疏》，则必有府也，故玉府亦有"府二人、史二人"，则腊人有"府二人、史二人"正合经义，绝非衍文也，而疾医掌和王之六食等，无须藏物，此正所谓专官行事，故无府、史，此其二：则王氏想当然之说，绝不可信，孙氏《正义》录其说而不加辩驳，疏矣。

7. 第 103 页上　已上皆言饮食此次言货贿

阮记云："惠挍本'次'作'讫'，此误。"

按："此次"，十行本、内阁本（元）、东大本（元）、刘本（元）、朝鲜本、闽本、明监本、毛本同；单疏本作"讫次"，八行本、故宫本、董本同。考单疏本《疏》文云"已上皆言饮食，讫，次言货贿"，文从字顺，原文显误，作"讫"是也，当从单疏本。阮记谓惠挍本云云，不知其所据何本也，加记以为"次"为"此"之笔误，或是。

8. 第 103 页上　则论语谓之晨人也

阮记云："浦镗云'门'误'人'。"

按："人"，单疏本、八行本、故宫本、董本、十行本、内阁本（元）、东大本

（元）、刘本（元）、朝鲜本、闽本、明监本、毛本皆同。考《疏》文云"昏时闭门，则此名阍人也；晨时启门，则《论语》谓之晨人也"，阍人与晨人相对，不可与晨门相对，作"人"是也，原文不误，浦说纯属猜测，不可信从。

9. 第 104 页下　常者其上下通名

阮记云："案：《疏》云'常者上下通名者'，又'故云常者上下通名也'，两引此注，皆无'其'字。"

按："其"，八行本、故宫本、董本、十行本、内阁本（元）、东大本（元）、刘本（元）、朝鲜本、闽本、明监本、毛本、婺本、建本、附图本、纂图本、京本、金本、徐本、岳本皆同。诸本皆同，原文不误，《疏》文乃述注而引之，岂皆一字不差？阮记于此出校，可谓求之过深也。孙记云"《疏》述注，间有删定，疑非所见本异"，是也。

10. 第 104 页下　及小宰还从治

阮记云："闽、监、毛本同，案：此有误。"

按：十行本、内阁本（元）、东大本（元）、刘本（元）、朝鲜本、闽本、明监本、毛本同；单疏本作"及小宰还从治也"，八行本、故宫本、董本同。贾《疏》前文详解官联、官常二者不云邦治而言官治之因，而检下《小宰》经云"以官府之六联合邦治"，似由此，故《疏》文于此补充说明，"故二者不言'邦'而云'官'也，及小宰还从治"，所谓还从治者，还从邦治也，"邦"字承前省，文义明了，并无模棱不通之处，阮记谓此有误，甚非，或因殿本于此补"邦"字，作"及小宰还从邦治"，故有此说，加记以为"治"当作"邦"，亦非，浙江古籍出版社整理本《中华礼藏·周礼注疏》从之而改原文，误甚。

11. 第 105 页上　则经云位据立故云爵次也

阮记云："卢文弨云：疑作'位据朝位'。"

按："立"，单疏本、八行本、故宫本、董本、十行本、内阁本（元）、东大本（元）、刘本（元）、朝鲜本、闽本、明监本、毛本皆同。考经云"四曰禄位"，郑注云"禄，若今月奉也；位，爵次也"，《疏》文释之云"云'位爵次也'者，言朝位者，皆依爵之尊卑为次，则经云'位'，据立，故云'爵次也'"，据爵之次而立其位，文从字顺，句义明了，不知所疑何在，卢说非也。

12. 第 105 页上　舜殛鲧于羽山是也

阮记云："案：《释文》叶钞本'极，纪力反'，段玉裁《尚书撰异》云古经典多作'极'，其说甚详，今本此注皆改'殛'，非，当据《释文》订正。"

按：“殛”，八行本、故宫本、董本、十行本、内阁本（元）、东大本（元）、刘本（元）、朝鲜本、闽本、明监本、毛本、婺本、建本、附图本、纂图本、京本、金本、徐本、岳本皆同。考单疏本《疏》文引注云“舜殛鲧”，则贾氏所见本亦作“殛”，且《释文》“极”下列“鲧”，则以阮记据《释文》以正注文之思路，“鲧”亦当改作“鲧”，方能前后一致，《释文》所引多据别本，岂可定于一尊？其传世诸本郑注，无一作“极”者，贸然改之，荒唐甚矣，段氏好为武断之说，不可信也。

13. 第 105 页上　贤有善行也

阮记云：“浦镗云：注本作‘贤有德行者’，从集注校，今本‘德’作‘善’者，误也，《疏》内同。案：《疏》引六德六行，以释此句，是贾《疏》本作德行，浅人臆改为善行耳，以下句能多才艺者文法例之，‘也’当本作‘者’。”

按：八行本、故宫本、董本、十行本、内阁本（元）、东大本（元）、刘本（元）、朝鲜本、闽本、明监本、毛本、婺本、建本、附图本、纂图本、京本、金本、徐本、岳本皆同。考单疏本《疏》文云“云‘贤有善行也’”，则贾《疏》所见本作“贤有善行也”，阮记以为作“德行”，何其昏聩，竟视而不见也！朱熹《通解》卷三十引郑注，正作“贤有善行也”，则原文不误，浦说、阮记皆非也。

14. 第 106 页上　四曰家削之赋者谓二百里之内

阮记云：“唐石经以下，诸本同，《释文》‘家削，本亦作稍，又作郲’。案：《疏》云‘举家稍以表公邑之民’，盖经用古字作‘家削’，注及《疏》用今字作‘家稍’。”

按：“削”，八行本、故宫本、董本、十行本、内阁本（元）、东大本（元）、刘本（元）、朝鲜本、闽本、明监本、毛本、婺本、建本、附图本、纂图本、京本、金本、徐本、岳本、唐石经、白文本皆同。郑注惟云“家削三百里”，诸本皆同，《疏》文云“谓三百里之内地名削，其中有大夫采地谓之家，故名‘家削’”，诸本亦皆同，注、《疏》皆作“家削”，何来注及《疏》用今字作“家稍”也？阮记误甚！《释文》所引乃别本也，非有今古文之分，若如阮记之说，为古文亦或今文？

15. 第 106 页下　旉贡羽毛

阮记云：“余本、嘉靖本、闽、监、毛本同，《汉读考》改作‘羽旄’，云：今本作‘毛’误，旄者，旄牛尾也。”

按："毛"，八行本、故宫本、董本、十行本（正德）、内阁本（正德）、东大本（正德）、刘本（正德）、朝鲜本、闽本、明监本、毛本、婺本、建本、附图本、纂图本、京本、金本、徐本、岳本皆同。考单疏本《疏》文曰"云'荳贡羽毛'者"，则贾氏所见本作"毛"，又检宋刊《鹤山集》卷一百四引郑注，正作"荳贡羽毛"，亦可为证，则作"毛"是也，原文不误，段说岂可信从？

16. 第 108 页上 以官成待万民之治

阮记云："唐石经、诸本同，案：经当本作'以成待万民之治'，与上下文以典、以则、以灋、以礼句法正同……○按：前说非也。"

按："官"，八行本、故宫本、董本、十行本、内阁本（元）、东大本（元）、刘本（元）、朝鲜本、闽本、明监本、毛本、婺本、建本、附图本、纂图本、京本、金本、徐本、岳本、唐石经、白文本皆同。经文古奥，岂可以后世所谓文法一之？且贾《疏》引经明云"故云'以官成待万民之治'"，又检宋刊《鹤山集》卷一百四引经文，正作"以官成待万民之治"，亦可为证，原文不误，阮记按语是也。

17. 第 108 页下 八成本以治万民

阮记云："案：疑作'八成本以经邦治'。"

按：单疏本、八行本、故宫本、董本、十行本、内阁本（元）、东大本（元）、刘本（元）、朝鲜本、闽本、明监本、毛本皆同。检《疏》文云"八法本以治官府，故云'以法待官府之治'；八成本以治万民，故云'以官成待万民之治'"，前言八法，后言以法，前言八成，后言以官成，前言治官府，后言官府之治，前言治万民，后言万民之治，前后相应若此，何疑之有？若如阮记，改作"八成本以经邦治"，岂非与前文"六典本以治邦国"重复？且与下文"故云'以官成待万民之治'"无法照应，阮记此条颠顶若此，可谓误甚。

18. 第 110 页上 此并共王食是同事

阮记云："案：'同'为'大'之误。"

按："同"，单疏本、八行本、故宫本、董本、十行本、内阁本（元）、东大本（元）、刘本（元）、朝鲜本、闽本、明监本、毛本皆同。考《疏》云"云'大事从其长，若庖人、内外饔，与膳夫共王之食'者，此并共王食，是同事，故庖人已下，咨膳夫长官也"，所谓是同事者，谓庖人、内饔、外饔是同共王食之事，故需咨其长官膳夫也，作"同"不误，阮记猜测无据，非也。

19. 第 112 页上 何休云云尔者

阮记云："浦镗云：当衍一'云'。"

按："云云"，单疏本、八行本、故宫本、董本、十行本、内阁本（元）、东大本（元）、刘本（元）、朝鲜本、闽本、明监本、毛本皆同。此《疏》引《公羊》何休注，检《公羊》隐公三年传，何注云"云尔者，嫌天子财多，不当求，下财少，可求，故明皆不当求之"，《疏》文云"何休云云尔者"，正是"何休云'云尔者'"之义，不知何误之有，浦说误甚！

20. 第112页上　岁终自周季冬

阮记云："浦镗云'是'误'自'，案：此字当衍。"

按："自"，八行本、故宫本、董本、十行本（正德）、内阁本（正德）、东大本（正德）、刘本（正德）、朝鲜本、闽本、明监本、毛本、婺本、建本、附图本、纂图本、京本、金本、徐本、岳本皆同。检宋刊《鹤山集》卷一百四引注文，正作"自"，原文不误，浦说、阮记皆非也。加记以为不必改"自"为"是"，是也。

21. 第113页下　涂之以墐涂

阮记云："此本'墐'误'瑾'，据闽本订正，监、毛本误'撞'。"

按："墐"，董本、闽本同；八行本作"瑾"，故宫本、十行本、内阁本（元）、东大本（元）、刘本（元）、朝鲜本同；明监本作"撞"，毛本同。此《疏》引《礼记·内则》，检之，作"墐"，南宋余仁仲刊本郑注云"墐当为瑾"，八行本等作"瑾"，与之正合，作"瑾"不误，阮记非也。

22. 第114页上　主人饮食之俎皆为胙俎见于此矣

阮记云："诸本同，宋本'为'作'有'。案：上云'宾客食而王有胙俎'，又此《疏》云《特牲》《少牢》，主人之俎虽为胙俎，直是祭祀，不兼宾客，此则祭祀、宾客俱有'，然则'为'当作'有'矣。"

按："为"，八行本、故宫本、董本、十行本、内阁本（元）、东大本（元）、刘本（元）、朝鲜本、闽本、明监本、毛本、婺本、建本、纂图本、京本、金本、徐本、岳木同；附图本作"有"。此郑注，检八行本《疏》文明云"云'主人饮食之俎皆为胙俎见于此矣'者"，"故云'主人饮食之俎皆为胙俎见于此'"，则贾氏所见本作"为"，作"为"是也，当从八行本，阮记之说，不可信从。

23. 第114页下　夏行腒鱐膳膏臊

阮记云："《汉读考》云：《说文》'鱐'作'膘'，鱼部云：鰝，鱼臭也，引《周礼》'膳膏鰝'，而肉部云：臊，豕膏臭也。然则，《周礼》作'膏臊'，臊非鱼膏，明矣。"

按：八行本、故宫本、董本、十行本、内阁本（元）、东大本（元）、刘本（元）、朝鲜本、闽本、明监本、毛本、婺本、建本、附图本、纂图本、京本、金本、徐本、岳本皆同。八行本《疏》文云"'夏行腒鱐膳膏臊'者"，《释文》出字"鱐"、"臊"，则其所见本皆与诸本合，又检宋刊《鹤山集》卷一百五引经文，亦作"夏行腒鱐膳膏臊"，则原文不误，且以文义考之，注引郑司农云"腒，干雉；鱐，干鱼；膏臊，豕膏也，以豕膏和之"，据此，则腒是一物，鱐是一物，膏臊复是一物，以膏臊即以豕膏和腒与鱐也，则郑司农所见必作"臊"，许慎所见乃别本，岂可以此别本谓历代相传之本为误也？阮记所引段说实非，不可信从。

24. 第116页下 罟冈也

阮记云："闽、毛本同，监本'冈'改'网'。"

按："冈"，十行本（正德）、内阁本（正德）、东大本（正德）、刘本（正德）、朝鲜本、闽本、明监本、毛本、婺本、建本、附图本、纂图本、京本、金本、徐本、岳本同；八行本作"冈"，故宫本、董本同。此郑注，考八行本《疏》文云"'罟冈也'"，则贾氏所见本亦作"冈"，作"冈"是也，阮记谓监本作"网"，不知其所据何本。

作者工作单位：扬州大学社会发展学院

略述诂经精舍许慎木主结衔论争

井 超

摘 要：阮元在浙江巡抚任上，设诂经精舍，培养汉学人才。精舍设立之初，在孙星衍、洪颐煊、洪震煊等人倡议下，阮元同意在精舍中设许慎、郑玄木主。然而，围绕许慎木主如何结衔，当时学者展开讨论。参与讨论者引经据典，各抒己见，争论不已，个中反映了乾嘉时期自由争论的学术风气。

关键词：诂经精舍 许慎 阮元 孙星衍 段玉裁 臧庸 洪颐煊

嘉庆四年（1799）十月初三，阮元奉旨署理浙江巡抚事务，十一月十五日到任，开始主政浙江。此前，乾隆六十年（1795）末至嘉庆三年八月间，阮元已在浙江做过一任学政。[1]阮元作为典型的学者型官员，每至一地，

---

[1] 参考〔清〕张鉴等撰，黄爱平点校《阮元年谱》，中华书局 1995 年版，第 14—23 页。

必倡兴文教,提携后学。[1]嘉庆五年,阮元又在西湖设立诂经精舍。[2]他叙述设立原委,曰:

> 尝病古人之诂,散而难稽也,于督学浙江时,聚诸生于西湖孤山之麓,成《经籍籑诂》百有八卷。及抚浙,遂以昔日修书之屋五十间,选两浙诸生学古者,读书其中,题曰"诂经精舍"。"精舍"者,汉学生徒所居之名。"诂经"者,不忘旧业,且勗新知也。[3]

阮元在浙江学政任上,组织门生故旧,于西湖孤山之麓,设屋五十间,编《经籍籑诂》。做了浙江巡抚以后,阮元在前番编书之地,创设诂经精舍,培养汉学生徒,影响深远。[4]诂经精舍奉有汉学代表人物许慎、郑玄木主。就二主设立的起因,阮元曰:

> 诸生谓周秦经训,至汉高密郑大司农集其成,请祀于舍。孙君曰:

---

[1]《阮元年谱》记载:"(阮元)自言入翰林后即直内廷,编定书画,校勘石经,旋督学笁,部领封疆,无暇潜研,故入官以后编纂之书较多,而沉精覃思、独发古谊之作甚少,不能似经生时之专力矣。"〔清〕张鉴等撰,黄爱平点校《阮元年谱》,第18页。《清史稿》评价说:"历官所至,振兴文教。在浙江立诂经精舍,祀许慎、郑康成,选高才肄业。在粤立学海堂亦如之……身历乾嘉文物鼎盛之时,主持风会数十年,海内学者奉为山斗焉。"〔清〕赵尔巽等:《清史稿·列传一百五十一》(第38册),中华书局1977年版,第11425页。

[2] 对于阮元设立诂经精舍的时间,张鉴等人所编年谱,将阮元立诂经精舍,奉祀许慎、郑玄等系在嘉庆六年正月,不确。详见〔清〕张鉴等撰,黄爱平点校《阮元年谱》,第41页。根据阮元《西湖诂经精舍记》记载,结合臧庸、洪颐煊等人论争许慎木主衔名的时间,阮元立诂经精舍当在嘉庆五年。王章涛先生所撰《阮元年谱》,即将此事列在嘉庆五年下。详见王章涛《阮元年谱》,黄山书社2003年版,第207页。

[3]〔清〕阮元《西湖诂经精舍记》,《诂经精舍文集》卷三,《文选楼丛书》第三册,广陵书社2011年版,第1281页。

[4] 对于诂经精舍的作用,陈东辉先生称:"诂经精舍对于清代中后期乃至全国学术文化之发展影响甚大,具体而言主要包括以下四个方面:一、诂经精舍的教学内容注重经学;二、诂经精舍注重经学研究;三、诂经精舍培养了一大批经学人才。四、诂经精舍开创了一代学风,促进了经学研究的发展。"陈东辉《〈杭州诂经精舍课艺合集〉前言》,《扬州文化研究论丛》第21辑,广陵书社2018年版,第20—36页。

"非汝南许洨长，则三代文字，不传于后世，其有功于经尤重，宜并祀之。"乃于嘉庆五年五月己丑，奉许、郑木主于舍中，群拜祀焉。此诸生之志也。[1]

阮元所谓孙君，指的是阮元所礼聘的主讲孙星衍。以此可见，奉祀郑玄乃诸生的愿望，崇祀许慎则是孙星衍的提议。

在许慎木主如何结衔的问题上，孙星衍、洪颐煊、洪震煊、臧庸等人进行了讨论，各抒己见，据理力争，最终许慎衔名由阮元敲定。[2]嗣后，段玉裁至杭州，游历诂经精舍，见许慎木主结衔，以为不妥。离开杭州后，段玉裁专门寄信给阮元，提出了自己的意见。以上各家的观点，归结起来，有仅称"洨长"说、"汉故太尉南阁祭酒汝南许君"说、"汉洨长太尉南阁祭酒许公"说、"太尉南阁祭酒前洨长"说四种。下面我们分别对这四种观点及其理据进行介绍和分析。

一、仅称"洨长"说

持此说者为洪颐煊、洪震煊兄弟。洪氏兄弟为浙江临海（今属台州市）人，《清史稿》皆有传。因治经，嘉庆初年，二人即受浙江学政阮元赏识，同为学使，校《经籍籑诂》。他们与臧庸、丁杰晨夕辨难，臧庸对二人赞赏有加，曾说："大洪渊博，小洪精锐，两君之卓识，吾不及也。"[3]孙星衍《诂经精舍题名碑记》录有讲学之士九十一人，其中就包括洪氏兄弟二人。[4]

作为诂经精舍学生，洪颐煊曾在嘉庆五年闰四月及同年五月十一日，两度呈书给孙星衍，表明自己对许慎木主结衔的看法。根据两封信的落

---

[1]〔清〕阮元《西湖诂经精舍记》，《诂经精舍文集》卷三，《文选楼丛书》第三册，第1281页。

[2]〔清〕孙星衍《许叔重木主结衔议》称："抚浙使者阮云台先生，既设诂经精舍，以教生徒。星衍请崇祀先师许叔重、郑康成于堂中，与臧文学镛堂、舍生洪茂才颐煊、震煊议所以书木主衔者。"〔清〕孙星衍《许叔重木主结衔议》，《诂经精舍文集》卷三，《文选楼丛书》第三册，第1300页。

[3] 据〔清〕洪颐煊《筠轩文钞》卷八《昆季别传》，《丛书集成续编》第133册，上海书店出版社1994年版，第674页。

[4] 参见〔清〕张鉴等撰，黄爱平点校《阮元年谱》，第42页。

款来看,皆在嘉庆五年五月二十六日阮元帅生徒拜祀许慎木主之前。

洪颐煊《呈孙渊如夫子书》曰:

> 顷示许叔重栗主结衔,以"洨长"为大衔,"太尉南阁祭酒"为小衔,此论极确。生兄弟归检《后汉书》,得四证。汉三公府,本有祭酒之官。《周泽传》云:"建武末,辟大司马府,署议曹祭酒。"《蔡邕传》云:"中平六年,董卓为司空,勑州郡举邕诣府,邕不得已到署祭酒,甚见敬重。"胡广曰:"祭酒皆一位之元长,不必定属尊官。"其证一也;《百官志》太尉属官下,有黄阁,主簿录省众事,其官以令史为之。许冲《上说文表》云"臣父故太尉南阁祭酒"者,或如东曹、西曹之例,不必尽以黄阁冠之,其证二也;令史旧注百石,自中典以后,不说石数,其官甚微,故三公府得自辟除。《百官志》云"县万户以上为令,不满为长",又云"每县邑道,大者置令一人,千石;其次置长,四百石;小者置长,三百石"。是长本大于令史,其证三也;许君本传云:"为郡功曹,举孝廉,再迁除洨长,卒于家。"汉制,令、长尊,孝廉不能直除,故《周泽传》云:"辟大司马府,署议曹祭酒,数月,征试博士,中元元年,迁黾池令。"令、长一也。许君由孝廉辟太尉南阁祭酒,由祭酒迁洨长,故史云"再迁除洨长",与《周泽传》官阶正合,其证四也。得此四证,"太尉南阁祭酒"六字,直可依正史删去,未审先生以为何如?嘉庆庚申闰四月廿六日。[1]

孙星衍为许慎木主拟一衔名,以"洨长"为大衔,以"太尉南阁祭酒"为小衔,并向洪氏兄弟征求意见。洪氏在信中称,他们兄弟二人查检《后汉书》,得四条证据。认为,汉三公府本有祭酒之官,《百官志》太尉属官下有黄阁,令史担任,许冲《上说文表》所言"臣父故太尉南阁祭酒"应为此官。令史官微,三公府可自行辟除。长大于令史。范晔《后汉书》之许慎传记,称"为郡功曹,举孝廉,再迁除洨长,卒于家",按照汉制,令、长一级的官员,不能由孝廉直接升任,许慎当是从孝廉升任太尉南阁祭酒,又由太尉南阁祭酒升任洨长。基于此,洪氏以为,"太尉南阁祭酒"六字,可

---

[1] 〔清〕洪颐煊《呈孙渊如夫子书》,《诂经精舍文集》卷三,《文选楼丛书》第三册,第1291页。

依正史删去，即题为"汉洨长许公"。

阮元得知洪氏想法以后，以为其说可信。半月之后，洪颐煊再上书于孙氏，进一步表达自己的看法。洪颐煊《再呈孙渊如夫子书》曰：

> 前论许叔重栗主结衔，蒙中丞谬以为可。后数日臧君复持书来，据《唐六典》"亲王府有东阁祭酒、西阁祭酒各一人，晋初从公以上，并置东阁、西阁祭酒，宋、齐、梁、陈、后魏、北齐皆因之"，盖与东汉太尉南阁祭酒为一例。生近复检得卫宏《汉官旧仪》云："丞相设四科之辟，以博选异德名士。第一科曰德行高妙，志节清白。二科曰学通行修，经中博士。三科曰明晓法令，足以决疑，能案章覆问，文中御史。四科曰刚毅多略，遭事不惑，明足以照奸，勇足以决断，才任三辅令。第一科补西曹南阁祭酒，二科补议曹，三科补四辞入奏，四科补贼、决。"陆德明《经典释文序录》称"司空南阁祭酒陈元"，始知东汉三公府西曹下本有此官。得此一证，非惟当日之官阀显然，可为范史"举孝廉"三字增一佐据，并许君之德行高妙、志节清白，其见重于当世，不徒"五经无双"可知矣。《旧仪》又云："丞相考召，取明经一科，明律令一科，能治剧一科。诏选谏大夫、议郎、诸侯王傅、仆射、郎中令，取明经；选廷尉正监平案章，取明律令；选能治剧长安三辅令，取治剧。"足知东汉令、长，皆取选于三公府，四科辟除。许君当日以太尉南阁祭酒除洨长，亦其旧制然也。唯所称"太尉"，书无明文，究不知为何人辟除耳。嘉庆庚申五月十一日。[1]

洪氏此番所述，乃辅翼前说。之所以进一步说明，是因为臧庸对其说有不同意见。洪氏根据臧庸所提供的材料，加之《汉官旧仪》《经典释文序录》的史料，认为，东汉三公府西曹下有南阁祭酒一官，选取的是"德行高妙、志节清白"之人。这不但可以佐证范晔所言"举孝廉"之说，而且可见许慎之德行。洪氏进一步根据《汉官旧仪》的规定，认定东汉令、长，皆在三公府四科之中辟除。许慎由太尉南阁祭酒升为洨长，符合当时的旧制。

---

[1]〔清〕洪颐煊《再呈孙渊如夫子书》，《诂经精舍文集》卷三，《文选楼丛书》第三册，第1291–1292 页。

总体来看，洪氏以为，孝廉、太尉南阁祭酒、洨长乃次第升进，许慎衔名，应当依据范晔《后汉书》所述，仅称"洨长"即可。

二、"汉故太尉南阁祭酒汝南许君"说

持此说者为臧庸。臧庸（1767—1811），本名镛堂，字在东，又字东序，后更名庸，字用中，又字西成、拜经，江苏武进（今属常州市）人。国子监生。高祖臧琳，与阎若璩交好，著有《经义杂记》。乾隆五十三年，师从卢文弨，交游广泛。著有《拜经日记》《拜经堂文集》等。《清史稿》《清史列传》有传。嘉庆二年，阮元组织学者编纂《经籍籑诂》，请臧庸专司校勘，书成后，又命臧庸南下广东刊刻。臧庸撰《经籍籑诂后序》详记其事。[1]嘉庆五年三月，阮元订补《经籍籑诂》，又延请臧庸主事。五月，臧庸以疾辞去这项工作，回到常州。

前引之洪颐煊《再呈孙渊如夫子书》称"后数日臧君复持书来"云云，说明臧庸在嘉庆五年四月底五月初，参与了许慎木主结衔的讨论。而在嘉庆五年六月二日，臧庸于常州，撰《汉太尉南阁祭酒考》，专陈己见。此时，许慎木主已设在诂经精舍，臧庸也辞去了阮元所请，不再担任《经籍籑诂》订补工作主事。[2]

洪颐煊《再呈孙渊如夫子书》中所言，并未真正反映出臧庸的论断，只是为了引出材料，证成己说。臧庸《汉太尉南阁祭酒考》一文，详细阐明了他的观点。其文中有言：

> 汉安帝建光元年，许冲上书云："臣父故太尉南阁祭酒慎，作《说文解字》。"下云："今慎已病，遣臣赍诣阙。"《儒林传下》："许慎为郡功曹，举孝廉，再迁除洨长，卒于家。"今合考之，知叔重先辟太尉南阁祭

---

[1] 陈鸿森《臧庸年谱》，《中国经学》第2辑，广西师范大学出版社2007年版，第273–279页。

[2] 臧庸此时辞任，较为突然，陈鸿森先生以为这与许慎木主结衔争议有关。他说："臧君八月撰《双桂小圃记》，有云：'余之以疾辞浙抚阮公而归也，朝夕憩于斯，移所好经籍置其中，坐一儿一女于侧，自课之，数月不一出。'（本集卷四）另据六月二日所撰《汉太尉南阁祭酒考》，文末署'考定于拜经家塾'，则其时镛堂已返常州，其辞阮氏归应在五月，疑与二洪等议论不合故也。"陈鸿森《臧庸年谱》，《中国经学》第2辑，第281页。

酒，后迁洨长，以笃疾未行，遂卒于家。所以许冲据实言"故"，"故"乃旧官之谓，时叔重犹未亡也。盖南阁祭酒为太尉府曹高第，非素有德行志节者不得充是选，故东汉辟是职者咸名儒。……东西曹秩皆四百石，与县长正同，非有尊卑高下之殊。《说文》每卷署"汉太尉祭酒许慎记"，盖叔重原文。（《隋志·论语类》："《五经异义》十卷，后汉太尉祭酒许慎撰。"道藏本《淮南子》每卷题"太尉祭酒许慎记"。）史但言"再迁除洨上"，而不及辟太尉府，少疏舛矣。今为许君立神位，宜据许冲所称及《说文》本书，题"汉故太尉南阁祭酒汝南许君"为是。嘉庆庚申夏六月二日，武进臧庸堂考定于拜经家塾。[1]

臧庸根据《汉官旧仪》《续汉百官志》等史志，以及《后汉书·儒林传·周泽》《陈元传》《马援传》《蔡邕传》等传注，厘清三公府曹掾之官秩，以为三公府曹掾之长者并有祭酒之称。又据许冲上书所称，以为许慎乃先辟为太尉南阁祭酒，后迁洨长，以笃疾未行，卒于家。许冲据实言"故"，"故"是旧官之称，当时许慎未亡。范晔《后汉书》只称"再迁除洨长"，不称太尉南阁祭酒事，略为疏舛。故许慎木主，应据许冲所称及《说文》本书，题"汉故太尉南阁祭酒汝南许君"。

三、"汉洨长太尉南阁祭酒许公"说

持此说者为阮元和孙星衍。孙星衍就许慎木主结衔征求意见，洪颐煊、洪震煊兄弟与臧庸的看法不一，互争高下。作为主讲的孙星衍，对此争议进行了评判。他专门撰《许叔重木主结衔议》一文，其中说道：

> 臧君以谓，许君之子冲上书，称"太尉南阁祭酒"，比范史称"洨长"为得其实。范史不载，明已疏也。洨长官卑，不宜以此盖太尉祭酒。星衍以谓，太尉官署虽贵，由其自辟除，不及洨长之列朝籍。郑康成注礼，称邑宰为贵臣。洨长宜书兼列太尉祭酒，如今人之书前官可也。

---

[1]〔清〕臧庸《汉太尉南阁祭酒考》，《拜经堂文集》卷四，民国十九年宗氏石印本，第1—2页。

且许冲上书,止言其父病,未必病笃不起,或后为洨长,范史则据终后而言,较可从。

洪两生以谓,《百官志》太尉官属有黄阁,主簿录省众事,其官以令史为之。令史旧注百石,不及令长之秩多至千石,最小亦三百石,是洨长尊于太尉官属。《周泽传》"建武末,辟大司马府,署议曹祭酒,数月,征试博士,中元元年,迁黾池令",令、长一也。许君由孝廉辟太尉南阁祭酒,由祭酒迁洨长,故本传云"再迁除洨长",与《周泽传》官阶正符合。胡广云:"祭酒皆一位之元长,不必定属尊官。"今主题洨长,不及太尉祭酒可也,不得止题太尉祭酒。

先生曰:"洪两生议是,可兼题之,如孙君议。"[1]

孙星衍首先概括臧庸的主张,随即进行反驳,认为虽然太尉官署显贵,但是其官职是太尉自辟除的,而洨长一职,列在朝籍,更为显要。对于许慎木主衔名,可依照当时人书前官的做法,在洨长下兼列太尉祭酒。针对臧庸所言的"后迁洨长,以笃疾未行,遂卒于家",孙星衍也不以为然,认为许冲上书之中,仅称其父病笃不起,此后之情形,并未交代。也有可能是后来又做了洨长,范晔《后汉书》据其死后的最高官职而言。对于洪氏兄弟仅称洨长官衔的说法,孙星衍给予了肯定,以为主题洨长不及太尉祭酒是可以的,但是不能只题太尉祭酒。除了孙星衍进行裁断,他还在文末抬出阮元,为其说张本。阮元认为洪氏兄弟的说法无误,许慎木主衔名可以像孙星衍说的那样,兼题"洨长"与"太尉南阁祭酒"。最终,诂经精舍许慎木主即题为"汉洨长太尉南阁祭酒许公",实践了阮元、孙星衍的主张。

四、"太尉南阁祭酒前洨长"说

持此说者为段玉裁。阮元对段玉裁颇为敬重,时常请益。据刘盼遂《段玉裁先生年谱》:"(嘉庆六年)五月,先生到杭州,十二日,阮中丞元招

---

[1]〔清〕孙星衍《许叔重木主结衔议》,《诂经精舍文集》卷三,《文选楼丛书》第三册,第1300—1301 页。

先生同孙渊如星衍、程易畴瑶田，雅集于诂经精舍之第一楼，渊如有诗纪之。西湖上诂经精舍设许叔重主，题曰'汉洨长太尉南阁祭酒许公'，先生非之，与阮梁伯元书，以为应书'太尉南阁祭酒前洨长'可也。"[1]据刘氏考证，段玉裁一生中数次至杭州，此为首次。段玉裁作为《说文解字》研究专家，见诂经精舍中许慎木主衔名，以为不妥，当时或有言明。离开杭州后，他专门寄信给阮元，申明自己的见解。

段玉裁《与阮梁伯书》曰：

> 执事于西湖上造诂经精舍，中设许叔重、郑康成主而祀之，书叔重之主曰"汉洨长太尉南阁祭酒许公"。

> 按许氏官盖终于太尉南阁祭酒者，观其子冲进《说文解字》称"故太尉南阁祭酒"。凡言"故"者，皆指最后一官，而言许氏之为洨长，见范氏《后汉书》。盖洨长既罢，后又为三公掾曹而终。如《独行传》鲁平先为陈留太守，后为博士之比，应书"太尉南阁祭酒前洨长"可也。至于"南阁"讹为"南阁"，此各本《说文》之误。太尉南阁祭酒，谓太尉府掾曹，出入府南门者之首领也。司马彪《百官志》：太尉掾史属二十四人，黄阁，主簿录省众事。黄阁，即南阁也。沈约《宋书·志》曰："三公黄阁者，天子当阳，朱门洞开，三公近天子，引嫌，故黄其阁。"凡诸史言"东阁""南阁""西阁"者多矣。《公孙宏传》之"开东阁"，今无不讹为"东阁"，则"南阁"之误何疑也。阁以闺阁为义，谓小门也；阁以庋阁为义，引伸之，乃为楼阁也。其义绝殊，其音复分入十九铎、廿七合，截然不同。而一切书史以"阁"讹"阁"者，十有八，以"阁"讹"阁"者，十有二。《史》《汉》之言闺阁，无不讹"闺阁"者；《明史》之皇子出阁，多讹"出阁"者；说部之"小阁子"，无不讹"小阁子"者；《世说》桓温"开阁放妓"，无不讹"开阁"者；女儿出嫁为"出阁"，俗无不言"出阁"者；唐人之称"阁下"，无不讹"阁下"者，以及吠蛤声"阁阁"，亦多作"阁阁"。盖无处非讹，学者宜随在更正。

> 执事每事必咨故实，望速改正先儒宝祐，勿使古人及后人均以为

---

[1] 刘盼遂《段玉裁先生年谱》，来薰阁印行《段王学五种》本，第35页。

笑也。不宣。[1]

段玉裁以为，许冲上书称"故太尉南阁祭酒"，凡是称"故"的，都是指最后一官。范晔《后汉书》称许慎为洨长，大概是许慎任洨长后，又做了三公掾曹。因此，应该书许慎衔名为"太尉南阁祭酒前洨长"。

除此以外，段玉裁认为，阮元等所立木主，"阁"字不正确，应该为"阁"字。太尉南阁祭酒，指的是太尉府掾曹，是出入府南门的首领。"阁""阁"音义皆不同。经典习焉不察，经常混用二字，应当改正。

综上所述，围绕诂经精舍许慎木主结衔，阮元、孙星衍、洪颐煊、洪震煊、臧庸、段玉裁等人都提出了自己的看法。之所以许慎衔名会产生争议，主要是因为范晔《后汉书》与许冲《上说文表》及《说文解字》篇题下所列有出入，而许慎此后之事迹，史料阙如。文献不足征，导致异说纷起。且不论孰是孰非，参与争议的各方，以发掘史实为己任，旁征博引，引经据典，各抒己见，争论不已，个中所展现的乾嘉学术自由争论的风气，是极其宝贵的。无怪乎梁启超评论乾嘉学术学风特色时称"凡立一义，必凭证据，无证据而以臆度者，在所必摈。所见不合，则相辩诘。虽弟子驳难，本师亦所不避。受之者，从不以为忤"。[2]

作者工作单位：南京师范大学文学院文献与信息学系

---

[1]〔清〕段玉裁《经韵楼集》卷五，七叶衍祥堂本，第32页。
[2]〔清〕梁启超《清代学术概论》，上海商务印书馆1930年版，第48-49页。

阮元《儒林传稿》文本源流
及其演变考之四[*]

——以征引、覆辑《四库全书总目》为例

伍野春

摘　要：《儒林传稿》是征引两百馀种文献而成的，其中征引《四库全书总目》计 179 则 7967 字，占《儒林传稿》正文 45001 字的 17.77%。《儒林传稿》68 篇传记征引了《四库全书总目》，这 68 篇传记 26106 字，其中征引《四库全书总目》占 30.63%。《儒林传稿》征引《四库全书总目》的则数、字数、涉及人物均为最多且覆盖最广，可谓星罗棋布。《儒林传稿》征引《四库全书总目》的方法有直引、选引、修订。《清史稿·儒林传》覆辑《儒林传稿》征引的《四库全书总目》计 4720 字，占《儒林传稿》征引《总目》的 59.02%，涉及 53 人。

* 参见拙作《阮元〈儒林传稿〉文本源流及其演变考之一——以征引、覆辑钱大昕〈潜研堂文集〉为例》，《扬州文化研究论丛》第 21 辑，广陵书社 2018 年版，第 49-64 页；《阮元〈儒林传稿〉文本源流及其演变考之二——以征引、覆辑〈词科掌录〉〈鹤征录〉〈鹤征后录〉〈己未词科录〉为例》，《扬州学研究 2018》，广陵书社 2019 年版，第 65-75 页；《阮元〈儒林传稿〉文本源流及其演变考之三——以考证、取舍〈四库全书总目〉为例》，《扬州学研究（2019）》广陵书社 2020 年版，第 28-36 页。

《清史稿·儒林传》修订了《儒林传稿》征引《总目》的朝代称谓、干支、字号、籍贯、图书卷数等。《儒林传稿》的征引、修订与《清史稿·儒林传》的覆辑、修订都恪守了实录的原则。《儒林传稿》《清史稿·儒林传》对《四库全书总目》的接受，是《四库全书总目》接受史上重要的案例。

关键词:《四库全书总目》《儒林传稿》《清史稿·儒林传》 阮元 清代学术史

一、引 言

嘉庆十五年至十七年间(1810—1812)，阮元主持辑纂了第一部官修学者类传体清代前中期学术史《儒林传稿》。阮元非常重视《儒林传稿》，嘉庆十五年，[1]在给焦循的信中，他强调:"(辑纂《国史儒林传》)关系甚重。"[2]嘉庆十六年，在一首诗中，描述了他的心态:"修史深情向旧儒。时修《儒林传》。"[3]可谓念兹在兹。《儒林传稿》卷首为序、凡例、目录，正文四卷由正传附传组成。《儒林传稿》是征引群书而成的，并在引文后注明了征引文献。阮元云:"凡各儒传语，皆采之载籍，接续成文，双注各句之下，以记来历，不敢杜撰一字。"[4]阮福亦云:"家大人撰《儒林》正传、附传共百数十人，……群书采集甚博，全是裁缀集句而成，不自加撰一字。"[5]嘉庆十七年八月，阮

---

[1] 陈居渊《汉学与宋学:阮元〈国史儒林传〉考论》，《复旦学报(社会科学版)》2011年第2期，第44页。

[2] 〔清〕焦循《国史儒林文苑传议》，刘建臻点校《焦循全集》第12册《雕菰集》卷一二，广陵书社2016年版，第5855页。

[3] 〔清〕阮元《辛未初秋移寓阜成门即平泽门内上冈新居，有小园树石之趣，题壁四首》，沈莹莹校点《揅经室四集诗》卷九，《儒藏》精华编277下，北京大学出版社2016年版，第819页下。

[4] 〔清〕阮元《拟儒林传稿凡例》，沈莹莹校点《揅经室续二集》卷二，《儒藏》精华编277下，第930页下。

[5] 〔清〕阮元《拟国史儒林传序》阮福按语，沈莹莹校点《揅经室一集》卷二，《儒藏》精华编277上，第37页上。

元交出《儒林传稿》后，国史馆对此稿进行了多次修订。马延炜认为："咸丰初年拟成定本并分卷立挡。光绪间，馆中又进行了三次卓有成效的续修，分别是光绪七年（1881）开始，由缪荃孙主持；光绪二十九年（1903）开始，由陈伯陶主持；光绪三十四年（1908）开始，由恽毓鼎主持。"[1] 而戚学民、阎昱昊则主张："主事者曾先后纂成八个成型稿本。"[2] 这些修订证明，随着时间的推移，传记的设置在逐渐完善，书写的准确性在持续提高，但从删除到再收录，从修订到再修订，也显示出清代学术史书写的紧张。本文以《儒林传稿》南京图书馆藏本与《钦定四库全书总目》（以下略称《总目》）进行对校，[3] 在对校的基础上，梳理《儒林传稿》征引《总目》的分布，分析《儒林传稿》征引《总目》的方法；以《儒林传稿》征引的《总目》与《清史稿·儒林传》（以下略称《儒林传》）中华书局点校本进行对校，[4] 在对校的基础上，探讨《儒林传》覆辑《儒林传稿》征引《总目》的分布，整理《儒林传》对《儒林传稿》征引《总目》的修订，旨在研究《儒林传稿》文本源流及其演变，供治清代学术史者参考，并请读者指正。

二、《儒林传稿》征引《总目》的分布

据统计，《儒林传稿》征引《总目》计 179 则 7967 字（含修订，不含标点符号、出处，下同），[5] 占《儒林传稿》正文 45001 字的 17.70%。《儒林传稿》有 68 人传记征引了《总目》，这 68 人传记计 26106 字，其中征引的《总目》

---

［1］ 马延炜《〈清国史·儒林传〉与清代学术史的建构》，湖南人民出版社 2016 年版，第 54 页。

［2］ 戚学民、阎昱昊《余嘉锡覆辑清史〈儒林传〉》，《历史研究》2017 年第 2 期，第 173 页。

［3］ 〔清〕阮元《儒林传稿》，《续修四库全书》第 537 册，上海古籍出版社 2002 年影印南京图书馆藏本；纪昀等总纂、四库全书研究所整理《钦定四库全书总目》，中华书局 1997 年版。

［4］ 赵尔巽《清史稿》，中华书局 1977 年点校本。

［5］ 《儒林传稿》征引《总目》所注有误者，参见拙作《阮元〈儒林传稿〉征引书名校考》，《扬州文化研究论丛》第 20 辑，广陵书社 2017 年版，第 54、55、56、57、58、59、60、61 页。

占 30.52%。[1]

《儒林传稿》设正传 44 人,其中,有 32 人征引了《总目》,他们是:顾栋高、孙奇逢、李颙、黄宗羲、王夫之、谢文洊、顾炎武、胡渭、惠周惕、阎若璩、毛奇龄、应撝谦、陆世仪、万斯大、潘天成、曹本荣、李塨、梅文鼎、[2]薛凤祚、陈厚耀、王懋竑、张尔岐、钱澄之、沈彤、朱鹤龄、刘源渌、范镐鼎、邵廷采、徐文靖、李光坡、江永、任大椿。其中,《李塨传》全部征引自《总目》,《钱澄之传》94.06% 征引自《总目》,《李光坡传》92.15% 征引自《总目》。在《儒林传稿》未征引《总目》的 12 人传记中,《高愈传》没有征引《总目》,严衍、臧琳、全祖望、朱筠、钱大昕、戴震、卢文弨、武亿、孔广森、张惠言、孔兴燮等 11 人,《总目》没有其著述提要。

阮元谓:"附传五十余人。"(第 621 页上。)[3]据《目录》统计,附传 59 人。而正文中,作为各篇传记标题的姓名后,有"等"字的计 10 篇,[4]如《孙奇逢传》为"孙奇逢传、魏一鳌、耿介等"。(第 623 页上。)本文按 94 人计。在这 94 人中,有 37 人征引了《总目》。他们是:陈祖范、吴鼎、耿介、漆士昌、王心敬、黄宗炎、黄百家、陈大章、刘梦鹏、刁包、朱泽沄、彭绍昇、彭任、张弨、吴任臣、胡彦昇、惠士奇、惠栋、余萧客、吴玉搢、陆邦烈、张履祥、桑调元、万斯同、颜元、王锡阐、马骕、方中通、方中履、蔡德晋、盛世佐、陈启源、阎循观、邵晋涵、任启运、李锺伦、汪绂。其中,漆士昌、余萧客、吴玉搢、陆邦烈、颜元、方中通、陈启源、李锺伦等 8 人全部征引自《总目》。《儒林传稿》附传未征引《总目》的 58 人中,有 49 人《总目》没有其著述提要,他们是:梁锡玙、魏一鳌、顾枢、

---

[1] 周庆许《〈四库全书总目〉与官修儒林传关系考述》云:"《儒林传稿》正文各传约有35700 字,出于《四库全书总目》的传文约有 8988 字。"《史学理论与史学史学刊》2018 年上卷,社会科学文献出版社 2018 年版,第 96 页。曾志平《试论〈儒林传稿〉与〈四库提要〉的内在关系》云:"《儒林传稿》卷一至卷三主要记载清前期学术史,其中征引《四库提要》超过 180次。"《史林》2018 年第 5 期,第 75 页。上述两文的统计与本文的统计结果有别。

[2] 《梅文鼎传》间接地征引了《总目》。《梅文鼎传》末注:"(《梅文鼎传》)删节《畴人传》。《畴人传》本之于《四库书提要》《梅氏全书》《梅氏丛书辑要》《勿庵书目》《道古堂文集》《潜研堂文集》。"《儒林传稿》卷二,第 652 页上。

[3] 〔清〕阮元《儒林传稿》,《续修四库全书》第 537 册,上海古籍出版社 2002 年影印南京图书馆藏本,下同。

[4] 这 10 篇传记的传主是:孙奇逢、黄宗羲、高愈、惠周惕、阎若璩、陆世仪、万斯大、刘源渌、任大椿、孔兴燮。

朱用纯、吴慎、向璿、顾培、钱民、潘恬如、李腾蛟、邱维屏、彭士望、叶佩荪、顾祖禹、江声、李铠、杨开沅、沈昀、刘汋、沈国模、史孝咸、韩当、邵曾可、汪鉴、万斯选、万言、梅文鼐、谈泰、桂馥、臧庸、臧礼堂、韩梦周、周永年、金榜、钱塘、王鸣盛、凌廷堪、孙志祖、丁杰、李惇、刘台拱、汪中、孔传铎、孔广棨、孔昭焕、孔宪培、孔继涵、颜光猷、颜光敔。《儒林传稿》附传未征引《总目》的是：李因笃、张夏、彭定求、张贞生、劳史、万经、孔毓圻、颜光敏等8人。[1]

综上，在《儒林传稿》138人中，68人征引了《总目》；61人《总目》没有其著述提要；9人《总目》有其著述提要，而《儒林传稿》未征引。值得关注的是，除孔毓圻外，高愈、李因笃、张夏、彭定求、张贞生、劳史、万经、颜光敏等8位都是理学者。[2]

三、《儒林传稿》对《总目》的征引与修订

《儒林传稿》是官修国史学者类传，《总目》是官修丛书目录提要，两书

---

[1] 周庆许《〈四库全书总目〉与官修儒林传关系考述》云："《儒林传稿》出于《四库全书总目》的74人中，陈大章、刘梦鹏、彭任、张弨、吴任臣、万斯同、潘天成、梅文鼎、梅文鼐、王锡阐、薛凤祚、钱澄之、方中通、徐文靖14人不见于《清史稿·儒林传》，而后者又增加11人，即《清史稿·儒林传》出于《四库全书总目》共有71人：孙奇逢、王夫之、刁包、黄宗羲、黄宗炎、毛奇龄、胡渭、李塨、惠士奇、任启运、王心敬、惠栋、程廷祚、张尔岐、应撝谦、冉觐祖、童能灵、吴鼎、阎若璩、朱鹤龄、顾栋高、沈彤、阎循观、陈启源、惠周惕、李光坡、李锺伦、江永、高愈、万斯大、蔡德晋、盛世佐、汪绂、顾炎武、马骕、陈厚耀、王源、陈祖范、余萧客、陆邦烈、李颙、桑调元、胡彦昇、吴玉搢、曹本荣、王懋竑、张夏、彭定求、耿介、范镐鼎、张贞生、李来章、万经、张鹏翼、陆世仪、陈瑚、颜元、朱泽沄、黄百家、窦克勤、刘源渌、劳史、祝洤、庄亨阳、王馀佑、汤之锜、李因笃、邵廷采、谢文洊、张履祥。"《史学理论与史学史学刊》2018年上卷，第95页。其中疏误有三：其一，《梅文鼐传》无出处，实征引自《畴人传》，而《畴人传》征引于《道古堂文集》；其二，《清史稿·儒林传》增加的不是11人，而是13人，这13人是：程廷祚、冉觐祖、童能灵、王源、李来章、张鹏翼、陈瑚、窦克勤、祝洤、庄亨阳、王馀佑、汤之锜、刘以贵；其三，《儒林传稿》高愈、张夏、张贞生、万经、劳史、李因笃等6人传记未征引《总目》。

[2] 曾志平《试论〈儒林传稿〉与〈四库提要〉的内在关系》云："《儒林传稿》未曾参考《四库提要》的理学传主仅有高愈，附传人物有向璿、顾培、钱民、潘恬如、李腾蛟、张贞生、劳史。"《史林》2018年第5期，第76页。实际上，向璿、顾培、钱民、潘恬如、李腾蛟等5人，《总目》没有其著述提要。

有相同之处,如所载人物的字号、籍贯、履历、著述、学术传承、学术旨趣、学术成就、学术地位等。但由于两书性质差异,书写视角有别,《儒林传稿》直接征引《总目》,并与其他史源的引文连接,有时会产生文理不顺等问题。因此,《儒林传稿》征引的《总目》,有直引、也有选引,而更多的则是修订,具体如下。

1.直引。直引指《儒林传稿》征引的《总目》未增删修订一字。如：直引著述提要。《孙奇逢传》："《理学传心纂要》八卷,录周子、二程子、张子、邵子、朱子、陆九渊、薛瑄、王守仁、罗洪先、顾宪成十一人,以为直接道统之传。"(第623页下。)《王懋竑传》："(《朱子年谱》)大旨在辨为学次序,以攻姚江《晚年定论》之说。"(第655页下。)《江永传》："(《礼书纲目》)引据诸书,厘正发明,实足终朱子未竟之绪。"(第663页下。)直引学术传承。《惠周惕传》："惠氏三世以经学著,(惠)周惕其创始者也。"(第635页上。)《方中通传》："(方)中通承其家学。"(第657页下。)直引学术路径。《陈祖范传》："论《书》不取梅赜,论《诗》不废《小序》,论《春秋》不取义例,论《礼》不以古制违人情,皆通达之论。"(第622页下。)《张弨传》："尤究心金石,后以聋废,而考证弥勤。"(第633页上。)

2.选引。选引指《儒林传稿》仅选择《总目》的部分文字。以下将《总目》与《儒林传稿》选引比较,加着重号者为《儒林传稿》选引文字。《丰川易说》提要与《王心敬传》："心敬字尔缉,鄠县人。乾隆元年荐举贤良方正,以老病不能赴京而罢。"[1]《铁庐集》提要与《潘天成传》："国朝潘天成撰。天成字锡畴,溧阳人,寄籍桐城,为安庆府学生。《溧阳志》载其幼与父母避仇相失,年十五乞食行求。"[2]《白田杂著》提要与《王懋竑传》："钩稽年月,辨别异同,于为学次第,尤豁若发蒙。盖笃信朱子之书,一字一句,皆沉潜以求其始末,几微得失无不周知,故其言平允如是。"[3]《仪礼小疏》提要与《沈彤传》："无可訾议。盖彤'三礼'之学,亚于惠士奇,而醇于万斯大。"[4]选引

---

[1]《钦定四库全书总目》卷六,第66页;《儒林传稿》卷一,第625页下。

[2]《钦定四库全书总目》卷一七三,第2348页;《儒林传稿》卷二,第647页上。

[3]《钦定四库全书总目》卷一一九,第1598页;《儒林传稿》卷三,第656页上。

[4]《钦定四库全书总目》卷二○,第263页;《儒林传稿》卷三,第658页上。

使《儒林传稿》尤为简洁,这也体现了阮元"国史宜简"的思想。[1]

3. 改"国初"为"国朝"。《左传杜解补正》提要:"国初称学有根柢者,以(顾)炎武为最。"《顾炎武传》改"国初"为"国朝"。[2]《通雅》提要:"风气既开,国初顾炎武、阎若璩、朱彝尊等沿波而起,始一扫悬揣之空谈。"《方中通传》改"国初"为"国朝"。[3]

4. 改干支为纪年。《总目》记载人物科第的年份都是年号干支,《儒林传稿》将其改为年号纪年,如《经咫》提要:"(陈祖范)雍正癸卯会试中式举人。"《陈祖范传》改"癸卯"为"元年"。[4]这样的修订还涉及耿介、李颙、陈大章、刘梦鹏、惠周惕、毛奇龄、陈厚耀、蔡德晋、阎循观、范镐鼎、任启运等12人的科第年份。改干支为纪年,尤为重要。官修史书的纪年,体现的是政权的正统性和合法性,关系重大。

5. 改书名前动词。在《儒林传稿》征引《总目》的诸提要中,只有耿介《中州道学编》、刁包《斯文正统》、范镐鼎《续垂棘编》,《总目》将其著述性质定为"编",其他均为"撰"。

《儒林传稿》视上下文,将"撰"改为"著""又著""所撰有""所著有""所著""今共存""又,其所著书有""又选""其他著作有""又撰""又""已著""作""所自著有""所著书有""又创""其撰""亦撰""其""所著经义有""进"等。这类修订68则,涉及的作者有:顾栋高、吴鼎、孙奇逢、耿介、王心敬、黄宗羲、黄宗炎、王夫之、刁包、朱泽沄、顾炎武、吴任臣、胡渭、惠周惕、惠士奇、惠栋、阎若璩、吴玉搢、毛奇龄、应撝谦、陆世仪、张履祥、桑调元、万斯大、万斯同、颜元、李塨、王锡阐、薛凤祚、陈厚耀、张尔岐、马骕、钱澄之、方中通、方中履、沈彤、蔡德晋、朱鹤龄、陈启源、阎循观、范镐鼎、任启运、李光坡、李锺伦、任大椿等45人。

6. 加总述句。如:《王夫之传》:"其言《易》,……其说《尚书》,……其说《诗》。"(第627页下、628页上。)《李塨传》:"其论《易》,……其于《大学》。"(第648页下、649页上。)

---

[1]〔清〕阮元《臧拜经别传》称:"《儒林》为国史,文体宜简。"沈莹莹校点《揅经室二集》卷六,《儒藏》精华编277下,第486页下。

[2]《钦定四库全书总目》卷二九,第369页;《儒林传稿》卷一,第632页上。

[3]《钦定四库全书总目》卷一一九,第1594页;《儒林传稿》卷三,第657页下。

[4]《钦定四库全书总目》卷三三,第439页;《儒林传稿》卷一,第622页上。

7. 加人名前地名。如:《孙奇逢传》:"睢州汤斌、登封耿介。"(第 624 页上。)《李颙传》:"平湖陆陇其。"(第 625 页上。)《潘天成传》:"荆溪许重炎。"(第 647 页上。)《陈厚耀传》:"邹平马骕。"(第 655 页上。)加人名前地名,以合史书之史笔。

8. 加关联词。为使行文连贯,在征引的《总目》中,《儒林传稿》加了一些关联词。以下加着重号者为《儒林传稿》所加关联词:《王心敬传》:"而《易说》为笃实。"(第 625 页下。)《谢文洊传》:"惟易张子《西铭》之名。"(第 631 页上。)《顾炎武传》:"虽创辟榛芜。"(第 632 页下。)《阎若璩传》:"(阎)若璩又以朱子以来。"(第 638 页下。)《毛奇龄传》:"惟好为驳辨以求胜。……奇龄则力辨以为真,……而《周礼》《仪礼》,奇龄则又以为战国之书。……至所作《经问》。"(第 641 页上。)《应撝谦传》:"而于明代事实尤详。"(第 642 页上。)《方中履传》:"虽不及《通雅》精核,然学有渊源。"(第 657 页下。)《沈彤传》:"缘欧阳修有《周礼》官多田少。"(第 658 页上。)《蔡德晋传》:"虽亦间出新义,然大旨不戾于古。"(第 658 页上下。)《徐文靖传》:"虽不免汩于俗书,而语必求当。"(第 662 页上。)《李锺伦传》:"既侍其父。"(第 662 页下。)《汪绂传》:"因陆陇其著有《读礼志疑》,乃作《参读礼志疑》二卷。虽考礼未深。"(第 665 页上。)

9. 加字与改字。以下加着重号者为《儒林传稿》所加。《孙奇逢传》:"(孙)奇峰之学盛于北,与李颙、黄宗羲鼎足行谊。"(第 623 页下。)《惠栋传》:"虽属未完之书。"(第 636 页下。)《汪绂传》:"汪绂,江永同县老儒,一名烜,字双池。"(第 665 页上。)改字如:《思辨录辑要》提要:"其言皆深切著明,足砭虚憍之弊。"《陆世仪传》改"其"为"所"。[1]《铁庐集》提要:"(潘)天成以其间读书讲业,竟为积学。年七十四,汔穷饿以死。……(潘)天成述其师汤之锜语,……记其师梅文鼎语。"《潘天成传》改"竟"为"卒",改"汔"为"竟",改"述其师"为"受业"。[2]

10. 缩写。《东莞学案》提要:"是书大旨以陈建《学蔀通辨》全为阿附阁臣,排陆以陷王,甚至取象山语录,割裂凑合而诬之以禅,因条列其说,为之诘难。"《吴鼎传》将其缩写为:"其《东莞学案》,则专攻陈建《学蔀通辨》

---

[1]《钦定四库全书总目》卷九四,第 1235 页;《儒林传稿》卷二,第 642 页下。

[2]《钦定四库全书总目》卷一七三,第 2348–2349 页;《儒林传稿》卷二,第 647 页上。

作也。"[1]《十国春秋》提要："采诸霸史、杂史以及小说家言，并证以正史。"《吴任臣传》将其缩写为："广搜博引。"[2]《逸讲笺》提要："《大学辨业》者，奇龄门人蠡县李塨所著。塨初师博野颜元，既而舍之，从奇龄，后撰是书，又兼用元说。故奇龄恶其叛己而攻之。"《李塨传》将其缩写为："塨于《大学》，间用颜元说，奇龄恶其异己，作《逸讲笺》以攻之。"[3]

四、《儒林传》覆辑《儒林传稿》征引《总目》的分布

《儒林传》覆辑《儒林传稿》征引《总目》计125则4720字，占《儒林传稿》征引《总目》7967字的59.24%。《儒林传》未覆辑《儒林传稿》征引的《总目》，主要是《清史稿》未设或调至其他类传的传记计31则1300字。《儒林传》覆辑的《儒林传稿》征引《总目》涉及53人，他们是：顾栋高、陈祖范、吴鼎、孙奇逢、耿介、李颙、王心敬、黄宗羲、黄宗炎、黄百家、王夫之、刁包、朱泽沄、彭绍昇、谢文洊、彭任、顾炎武、胡渭、胡彦昇、惠周惕、惠士奇、惠栋、余萧客、阎若璩、吴玉搢、毛奇龄、陆邦烈、应撝谦、陆世仪、张履祥、万斯大、颜元、曹本荣、李塨、陈厚耀、王懋竑、张尔岐、马骕、沈彤、蔡德晋、盛世佐、朱鹤龄、陈启源、刘源渌、阎循观、范镐鼎、邵廷采、邵晋涵、任启运、李光坡、李锺伦、江永、王绂。在这53人中，陈祖范、黄百家、彭绍昇、胡彦昇传中，《儒林传稿》征引的《总目》被全部覆辑；顾栋高、陈厚耀、朱泽沄、盛世佐、刁包、陆世仪传中，《儒林传稿》征引的《总目》仅被修订1或2字。

五、《儒林传》对《儒林传稿》征引《总目》的直引与修订

《儒林传稿》是清人写本朝学术史，《儒林传》是民国人写前朝学术史。由于视角、身份的变化，因而书写有直引，而更多的则是修订，具体如下。

1. 直引。直引指《儒林传》对《儒林传稿》征引的《总目》未增删修

---

[1]《钦定四库全书总目》卷九八，第1291页；《儒林传稿》卷一，第622页下。

[2]《钦定四库全书总目》卷六六，第912–913页；《儒林传稿》卷二，第633页上。

[3]《钦定四库全书总目》卷三七，第493页；《儒林传稿》卷二，第649页上。

订一字。如：《儒林传稿·陈祖范传》："论《书》不取梅赜，论《诗》不废《小序》，论《春秋》不取义例，论《礼》不以古制违人情，皆通达之论。"（第622页上。）《儒林传·陈祖范传》将其全文覆辑。（第13150页。）[1]《胡渭传》："撰《洪范正论》五卷，谓汉人专取灾祥，推衍五行，穿凿附会，事同谶纬。"（第634页下。）《儒林传·胡渭传》将其全文覆辑。（第13173页。）《儒林传》直引《儒林传稿》征引《总目》计47则866字。

2. 改朝代称谓。《儒林传》的李塨、朱鹤龄、颜元、顾炎武、余萧客传改《儒林传稿》的"前明"为"明季"或"明"，将"国初"删除或改为"顺、康朝"，改"国朝"为"清初"或删，改"我朝"为"清代"。[2]《总目》采用"前明""国初""国朝"体现的是朝廷意志，《儒林传稿》征引以示认同，《儒林传》的修订则继承了中国传统史学的史笔。

3. 改干支。《儒林传》改《儒林传稿》干支为纪年有：《儒林传稿·李塨传》："李塨字刚主，蠡县人，又称恕谷者，自名其里也，康熙庚午举人。"（第648页下。）《儒林传·李塨传》改"庚午"为"二十九年"。（第13133页。）《儒林传稿·马骕传》："马骕，字聪御，又字宛斯，邹平人，顺治己亥举人。"（第656页下。）《儒林传·马骕传》改"己亥"为"十六年"。（第13170页。）《儒林传稿·李锺伦传》："（李）锺伦，字世得，康熙癸酉举人。"（第662页下。）《儒林传·李锺伦传》改"癸酉"为"三十二年"。（第13139页。）

4. 改字号。《儒林传稿·余萧客传》："余萧客，字仲林。"（第637页上。）《儒林传·余萧客传》改"仲林"为"古农"。（第13181页。）《儒林传稿·吴玉搢传》："（吴）玉搢，字山夫。"（第640页上。）《儒林传·吴玉搢传》改"山夫"为"藉五"。（第13178页。）《儒林传稿·应撝谦传》："应撝谦，字嗣寅。"第641页下。《儒林传·应撝谦传》改"嗣寅"为"潜庵"。（第13123页。）《儒林传稿·颜元传》："颜元，字浑然。"（第647页上。）《儒林传·颜元传》改"浑然"为"易直"。（第13131页。）《儒林传稿·汪绂传》："汪绂，……一名烜，字双池。"（第665页上。）《儒林传·汪绂传》改"一名烜，字双池"

---

[1] 赵尔巽《清史稿》，中华书局1977年点校本，下同。

[2] 赵尔巽《清史稿》卷四百八十《儒林传》第13134、13124、13132、13134、13168、13181页。《儒林传稿》卷二，第648页下；卷三，658页下；卷二，647页上；卷一，632页上；卷二648页下。

为"初名烜,字灿人"。（第 13152 页。）

5. 改籍贯。《儒林传稿·任启运传》："(任)启运,字翼圣,荆溪人。"（第 662 页上。）《儒林传·任启运传》改"荆溪"为"宜兴"。（第 13184 页。）

6. 改卷数。《儒林传稿·黄宗炎传》："著《周易象辞》二十一卷。"（第 627 页下。）《儒林传·黄宗炎传》改"二十一卷"为"三十一卷"。（第 13106 页。）《儒林传稿·刁包传》："撰《斯文正统》十二卷。"（628 页下。）《儒林传·刁包传》改"十二卷"为"九十六卷"。（第 13135 页。）《儒林传稿·惠周惕传》："其《诗说》三卷。"（第 635 页上。）《儒林传·惠周惕传》改"三卷"为"二卷"。（第 13178 页。）《儒林传稿·张尔岐传》："著《周易说略》四卷。"（第 656 页下。）《儒林传·张尔岐传》改"四卷"为"八卷"。（第 13169 页。）《儒林传稿·范镐鼎传》："进《理学备考》三十四卷。"（第 660 页上。）《儒林传·范镐鼎传》改"三十四卷"为"三十卷"。（第 13125 页。）

六、结　语

阮元是在因刘凤诰案被革浙江巡抚职后,自愿担任国史馆总纂,主持总纂《儒林传稿》的。阮元对《总目》有深入的研究,其《四库未收书目提要》是《总目》最早的补撰之作。[1]《总目》是乾隆帝钦定的,是清中期文化的代表,具有权威,且叙述简洁,符合历史书写的要求。阮元期望迅速成书。[2]因此,尽管《总目》是二手资料,由于人物相同、内容衔接、文体相符,特别是政治安全、述评权威,《儒林传稿》大量征引《总目》也就顺理成章了。[3]而将《总目》作为最重要的史源,应该是辑纂《儒林传稿》前确定的,是《儒林传稿》的辑纂原则。

---

[1]〔清〕阮元《四库未收书目提要》,沈莹莹校点《揅经室外集》,《儒藏》精华编 277 下,第 1250–1340 页。

[2] 嘉庆十七年(1812)正月元日,朱锡庚致信阮元,提醒阮元:"阁下封圻久寄,旦暮将出,未必书局自随,若不及时成稿,恐非接手之人所能办也。"朱锡庚《与阮伯元阁学论修儒林传书》,《朱少河杂著》,转引自戚学民《阮元〈儒林传稿〉研究》,北京三联书店 2011 年版,第 77–78 页。

[3] 焦循曾建议阮元重视《四库全书》,其云:"乾隆四十年以前,大都收入《四库全书》。"见焦循《国史儒林文苑传议》,刘建臻点校《焦循全集》第 12 册《雕菰集》卷一二,第 5855 页。

在《儒林传稿》征引的两百馀种史源中,征引《总目》的则数和字数最多且覆盖最广,可谓星罗棋布。《儒林传稿》征引《总目》计179则7967字,涉及68人。《儒林传稿》是征引群书而成的,这容易让人误解为,只是将两百馀种史源的引文"接续成文",而实际上,就《儒林传稿》征引《总目》而言,其中88.38%的引文被修订。这些修订证明,《儒林传稿》确未"杜撰一字",[1]而非"不自加撰一字"。[2]将多种史源的引文辑纂成全新的传记,是高难度的历史书写过程,像阮元《蒋士铨传》那样,[3]文通理顺,不加一字,一气呵成,极为难得。《儒林传》覆辑《儒林传稿》征引《总目》计4720字,占《儒林传稿》征引《总目》的59.24%,涉及53人。《儒林传》修订了《儒林传稿》的朝代称谓、干支、字号、籍贯、图书卷数等。《儒林传稿》的征引、修订以及《儒林传》的覆辑、修订都恪守了实录的原则。

通过考证《儒林传稿》《儒林传》的史源、取材以及为了文本的统一性而做的修订证实,官修丛书目录提要《总目》的文本,经过《儒林传稿》的征引与修订,以及《儒林传》的覆辑与修订,演变为官修国史学者类传的文本。《儒林传稿》《儒林传》对《总目》的接受,是《总目》接受史上重要的案例,其接受过程既证明了《总目》的学术史价值,也反映《总目》的深远影响,这对深入理解、准确把握、合理使用、整理研究《总目》《儒林传稿》《儒林传》都有重要意义。

作者工作单位:原中国第二历史档案馆

---

[1]〔清〕阮元《拟儒林传稿凡例》,沈莹莹校点《揅经室续二集》卷二,《儒藏》精华编277下,第930页下。

[2]〔清〕阮元《拟国史儒林传序》阮福按语,沈莹莹校点《揅经室一集》卷二,《儒藏》精华编277上,第37页上。

[3]〔清〕阮元《蒋士铨传》,沈莹莹校点《揅经室二集》卷三,《儒藏》精华编277上,第411–412页。

凌晓楼先生交游考

钱 寅

摘 要：清代扬州学者凌曙虽然未如阮元、焦循、凌廷堪诸人名声显赫，但是在扬州学术的发展脉络中仍然有着自己重要的位置。根据凌曙著作中的线索，顺藤摸瓜，能够考察凌曙交往圈子的大致情况。通过考察凌曙的交游情况，可以了解交往对象的学术兴趣和研究方向对凌曙学术的影响；另一方面，也能够以凌曙为视角来勾勒学术圈以及师承渊源，考察彼时的学术生态。

关键词：扬州学术 凌曙 清代学术史 交游关系

凌曙(1775—1829)，字晓楼，一字子升，清江苏江都县人。乾隆四十年乙未（1775）凌曙生,父凌士骜[1],母张氏,据阮元《江都凌君士骜传》,知曙为仲子,其上或有长兄,今不可考。曙有姊,适仪征刘锡瑜,生刘文淇。凌曙一生著述丰富,著有《四书典故核》《春秋繁露注》《公羊问答》《公羊礼疏》《公羊礼说》《礼论略抄》《礼说》《群书答问》《仪礼礼服通释》《说文考正》《金石录》,等等。虽然未如阮元、焦循、凌廷堪诸人名声显赫,但是在扬州学术的发展脉络中仍然有着自己重要的位置。

凌曙与当时的学者,特别是扬州一带的学者关系密切。在传统中国的学术文化中,家学往往对学者的研究工作产生重要的影响,此外就是师友同好间的交往会对学术研究产生影响。像凌曙这样缺乏家学渊源全靠自力成才的学者,交往圈子对其学术的影响就显得尤为重要。根据凌曙著作中的线索,顺藤摸瓜,能够考察凌曙交往圈子的大致情况。通过考察凌曙的交游情况,可以了解交往对象的学术兴趣和研究方向对凌曙学术的影响;另一方面,也能够以凌曙为视角来勾勒学术圈以及师承渊源,考察彼时的学术生态。此番考索,共得与凌曙交游者凡三十一人,略作分类:1. 书院诸师;2. 幕府师友;3. 学林前辈;4. 直朋谅友;5. 弟子晚辈;6. 金石同好。

一、书院诸师

这一部分所涉及的人物学者,有包世臣、洪梧、贵徵、曾燠、宋翔凤五人,主要是凌曙在扬州梅花书院时所遇到的老师或前辈。这五人当中洪梧、贵

---

[1] 阮元《江都凌君士骜传》:"凌士骜,字禹臣。其先世江南泰州人,明海楼金都御史之后也。海楼讳儒,明嘉靖癸丑陈谨榜进士,有直声,言事遭廷杖,时论韪之,事详《明史》,著《海楼集》。士骜祖裏,康熙乙卯科武举人,官古琅所千总。父鸾,国子生,工诗文,屡试不第,授生徒于郡城,因家焉,士骜遂为江都人。幼孤贫,身亲劳苦,手足胼胝,以力养母,妻张氏亦纺绩以佐之,家稍成立。母病,侍汤药,衣不解带者数月。母卒,丧葬尽哀礼。有同产兄八人,皆悌敬备至,生养死殡悉资助之,而自奉则甚约,故人皆以孝弟称之。士骜读书识字,仅记姓名。性和易,无急言遽色,里闬有争者,辄以微词解之,争者敛手退曰:'长者言不可违。'夫以布衣居乡里,未有势利加于人,而人胥听之,非其生平性行积诚以动人,何人折服之深也?士骜自悔幼失学,遂教其子读书。嘉庆十一年卒,年八十有四。仲子曙,博览工文词,治经传,不为俗学,从父教也。"阮元撰《揅经室集》,邓经元点校,北京:中华书局,1993年,上册,第520、521页。

徵、曾燠曾在梅花书院主持教学，包世臣虽与凌曙年齿相差无几，但成名较早且与洪梧等学者交好，亦是引凌曙入梅花书院的重要人物，故亦收入这一部分。而宋翔凤虽然比凌曙还要小几岁，但以其自己的家世和学问在学林多有名望，且以洪梧等先生之友的名义来往梅花书院，是故他与凌曙在书院的相遇相识也当有一层师生关系在其中。

1. 包世臣（1775—1855），字慎伯，晚号倦翁、小倦游阁外史，安徽泾县人，嘉庆二十年举人。包世臣学识渊博，能治经史，喜兵家言，对海防、经济、农政、货币以及文学等均有研究。此外，包世臣擅长书法，且对书法理论有独到的见解，逐渐书法之名炽盛，掩盖了其他方面的成就。

包世臣交游甚广，是当时学界的一位名流。嘉庆九年，包世臣来到扬州，与凌曙、刘文淇舅甥相识。这次结识为凌曙的学术道路正式奠基。包世臣为凌曙治学指点门径，认为凌曙"熟《礼记》，遂与其言郑氏礼而使治之"[1]，其事详见凌曙生平。凌曙亦"谨受之不敢忘，不敢怠"，"少间时自书所得者，以质于包君，其所指摘若振槁发翳"[2]。至凌曙殁后，刘文淇请包世臣为之撰墓表，包世臣亦极力表彰其学行，作《国子监生凌君墓表》。

2. 洪梧（1750—1871），字桐生，一字植垣，歙县人，学者洪榜之弟。乾隆四十八年南巡，赐举人，授内阁中书，五十五年成进士，改庶吉士，散馆后授编修。后主扬州梅花书院，教士子宗汉学，为凌曙之师。洪梧淹博经史，学兼古今，通文辞，善书法，藏书甚丰。江藩述其"深于经学，《十三经注疏》皆背能诵如流水，而又能心通其义。人有以疑义问者，触类旁通，略无窒碍"[3]。嘉庆重修《扬州府志》，洪梧与焦循、江藩、姚文田、秦恩复、贵徵等学者共事。

凌曙的学术成果，一直颇受洪梧赏识。凌曙首部著作《四书典故覈》即获得洪梧的称赞，《春秋繁露注》也得到了洪梧很高的评价。在《四书典故覈》的序言中，洪梧自述了在梅花书院的教学方针：

---

[1]　包世臣《艺舟双楫》"论文篇"《十九弟季怀诗识小录序》，北京中国书店1983年影印世界书局1936年版，第14页。

[2]　凌曙《四书典故覈》卷首《自叙》，清嘉庆十三年蜚云阁藏版。

[3]　江藩著，钟哲整理《国朝汉学师承记》卷六《洪梧》，中华书局1983年版，第101页。

予昨岁主讲梅花，则欲与诸生为通经之学，首令纂公羊通礼、周官六联表说，及论孟水地通释、仪礼十七篇节目详考、左传五十凡论、诗经通礼，皆日有程、月有课，洒洒乎可观矣。[1]

当凌曙呈上《四书典故覈》时，洪梧表彰其"好学穷经，精心求古"[2]。尤其是对凌曙家境贫困，仍能坚持向学的态度给予鼓励，并举江永家贫借书成学，戴震断炊一月而注《离骚》的事迹勉励凌曙。赞许之余，洪梧给凌曙指引了未来的学术道路，认为"四子书固道之所在也，学颜子之所学，其何以博文约礼而不远复耶？《论语》半部可致治平，亦为之而已矣"[3]。洪梧不愿凌曙泥于四书考据，建议其能开拓自己的学术视野。于是洪梧建议凌曙研究董仲舒的《春秋繁露》，以继承先贤之绝学[4]。后洪梧去世，凌曙同刘文淇等人撰文凭吊。可见，凌曙与洪梧之间师弟情深，洪梧对凌曙的学术发展起了重要的作用。

3. 贵徵（1756—1815），字仲符，号奕堂，仪征人，乾隆五十四年进士，官文选司郎中，后改道员。贵徵能诗，尤工试帖诗，有《安事斋诗录》[5]，与阮元、阮亨、王豫等同乡学友相交，王豫编《江苏诗征》收录其诗两首。另外，清人汪廷儒编纂《广陵思古编》收录贵徵《晁错论》《光武论》《萧望之论》《四书典故覈序》《白石山人还居城南草堂序》等文章。[6]

洪梧主持梅花书院以来，贵徵与之过从甚密，两人一同参加修订《扬州府志》的工作。贵徵在洪梧处第一次看到凌曙《四书典故覈》的初稿，其时书名还是《四书考典》。对于凌曙为四书典故所作的考释，贵徵给予了很高的评价，认为"义理、典章不可偏废"，遂欣然为之作序。在序言中，贵徵表示了自己为诸生时，也想做一部考据四书典故的文章，但是"属稿未就，旋以薄宦辍业"，当看到凌曙之作时"深惭向日之有志未成，而喜吾郡读书明经之士日益多也"，并称赞凌曙"虽贫苦而绩学不倦如古人，其为文俱有经

---

[1] 《四书典故覈》卷首《洪梧序》。

[2] 凌曙《春秋繁露注》卷首《洪梧序》。清嘉庆二十年蜚云阁藏版。

[3] 同[1]。

[4] 见《春秋繁露注》卷首《洪梧序》。

[5] 见徐世昌编《晚晴簃诗话》上册，华东师范大学出版社2009年版，第769页。

[6] 见汪廷儒编，田丰点校《广陵思古编》，《扬州地方文献丛刊》，广陵书社，2011年版。

术"[1]。

4. 曾燠（1759—1831），字庶蕃，号宾谷，江西南城人。乾隆四十六年成进士，两任两淮盐运使，莅职扬州近二十年。曾燠善诗文，通"选学"，与吴蒨、彭兆荪、吴锡麒、袁枚、赵翼、王芑孙、王文治等一时名士诗赋唱和，著有《赏雨茅屋诗集》《骈体文》，编辑《邗上题襟集》《江西诗征》《国朝骈体正宗》等。吴锡麒称："宾谷都转，处淮扬靡丽之区，而淡于嗜欲，依然寒素，又能拨烦剖剧，游刃有余。"[2]

凌曙的学友陈均、毛岳生等亦与曾燠过往频繁，交情密切。凌曙从阮元幕府回到江都老家后，全部精力都在于考礼，所撰的《礼论》诸篇用功最苦。曾燠见凌曙生计艰难，曾举荐其到泰州盐分司的柴、陈二先生府中坐馆，以资家用。[3]凌曙病中，毛岳生为其审定《礼论略钞》，陈逢衡、陈均等学友助其付梓，使凌曙生平夙愿得以实现。在此书尚未定稿之时，曾燠早已为之撰序，序中回忆了与凌曙的师生之缘，并表彰了凌曙治学的努力与成就：

> 凌生晓楼，余二十年前讲院所拔士也。家贫力学，焠掌绝韦，久而弥挚。曾游楚粤，尽以所得脩脯付剞劂，至于断炊而不顾。所镌《春秋繁露注》《公羊问答》诸书，士林翕然称之。顷撰《礼论》成，发以见示，迹其掇拾汉魏六朝及近代诸名家言，凡与礼经有稍背者，必条举而缕剖之，洵足以羽翼康成之学矣。至其学博而意醇，理茂而词达，则虽高仲舒、勾中正之闳通，不是过矣。余嘉生之能论古而又不戾于古，爰为小引，告世之能读三礼者。[4]

5. 宋翔凤（1779—1860），字虞庭，江苏长洲人，清代著名学者。宋翔凤之母为常州庄氏女，庄述祖之妹。因此，宋翔凤自幼得闻庄氏今文经学的大义，影响了其一生的治学取向。庄述祖曾以"师友"来称赞两个外甥刘逢禄

---

[1]《四书典故辨》卷首《贵徵序》。

[2] 曾燠《赏雨茅屋诗集》卷首《吴锡麒序》，清咸丰十一年重刻本。

[3] 见凌曙《礼论略钞》卷首《凌曙后序》，清道光丙戌（六年）蜚云阁藏版。

[4]《礼论略钞》卷首《曾燠序》。

和宋翔凤。后来,宋翔凤又聆听段玉裁之教,兼治许、郑之学,形成了独特的学术风格。宋翔凤一生著述颇丰,有《论语说义》《论语郑注》《四书释地辨证》《卦气解》《尚书谱》《尔雅释服》《小尔雅训纂》《五经要义》《过庭录》《朴学斋札记》,等等。

宋翔凤与洪梧等学者相交,常往来梅花书院等处论学会文。在宋翔凤《忆山堂诗录》卷七中收录《洪桐生先生梧招集梅花书院赋呈并呈凌晓楼曙夏慈仲宝晋二首》,诗云:

> 十年久著门生籍,五笔曾抄插架书。折柬许来梅树下,停筯已过雪消初。论文欲得心相印,说士才知肉不如。江北江南奔走熟,自伤尔雅释虫鱼。
>
> 春风已见香成海,旧雨都看气似云。法例公羊颜氏学,词章司马汉朝文。同将玉屑中心写,各乞秾香竟体薰。醽醁未干花满屋,深谈何意到斜曛。[1]

二、幕府师友

这一部分涉及到的人物学者,有阮元、刘逢禄、陈均、江藩、许珩五人。据凌曙的学行可知,其曾两至阮元幕府。阮元幕府中人才济济,凌曙相与交往者,必不仅仅局限于此五人,惟其五人今日尚有线索痕迹可供考知。至于阮元幕府中其他学者与凌曙的关系如何,因为文献不足征暂不讨论。凌曙入粤实为教授阮元二子,是故阮福、阮祜置于此部分亦未尝不可。但是由于已经析出"弟子晚辈"一类,所以将福、祜二人纳入彼中。

1. 阮元(1764—1849),字伯元,号芸台、雷塘庵主,晚号怡性老人,扬州仪征人,清代嘉庆、道光间学者、名臣。阮元在经史、数学、天算、舆地、金石、校勘等方面都有着非常高的造诣,是乾嘉末期的学界领袖,同时也是扬州学术的重要代表人物。《经籍籑诂》的编纂,宋本《十三经注疏》的校勘,这些大规模的文化工程都由阮元提倡、发起并亲自主持、参与。杭州诂经精舍、广州学海堂,这些对后世学术影响深远的学术机构也由阮元创建。此外,阮

---

[1] 宋翔凤《忆山堂诗录》卷七,清道光五年本。

元在戴震等皖派考据学者的基础之上[1]，进一步将考据和义理结合，著《性命古训》《论语论仁论》《孟子论仁论》等学术文章推阐古圣贤之旨。阮元治学兼采汉宋、不废古今，论学宗旨在于实事求是。

凌曙与阮元首先是扬州同乡，阮元年长于凌曙十一岁，从家学渊源到治学的基础条件都要强于凌曙，且在学术上成就较早，二人虽无师生之名，但从交往情况来看实则形成了亦师亦友的关系。凌曙三十五岁时进入阮元幕府，参与校辑《经郛》。阮元曾教诲这位同乡后生说："圣经贤传，论修齐治平者备矣，大都不外河间献王一语，实事求是而已。而事之是非孰有大于《春秋》者乎？公羊孤经，久成绝学，以子精力强盛，曷不尽心。先师有言：朝闻道，夕死可矣。况来日未有艾乎？武进刘君申受，于学无所不窥，尤精公羊，与之讲习，庶几得其体要矣。"[2]这番话引导凌曙向刘逢禄学习公羊经传，凌曙日后的学术方向与此关系密切。凌曙回到江都写作《春秋繁露注》后，也曾寄与阮元指正，阮元对其给予了相当高的评价：

同学弟阮元顿首：

晓楼二兄，俗事匆匆，未得常为修候，惟知尚馆朱观察处，想一切皆为平善。顷从扬州送到大著《繁露注》四本，略为披览，闳深肃括，卓然成一家言。自有《繁露》以来，二千余年有功此书者，此其最也。快慰！快慰！近来所肄何如？便中示及。弟心拙事繁，须白其半，看案牍非眼镜不可，大非在京之时。京园看花之乐，求之近年，不可得矣。肃此。恭候近祉。不具。[3]

凌曙著作为当时学界领袖如此一番评判后，自然不难在学界立足。同时，信札中传递了阮元和凌曙在京同游的往事，足见二人非泛泛之交。后来阮元入主广东，延凌曙来教授阮福、阮祜诸子，凌曙再次进入阮元幕府。凌曙这一次进入阮元幕府，除了课阮元之子外，还承担了校订《江苏诗征》的

---

[1]　支伟成将阮元划归入皖派经学家。见支伟成《清代朴学大师列传》，上海人民出版社，2014年版。

[2]　《春秋繁露注》卷首《洪梧序》。

[3]　《春秋繁露注》卷首《阮元札》。

任务,同时完成了《公羊礼疏》《公羊礼说》《公羊答问》三部著作。在粤期间,凌曙与阮元常探讨学问,二人曾就其所著《礼论》诸说往来商榷。凌曙在粤时,陈均为凌曙绘《壤室读书图》,阮元为此图题名。

图片来自 2007 年 2 月 27 日扬州晚报 C2 版[1]

后来,阮元将凌曙《公羊礼说》《礼说》收入《皇清经解》,这无疑是对凌曙学术的肯定。阮元曾为凌曙之父凌士骜作传,凌曙殁后子凌镛奉《蜚云阁凌氏丛书》向阮元问序,序曰:

> 近儒治何氏《公羊》者,莫著于孔检讨(广森);治郑氏《仪礼》者,莫著于武进张编修(惠言)。孔氏之治公羊以《春秋繁露》为根本(检讨《公羊通义》自序凡三引董生《繁露》),张氏之治《仪礼》以四书古注为阶梯(编修尝辨四子书中汉说之当从者数十事,手书成帙)。其授受各有师承,皆专门名家之学也。江都凌君晓楼(曙),经术湛深,力学不倦。推广张氏之意著《四书典故覈》六卷,又引申孔氏之例著《繁露注》十七卷。既而由四书以通三礼,著《礼论》一卷,而郑氏之《仪礼》遂得其指归;复有《繁露》以通《春秋》,著《公羊礼疏》十一卷,《公羊礼说》一卷,《公羊问答》二卷,而何氏之《公羊》亦探其奥赜。书凡六种,统名为《蜚云阁丛书》,洵可谓任城、高密之功臣,仪郑、苕柯之同志矣。余昔官两广时,延君至节署,授诸子以经,并录其书之最精者,刻入《学海堂经解》。及余予告还里而君已久归道山。其子东笙(镛)奉遗书,乞余作序,因述其说经之渊源,为学之次第,俾后之读其书者,知所从事焉。

　　道光二十九年夏四月太傅　予告大学士在籍食全俸禄扬州阮元

序[1]

阮元之子阮福、阮祜,在广东时曾为凌曙学生。

2. 刘逢禄(1776—1829),字申受,号申甫,又号思误居士,武进人,清代经学家、公羊学家。嘉庆十九年进士,改庶吉士,散馆后授礼部主事。刘逢禄是清代张大公羊学旗帜的学者,代表著作有《春秋公羊何氏释例》《刘礼部集》,等等。刘逢禄是常州学派代表人物庄存与的外孙,其治公羊明义例,谨守何氏。凌曙居京,在阮元幕府时曾跟随刘逢禄研习《春秋公羊传》,得公羊学大义。

3. 陈均(生卒不详),字受笙,海昌人,善书法,能绘画,与凌曙相识于阮元广东幕府。凌曙在广东刊印《春秋公羊礼疏》,陈均为其书名题篆。到凌曙辞幕时,陈均为之绘《壤室读书图》,题款为"晓楼大兄属作"。

道光五年,凌曙卧病,陈均与毛岳生屡屡探望。面对凌曙在贫窘的生活状况中仍然只醉心于学术,陈均曾讽劝说:"金帛甚难得,五旬以外惟此幼子,家无余粮,日竟何恃?"[2]这番话让凌曙深深感受到陈均对自己的关心。

4. 江藩(1976—1831),字子屏,号郑堂,扬州甘泉人,经学家,著《国朝汉学师承记》等。许珩(生卒不详),字楚生,治周礼,有《周礼注疏献疑》《周礼注疏节钞》。凌曙在阮元广东幕府时,校《江苏诗征》得与江藩、许珩共事。

三、学林前辈

这一部分所涉及到的学者,有李兆洛、吴鼎、秦恩复、邓立诚四人。他们在凌曙治学的道路上提供了相应的帮助和启示,如李兆洛指点其修订《四书典故覈》,吴鼎给予财物帮助其补贴生活,秦恩复启发其在《春秋繁露》研究中可以进一步深入。至于邓立诚,生卒不详,无法考订其是否确为凌曙前辈。但是通过材料可以看出,他曾向凌曙传达孙星衍的赞语,故

[1] 此序实为刘毓崧代作,然所示阮、凌之谊大体不差。刘毓崧《通义堂文集》卷四《蜚云阁丛书序(代阮文达公作)》,近代求恕斋本。

[2] 《礼论略钞》卷首《后序》。

姑将其置于此部分。

1.李兆洛（1769—1841），字申耆，晚号养一老人，阳湖人，嘉庆十年进士。李兆洛善诗文，通经史，作文主张骈散混合与桐城派立异，治学精训诂考据以及舆地，著有《养一斋文集》《骈体文钞》《地理韵编》等。

嘉庆十一年，李兆洛甫成进士，在江南一带名声正盛。当时三十二岁的凌曙在包世臣的引荐下到常州拜访李兆洛，"亲承指授，笔记其略"，"归按之于籍，始知其言之有旨，辨之非夸，绅绎既久，渐能错综推广其意"[1]。在李兆洛的启发下，凌曙撰写了《四书典故覈》。嘉庆十二年，李兆洛路过扬州，凌曙将《四书典故覈》稿本呈阅，得到了李兆洛的赞许。由此看来，李兆洛在凌曙学术生涯的早期起到了一定的引导作用。

2.吴鼒（1755—1821），字及之，一字山尊，号抑庵，又号南禺山樵，晚号达园，安徽全椒人，嘉庆四年（1799）进士。吴鼒擅长书画，工骈体文，有《夕葵书屋集》等。

吴鼒与顾广圻交好，顾广圻尝为吴鼒校书。吴鼒也常常称赞凌曙学行，两人之间多有交流。凌曙家境贫寒，却一心向学，不务营生，吴鼒对其多有资助。吴鼒曾有书信讯候：

> 吴鼒顿首：晓楼先生师席，阁下食贫嗜古，诚养竭诚，可谓文行兼美，吾党之麟凤也。奉上四金，此卖文钱，非盗跖之树，或可佐白华之养，哂入。即问奉侍万安。[2]

3.秦恩复（1760—1843），字近光，号敦夫，江都人，清代校勘家、文学家、藏书家。秦恩复擅长校书，曾延顾广圻一道商榷校勘，校《列子》《法言》《鬼谷子》《隶韵》等典籍。阮元在浙江任上，尝聘其主持诂经精舍。

秦恩复是凌曙的同乡前辈，凌曙不免会向其请教。凌曙校注《春秋繁露》后，便奉与秦恩复批评指教。秦恩复浏览之后，资以银两，并肯定了凌曙的工作：

> 愚弟秦恩复顿首：晓楼先生，前承示新校注《春秋繁露》，时复抱

---

[1]《四书典故覈》卷首《自叙》。
[2]《春秋繁露注》卷首《吴鼒札》。

幽忧之疾,神智瘩丧,未能尽读。公羊之学久绝,董子传公羊于《繁露》,仅存其略,传本甚鲜,得先生校注行世,有功于前人不小。俟心气稍定,细细寻绎,或于它书引公羊谶者比附于后,更为有益。谨奉上朱提一流,聊佐剞氏,乞晒存之。此候日安,不具。[1]

4.邓立诚(生卒不详),擅长考据,治《汉书》多有心得[2]。邓立诚曾就读于梅花书院[3],与凌曙有同学之谊,《春秋繁露注》卷首收录邓立诚函札一封:

愚弟邓立诚顿首:晓楼二兄足下,弟昨在西园见吴山尊先生极赞足下所注《春秋繁露》,且曰:"顷予在江宁见孙渊如先生,先生询凌君甚悉,惊叹其所注,以为奇士得一知己可以无憾,况先生固海内之宗匠,当代之经师乎! 子归为凌君言之,庶益其进取之志也。"弟彼时闻之,惊喜欲泣,归来已三更矣,匆匆手书以闻,不及待明日也。足下《公羊补疏》征引精博,虽殷侑何以相过。弟曾有赠人诗云:"读书谁解思轮扁,成佛方能识懒馋。"足下以为何如。[4]

凌曙靠自学成名,获得学界领袖的肯定对他来说是至关重要的。当邓立诚听到吴鼐转述孙星衍对凌曙的表扬时,异常惊喜,便想立刻将这一消息告诉凌曙,由此可见邓立诚与凌曙相知之深。

四、直朋谅友

这一部分涉及的学者,有沈钦韩、包世荣、陈逢衡、毛岳生、顾广圻、阮亨、黄承吉七人。这七人大多是活跃在江浙一带的学者,平日与凌曙过从

---

[1]《春秋繁露注》卷首《秦恩复札》。

[2] 陈立《白虎通疏证》、黄怀信等《逸周书汇校集注》等有引邓立诚之说,可见其学大概。

[3] 见《清诗纪事》嘉庆朝卷《和秋柳诗》所引郭麐《灵芬馆诗话》:"余女夫夏慈仲宝晋早以诗见赏于洪桐生太守,命入梅花书院肄业……时有同舍生邓立诚……"钱仲联主编《清诗纪事》,凤凰出版社2004年版。

[4]《春秋繁露注》卷首《邓立诚札》。

甚密。

1. 沈钦韩（1775—1831），字文起，号小宛，江苏吴县人，嘉庆十二年举人，授安徽宁国县训导。沈钦韩家贫，靠借书求学，渐渐淹通经史，精于训诂考据之学，著有《两汉书疏证》《水经注疏证》《左传补疏》《左传地理补注》《韩昌黎集补注》等等，治经以《左传》为主。

沈钦韩与凌曙、刘文淇均有交往。尤其是在京师之时，沈钦韩与凌曙过从非常密切。后来，凌曙转向公羊学的研究，这让沈钦韩不满。在给刘文淇的信中，沈钦韩直接说："尊舅为刘逢禄辈所误，溺于公羊。"[1]从这样严厉的措辞来看，学术的分歧让凌曙与沈钦韩之间的交往变得越来越少。

2. 包世荣（1783—1862），字季怀，安徽泾县人，包世臣从弟。包世荣精研三礼，擅长考据训诂，作《毛诗礼征》，是安徽朴学的一位重要代表人物。嘉庆十三年秋，包世臣将包世荣带至扬州，凌曙与之相识。后来凌曙寓居京师，与沈钦韩、包世荣过从最密。

3. 陈逢衡（1778—1885），字履长，一字穆堂，江都人，家富藏书，能治经史，善为诗文。著有《读骚楼诗》二集、《竹书纪年集证》《逸周书补注》《穆天子传补正》及《博物志考证》。凌曙与陈逢衡同是江都人，故交往颇深。凌曙暮年中风大病之时，陈逢衡同阮亨等好友频繁探望。[2]其时，凌曙移居董子祠卧病，陈逢衡为之作《岁暮冬凌晓楼曙董子祠》诗一律：

> 此生休说误儒巾，落落残年且寄身。伴尔拥炉惟一子，代君温酒是何人。安期上药难延命，刘向黄金不救贫。只有玉杯书一卷，空虚不用悟前因。[3]

从诗中可以看出凌曙晚年妻子逝世、儿子年幼，自己病困潦倒之状，同时陈逢衡也表达了凌曙因勤于著述能有立言以不朽。此外，凌曙从广东回到江都时携带这陈均所绘的《坏室读书图》一幅以自况。这幅图画经顾千

[1] 沈钦韩《幼学堂文稿》卷七《与刘孟瞻书》，清嘉庆十八年刻道光八年续刻本。
[2] 见《礼论略钞》卷首《凌曙后序》。
[3] 陈逢衡《读骚楼诗初集》卷四，清陈氏丛书本，《清代诗文集汇编》第525册，第225页。

里、毛岳生、刘宝楠、黄承吉、李兆洛、吴育、周济等学者的题跋[1]，反映了当时学者对凌曙学行的尊崇。陈逢衡也为此画题诗，作《壤室读书图为凌晓楼题》长诗：

> 君知读书乐，不知读书苦。一灯茅屋栖风雨，家徒壁立厨无炊，兀坐依然适环堵。忆我初识君，君方业孔氏（君著有《四书典故覈》）。下帷益不懈，三十注董子。四十习公羊，问答畅厥旨。五十成礼说，先生已病矣。此病之根君自贻，厥咎在书夫何辞。川流日泄河必竭，石骨频凿山必隤。君身气血得有几？朝煎暮烁心力疲。譬如大厦久倾侧，欲恃一木焉能支。只今茕茕一老叟，贫病交加辱尘垢。卒岁无衣炉不红，还教壤室都无有。道家托足依先儒，扶墙不得东西走（晓楼时寓董子祠）。虽然君莫哀，天意良独厚。古来贤达有真诠，困顿方能见操守。窃笑世人空大言，别开面目殊觉丑。外强中干居不疑，的然仍簸弄嚣口。论心唯我知君深，九转丹成不释手。鼠肝虫背任造物，死生昼夜何庸剖。岂惟万物尽糠粃，即此微躯亦土朽。此身要有元精存，已在巾箱盈一亩。百千年后真黄金，超超历劫为君寿。[2]

诗中不难看出作为凌曙老朋友的陈逢衡对凌曙平日辛勤苦读的钦佩和悲悯，更表达了陈逢衡对凌曙著作能够流传后世的信心。这首诗苍凉有力，展现了凌曙这一位家徒四壁却坚持读书治学的寒士形象，令人读来感慨万千。

4. 毛岳生（1791—1841），字申甫，一字兰甫，江苏宝山人。毛岳生幼年孤贫，以诗闻名，士人多与其交往论学。毛岳生时运不济，流离于闽地十余年，颠沛之中仍然刻苦治学，著有《休复居诗集》《休复居文集》。

毛岳生孤贫、颠沛，这样的一生与凌曙非常相近，因此二人关系非常密切，往来问候论学相当频繁。从凌曙撰写的《礼论略钞》后序中，可以看到毛岳生在凌曙病中时常探望，更是审定筛选其《礼论》诸条，刊印《礼论略钞》，并为之撰写序言，实现了凌曙生平夙愿。在《礼论略钞》的序言中，毛

---

[1] 见《扬州惊现阮元"壤室读书"题字》，《扬州晚报》2007年2月27日 C2 版。
[2] 《读骚楼诗初集》卷四，《清代诗文集汇编》第525册，第226页。

岳生将凌曙比为马昭、贾公彦这一类的经学大师,可见其对凌曙之学的肯定。今在毛岳生《休复居诗文集》中还留有数篇与凌曙相关的文字,兹摘录于下:

> 《苦雨简凌子升》:端居服术废钻研,衰老谁忧水患年。饭裹每思勤问疾,麦漂应不废陈编。马昭独抱群儒惧,庾蔚能教绝学传。只惜江湖流土梗,空怀风雨醉灯前。[1]

在毛岳生看来,凌曙是那种独抱遗经、传承绝学的经学家,同样也是一位蹇滞不达的寒士,和自己很相似。所以他在苦雨之时惦记起了这位老友的身体,以七律的形式来问候,其实又何尝不是在抒发自己的郁滞。

《书凌子升论程氏丧服足征殇服文后》:

> 礼服中有殇者,其服无受为略,而悲哀恻怛且有重于功服者,是故小功末可冠娶妻,而下殇之小功则不可,盖伤之也。然而不能无降杀矣,因其年与服长幼重轻而等为上中下差为功与缌,小功则成人已轻,其谊复疏。故服至长殇而止,此男子与妇人同也,而服殇异者,妇人惟正与报服不降,从服则无不降,则于殇也,犹是矣。故亲者上附其服,正报服之殇则固同,男子中从上,至服从服,大功殇则见于经者,中从下,与男子服正服大功殇中从上者异。康成释殇小功缌麻章两传皆谓服其成人而说前传主丈夫服殇,后传主妻为夫之亲服。以前传曰大功之殇中从上,凡殇必由本服推,传既属殇,小功章又言不见大功中殇,故推为然。后传曰大功之殇中从下,男子不中从下焉,故知其属妇人也。其说经可谓至精约,不闻辄有非者。明郝敬始疑前传云谓殇服,而后金辅之亦疑后传云服殇不属妇人。瑶田程氏主此说,驳之尤密。辄改后传文为经,论其为两殇章发例,而推大小功两殇章,其制专主齐衰殇。又辨服殇男子与妇人不殊,则小功章有大功之长殇。其说已自鳌窒不可通,固曲解为相因制者,然缌麻章又有小功之长殇与妇人大功中下之殇,则何说也?且妇人服殇果不异,何以夫服从父昆弟长殇小功、下殇缌麻,而妻

---

[1] 毛岳生《休复居诗集》卷四,清道光甲辰年本。

服夫之叔父中下缌也。由此言之,前传文非齐衰殇服,而后传云云则为妇人服殇,明矣。江都凌君子升病其乖离纠纷,益滋经晦用。著论三篇,凡殇由期功降者皆列其人,妇人与男子异者亦表其数。又引马融、杜佑之说以明降杀之由,而传卒不可改为经,说尤辨。虽未能举废其言,然术正而识邃,理繁而旨简。程氏他论礼偶舛者既多著,即疏殇服,康成亦无毛发失,则子升通慎,不可谓非马昭、贾公彦之俦也。当乾隆间,程氏尝官嘉定教谕,嘉定人至今传其廉谨惠爱、惇学好士,教谕禄入微颇用周士乏,遇事率毅,然偶失礼上官,即引疾去。其行已为不负所学,而先府君昔亦与雅故,是以余家多藏其书。余少时恒乐观之,叹其繁富而苦其说事礼数立异诋康成。夫康成尝疑传,又释经颇弃师说,苟乖违意非不可舍抑,何易度越哉。故余雅慕程氏学行,而于说丧服不乐强附,与子升同焉。又尝录子升诸说入是书集解,以为世苟言服术当宗尚其书而辄非笑之,何也?岂余与子升说固非欤?则又不能无惑,观此论复姑识之,如此俾后贤者择焉。道光五年七月日。[1]

凌曙《礼论略钞》之成书,乃是由毛岳生审定删节其《礼论》而成。可以说毛岳生是凌曙学术著作的第一读者,也是切磋砥砺的益友。由此观之,毛岳生与凌曙在论学旨趣上颇有相似之处。这一则书后便充分展示了这一点。后人评价凌曙治礼,以为其"说丧服、丧礼能力辟敖继公、郝敬、吴廷华、程瑶田辈之谬","学术至正"[2]。毛岳生这段论述正反映了这一点,可谓深知凌曙之学者。

《题凌子升壤室读书图》:

余十五六年前曾一见凌君子升于江宁,后余入闽伏处于瘴雾岭峤中十余岁,惟姚先生惜翁、子寿、甘亭、子问昆弟闲一寓书,他相知率不知。余客游所日益阔疏,去夏归客扬州,复见子升。时皆不相识,通语始知。人世利禄厚实、名声焜耀,余与子升别后皆略无得,而困苦颠厄毁谤之积,两人所处数年来殆不甚相远。然子升虽贫至饔飧不继而弹

---

[1] 《休复居文集》卷二。
[2] 曹元弼《礼经学》卷七《礼经各家撰述略要》,清宣统元年本。

思虑，著书不已。所著《公羊礼疏》，解说董子《繁露》，皆精研经术可传，又达礼经，体履邃曲，《礼论》诸篇明粹通博，虽庾蔚之、贾公彦二君子为之，亦无以过是。子升虽不遇于今而必尸祝于后，以视余困无所成者，不可道里计矣。夫人学术巨细成败有不尽由所遇丰约者，是贫窭中又有才不才也。余恶能不一愧悔哉！子升以其《坏室读书图》属题，余居忧不作诗，因书数语质子升，并以自强云。道光五年七月八日。[1]

"遇于今"是此生通达富贵的机会，但是凌曙一生功名未举，颠沛流离，晚年卧病与富贵早已经无缘。"尸祝于后"是立言于世，传承先圣绝学，这是历代儒生的共同追求。如果能实现这一理想，那么生前贫困一点又能有什么呢？从毛岳生在《坏室读书图》上的题文可以看出，彼二人真是惺惺相惜的知己。

《与凌子升书》：

> 某白，往见所作《礼论》以学士大夫都不讲，此足下独博考古书传记、先儒论述，穿井为书，固已心奇其才。后数聚谈，见足下词气质直高朗，意思冲下，又钦为学古有德人也。仆才识不逮中人，又数奔走杂扰，学益旷坠。近虽读书，义达文失，既滞钝复不耐坚苦，其讫无成，决矣。朋辈中才杰之士相为雕琢词赋，论断高下，犹不足次比于末，至于推先王服术之意，得古贤用心之深，正其舛错，解后蒙惑，其不足议，此不待足下知也。然足下必过与而问者，非以礼经幽奥，习之者鲜，苟有论说，不宜人废故耶？然则既以重足下道之广，又以慨足下行增谤毁如仆穷也。然苟舍是岂遽尽获厚实而訾议其果息欤？则何如从所好，勤撰述以自乐其道耶？前云说经之文务使精简，无或烦曲。足下既纳其言矣。至于钩贯记注隐显，参覈史传识其变通，此固足下之长，则仆终何以益足下也。夫学有盛衰，君子但当救其弊，不当甚其说为汉儒之说者，其衰也穿凿而拘，为宋儒之说者其衰也果于自信，简漏而疏。前欲尽弃其说，固大不可。近又欲举废汉说，用致重宋贤，仆亦未敢决谓然焉。窃意凡说经义，名物训诂，义理精微，必兼综其粹博者乃可。此惟通儒少

---

[1]《休复居文集》卷二。

留意耳。往疑丧服记夫之所为兄弟服妻降一等，与传言无服殊异。子夏作传诚后于记，然士冠礼记犹称孔子，则时亦后先度不宜缪误。若此，反复考校乃得其通，是曰兄弟犹曰小功，则传言无服益信。足下亦深喜为然，用故次序为文，显白其旨。未几，见太原阎百诗已有此说，虽未博辨明著使达，然亦精识矣。学问之道，惟求其是，鄙陋幸合前贤，又何必论自己出始快耳。足下索此文久，以有寒疾，又湿气下达，苦腰痛不能书。今以观幸教篇末云云，即见阎氏说而增者，意不欲掠美故也。端阳后当出相见，风雨不时，晦明殊寒炎气不胜，易生疾苦。贫窭中尤宜加意，千万珍重。某再拜。[1]

书信中可以看出，毛岳生借给凌曙提供一篇阎若璩文章的机会，给予凌曙治学建议。无法确考这篇书信的具体时间，但据《题凌子升壤室读书图》所言毛氏在闽中时未能与凌曙书信往来，则此书必在道光四年毛岳生返回扬州之后，其时凌曙的人生已经进入了暮年。这封书信还透露了这样的信息，即凌曙曾经想过放弃汉儒之说，转而治宋儒之说。这一点从凌曙的学术著作上基本无法看出，幸赖毛岳生将这封信收入自己的文集，才能使我们在今天收获这一细节。从凌曙的生平来看，他并没有踏出转向的这一步，或许这和毛岳生的建议分不开吧。从留存下来的这几件凌曙与毛岳生之间相交的文献可以看出，他们两人之间因为人生境遇的近似而结成了真正的知己。

5. 顾广圻（1770—1835），字千里，号涧苹、无闷子，别号思适居士、一云散人，元和人。顾广圻是清代著名的学者、校勘家、目录学家，几乎无书不通，惟出身贫寒，生计不达，靠寓居校书为业，著有《思适斋集》。顾广圻性格耿介，对其他学者的错误往往抨击得不留情面，这在他与段玉裁之间的论战中表现得淋漓尽致。

顾广圻治经、校经，重视经、注、疏三者之间的关系，认为"经之意不易晓，晓之必由注，经注之意不易晓，晓之必由疏，此读疏所以为治经之先

---

[1]《休复居文集》卷三。

务"[1],在遇到不明之处先求诸注疏,而不是盲目地征引异文来改动经文。这一原则也是凌曙所遵循的。凌曙在著作中屡屡提及"凡经之未明者求之于注,注有未明者求之于疏,疏有未明者当广引他书以证明之"[2]。可见凌曙与顾千里二人对待学术有着相近的见解,因此当凌曙请顾广圻为《壤室读书图》题词时,顾千里给予了凌曙很高的评价:

> 凌君晓楼自粤归,出《壤室读书图》相示。夫晓楼为汉学者也,亦闻汉学、宋学与俗学之所以异乎?予尝反覆寻求,阅历数十年而后得,请以三言蔽之曰:"汉学者,正心诚意而读书者是也;宋学者,正心诚意而往往不读书者是也;俗学者,不正心诚意而尚读书者是也。"是故汉人未尝无俗学,宋人未尝无汉学也。论学之分,不出斯三涂而已矣。今晓楼既以读书揭其图,又方为汉学,则其读书也,殆必有当于吾所谓正心诚意者矣,壤室虽小,其将志大宇宙哉。至于今日俗学,则歧之中又有歧焉,本不正心诚意,且不读书,徒盗读书之虚声,诊汉学之借号,以作投时之捷径。盖因一二有力无识者提唱于前,遂致千百鬼琐阗茸者邪许于后,侏张诞漫,莫可穷诘,其实不过西域幻人,黎丘奇鬼,并无所谓学,又焉有汉?吾知晓楼游行天下多,遇此辈者,其唾而弃之也久矣,弗足为晓楼陈,犹牵连著及,欲使后世观图,将恍然退然曰:"壤室中若人,乃真为汉学者也。"[3]

顾广圻将学问分为三种:汉学、宋学、俗学。其中最精的是汉学,最令其不耻的是俗学。凌曙被褒为"真汉学"者,这无疑是对凌曙最大的肯定。至于顾广圻所认为的俗学是哪类人,他未能明说,恐怕是他曾经批评过的某些学者吧。

6. 阮亨(1783—1859),字梅叔,号仲嘉,仪征人,阮元从弟,善诗文,有《珠湖草堂诗钞》等。道光五年,凌曙中风,阮亨与陈逢衡一同探望,商量为

---

[1] 顾广圻著,王欣夫辑《顾千里集》卷八《重刻宋本仪礼疏后序》,中华书局2007年版,第129页。

[2] 凌曙《群书答问》卷下,清光绪戊子夏木犀轩本。

[3] 《顾千里集》卷十四《壤室读书图序》,第213页。

凌曙出资刊刻《礼论》书稿。[1]

7. 黄承吉(1771—1842),字谦牧,号春谷,江都人。黄承吉秉承家学,博综群籍,与同里江藩、焦循、李钟泗友善,以经义相切劘,世人有"江、焦、黄、李"之称。嘉庆十年进士,历官广西兴安,岑溪等县知县。黄承吉治经以汉学为宗旨,工诗文。有《梦陔堂文集》十卷,诗集五十卷,《周官析义》二十卷,及《文说》《读毛诗记》《经说》等。

曾燠在扬州梅花书院主持时,黄承吉追随问学,与凌曙当有同学之谊。凌曙从广东归里,携带陈均为其所绘的《壤室读书图》,黄承吉为之题诗,称赞了凌曙的学行。《题凌晓楼曙壤室读书图即赠》:

> 迩来学者少,谈经无几人。美哉得凌子,学海平生亲。专家治公羊,广川时问津。于董为绝业,于何为功臣。顷者手一编,下逮相咨询。子奚足论难,虎观高嶙峋。知君实志士,努力祛风尘。环堵乐匡坐,编蓬肆披陈。得无慕槁壤,廉介饬此身。得无叹皋壤,摇落伤兹辰。土壤山不让,吾学乃日新。息壤水可塞,异学乃力堙。愿君勉著述,长作击壤民。不朽在天壤,何论贱与贫。世俗执隅见,但诮头上巾。君非庠序人,闻者多笑謷。博士彼弟子,搢绅言雅驯。三叹赠君句,谁能匹纷纶。[2]

诗中生动描绘了凌曙生活困顿,却仍然绩学不倦的境况。同时,黄承吉对凌曙的经学研究给予了很高的评价,打破了世俗对其出身的偏见。

五、弟子晚辈

这一部分涉及的学者,有刘文淇、陈立、阮福、阮祜、刘宝楠、方申六人。其中刘文淇与凌曙之间的关系比较复杂,首先他是凌曙的外甥,也是凌曙的第一个学生,同时因二人一同进入梅花书院就学,亦可视作书院同窗。凌曙之学,很大程度由刘文淇表彰。刘宝楠与凌曙之间虽非师生的关系,但其与刘文淇相交要好,以年齿辈分论当为凌曙晚辈。

---

[1] 见《礼论略钞》卷首《后序》。

[2] 黄承吉《梦陔堂诗集》卷二十三《题凌晓楼曙壤室读书图即赠》,清道光二十三年刻本。

1. 刘文淇（1789—1854），字孟瞻，仪征人。刘文淇以经学著称，其父刘锡瑜为国子生，以医名世。其母凌氏，为凌曙之姊。凌曙爱刘文淇颖悟，亲自教之，并与其一同进入扬州梅花书院就学。刘文淇精研古籍，着力于《左传》甚勤，成《左传旧疏考证》《左传旧注疏证》，以郑玄等汉人旧注来纠正杜预的错误。刘文淇与凌曙之间虽为舅甥，亦是师生。刘文淇虽然没有在公羊学中开拓领域，但凌曙对刘氏三世之学的影响是为人所称的：

> 吾郡学术之正盛于乾隆中叶，先有任、顾、贾、汪、王、刘之学，后即有焦、阮、钟、李、江、黄之学，再后则有凌、刘之学，刘氏之学出于凌氏而益修其业，演迤三世，遂为吾扬学术之大殿。[1]

对于凌曙的学术，刘文淇尤为推崇的是公羊学，在为《公羊问答》所作的序中盛赞凌曙为继公羊绝学所做出的贡献[2]，这篇序文收在《青溪旧屋文集》中时题为《蜚云阁凌氏丛书序》，可见刘文淇认为凌曙公羊礼学著述可为其学术代表。凌曙殁后，刘文淇为其收葬，抚养其子凌镛，并请包世臣为其撰写墓表。此外，刘文淇还请凌曙早年之交沈钦韩为凌曙著作撰写序言，但是固执于门户之见的沈钦韩拒绝了刘文淇的要求。在《与沈小宛先生书》中刘文淇重申了凌曙学术最精者在公羊礼学这一认识：

> 先舅氏晓楼先生所著书，最精者莫如《公羊礼疏》。诚如来教所云，但此书博引旧说，无所引申，恐后人有袭取之者。极知先生不喜公羊，然先舅氏一生勤学，非先生孰表章之，倘能赐序一篇，幸甚。[3]

沈钦韩精研《左传》，不喜公羊学，因此不愿为凌曙作序。刘文淇之子刘毓崧，继承家学，也是一位出色的学者。凌镛携《蜚云阁丛书》向老年的阮元问序，阮元之序即为刘毓崧代笔。刘毓崧与凌镛相交颇多，可确考之事乃道光二十八年罗士琳在玉清道院召集人日挑菜之会，刘毓崧与凌镛同日

---

[1]《通义堂文集》卷首《李详序》。

[2] 见《公羊问答》卷首《刘文淇序》。

[3] 刘文淇《青溪旧屋文集》卷三《与沈小宛先生书》，清光绪九年刻本。

赴会,且都为《罗茗香先生人日挑菜图》题文。

2. 陈立（1809—1869），字卓人，又字默斋，江苏句容人，道光二十一年进士，历授刑部主事、云南曲靖府知府。陈立以公羊学闻名，是清代著名的经学家，著《尔雅旧注》《说文谐声孳生述》《白虎通疏证》《公羊义疏》《句溪杂著》等。

陈立少年客居扬州，十三岁便跟随凌曙问学，凌曙也颇爱其颖悟。后来，凌曙卧病，陈立复向刘文淇受小学训诂之学。刘文淇在为陈立《句溪杂著》所作的序言中，记录了他与凌曙之间的这一段师弟之谊：

> 嘉庆庚辰冬，先舅氏凌晓楼先生自粤中返里，家居授徒。卓人年甫舞勺，受业于门，天资颖悟，已具成人之概。道光甲申，先舅氏客授他氏，卓人遂学于梅君蕴生，受诗文之法，学日进。乙酉春，先舅氏复家居闭户著述，精公羊春秋兼通郑氏礼，卓人复从受经，饫闻绪论，斐然有著述之志。洎先舅氏卧病董子祠中，令卓人问字于余。余学殖荒落，于先舅氏无所肖似，而公羊、礼服之学卓人蚤得其传，遂乃博稽载籍，凡有关于何、郑之学者，手自抄录，推阐其义。[1]

从刘文淇的序言中，可以看出陈立从凌曙那学到了治礼学和公羊学的方法。这对陈立作《公羊义疏》是具有启发意义的，即刘文淇所言"有关何郑之学，手自抄录，推阐其义"，这也正是凌曙写作《公羊礼疏》等著作的基本方式。此外，凌曙《礼论略钞》也是由陈立亲自校刊的。

3. 阮福（1801—1875），字赐卿，号喜斋，官至甘肃平凉知府，好金石考据，通经学，著有《孝经义疏补》《滇南古金石录》等。阮祜（1804~？），字受卿，官刑部郎中，四川潼川知府。阮福、阮祜随阮元入粤，阮元延请凌曙督课二子，因此福、祜与凌曙之间有师弟之谊。凌曙《公羊礼疏》写毕，由阮福、阮祜分别校对，故而亦可视其二人为凌曙的学术助手。

4. 刘宝楠（1791—1855），字楚桢，号念楼，江苏宝应人，与刘文淇并称"扬州二刘"。刘宝楠年幼失怙，从族叔刘台拱问学。子刘恭冕，与刘台拱、刘宝楠并为"宝应刘氏三世"。嘉庆二十四年，刘宝楠为优贡，道光

---

[1]《青溪旧屋文集》卷六《句溪杂著序》。

二十年中进士,历文安、三河、宝坻诸地知县。著有《论语正义》《念楼全集》等。

刘宝楠与刘文淇最为友善,亦与凌曙相交。凌曙归里编校先祖凌儒的《旧业堂集》,书成后曾请刘宝楠为之作序。刘宝楠从明代东南沿海倭患的史实叙述,揭示了明代朝政之坏,进而摘述时为金都御史的凌儒数篇奏疏,表彰了凌儒刚正不阿的经济之志。[1]

5. 方申(1786—1840),字端斋,本姓申,少孤,其舅方氏取以为子,因此跟随舅氏改姓方,以申为名。方申家贫而好学,侍母极孝,见称于乡里。方申少年时不事举业,年逾四十时才在刘文淇、刘宝楠的劝说下参加童子试,可惜屡试不中,但是在这个过程中方申的学术日益精进。道光十八年,方申才以经解见知,拔为全郡第一,补仪征县学生员。道光二十年秋赴试江宁,因忧劳成疾,十一月逝世,终年五十四岁。方申治学善于《易》,所著有《诸家易象别录》《虞氏易象汇编》《周易卦象集证》《周易互体详述》《周易卦变举要》。

方申孤寒好学,这一点与凌曙的人生颇有些相似。因此凌曙在生前非常器重方申的为人,想让他来做凌镛的老师。据刘文淇的记载,至凌曙殁后,刘文淇依然不改凌曙遗训,延请方申来作凌镛的老师:

> 余舅氏凌晓楼先生重其为人,命其子镛师事之。道光己丑舅氏卒,时镛方八岁。余携之归,而仍延君课镛读,君训诲恳挚。[2]

六、金石同好

这一部分涉及的学者,有刘喜海、汪喜孙、龚自珍、朱士端四人,皆由《蜚云阁金石录》中爬梳得来。他们与凌曙的交往,主要集中在金石文献的共享和相互赠予上。至于其他交往行为,根据目前所占有的文献材料尚难以明确。

---

[1] 见刘宝楠《念楼全集》卷三《旧业堂集序》,《清代诗文集汇编》第570册,上海古籍出版社2011年本。

[2] 《青溪旧屋文集》卷八《文学方君传》。

1. 刘喜海（1793—1852），字吉甫，号燕庭，是嘉道咸时期著名的金石学家、古泉学家、藏书家，编有《长安获古编》《古泉汇考》等。据《蜚云阁金石录》所记载，凌曙经常和刘喜海观摩金石拓本，刘喜海也曾赠予凌曙《汉恭川李崧残字》拓本。

2. 汪喜孙（1786—1848），字孟慈，扬州甘泉人，汪中之子，精通经史之学，与刘文淇、毛岳生等人均有交往。据《蜚云阁金石录》所记载，汪喜孙曾赠予凌曙《汉铜盘铭》拓本。

3. 龚自珍（1792—1841），字瑷人，号定庵、定盒，仁和人，段玉裁外孙，清代著名的思想家、学者，以公羊学名世，对于经学、史学、边疆地理防务均有见解。据《蜚云阁金石录》所记载，龚自珍曾赠予凌曙《汉赵缣仔玉印》拓本。

4. 朱士端（1786—？），字铨甫，宝应人，精通许学，尤善以钟鼎彝器诸文，考《说文解字》所载古籀各体，著有《强识编》《说文校定本》《宜禄堂收藏金石记》《吉金乐石山房文集》等。据《蜚云阁金石录》所记载，凌曙经常在朱士端处观摩金石拓本，相互探讨金石之学。

从凌曙的交游情况来看，基本可以看出其交往对象以江苏学者为主，若以地域论之基本上可以划归入所谓的"扬州学派"。"扬州学派"一词最早见于方东树《汉学商兑》，实际上方氏以此指汪中和江藩，但是真正界定"扬州学派"人物并系统阐述的是张舜徽。[1] 作为扬州人的支伟成，提出"凌廷堪以歙人居扬州，与焦循友善，阮元问教于焦、凌，遂别创扬州学派"[2]。同时，支伟成指出："浙粤诂经学海之士，大都不惑于陈言，以知新为主，虽宗阮而实祧戴焉。"[3] 这意味着支伟成并没有将扬州学派独立为一派，而是放在了皖派后学的位置上。因此，在支伟成的分派体系中，没有扬州学派，而凌曙随着阮元等被纳入了皖派之中。我们今天所说的汪中、阮元、焦循、刘文淇、刘宝楠等等归属于扬州学派的学者，在支伟成的认识里不是归于吴派，就是归于皖派。吴、皖二派，常见于清人的笔端，也

---

[1] 见刘建臻《清代扬州学派经学研究》"概论"，江苏人民出版社2004年版，第2页。

[2] 《清代朴学大师列传》第六《皖派经学家列传》，第145页。

[3] 同[2]。

就是说在晚清以来的学术思想世界里,朴学或是考据学主要分为吴派和皖派,扬州学派的地位并不像当今学术史叙述中那般突出。根据《清代朴学大师列传》的分派,可以发现凌曙交游的对象中除了汪喜孙因其父汪中的关系被归入吴派,以及刘逢禄、宋翔凤等被归入常州学派之外,从洪梧、阮元、刘文淇、刘宝楠、包世荣、方申等等到凌曙本人都被归入皖派经学的体系。这意味着从师承谱系和治学方法的角度,凌曙的学术可以被认为更接近倾向于皖派之学。

作者工作单位:河北工业大学人文与法律学院

《刘文淇集》标点指瑕

万仕国

由曾圣益先生点校、蒋秋华先生审订的《刘文淇集》，2007 年由台北"中央研究院"文哲研究所出版。是书以光绪九年仪征刘氏刻《青溪旧屋文集》十卷附诗集一卷本为底本，又增补《文集》所未收之诗文及刘文淇《艺兰记》《楚汉诸侯疆域志》二书，附录刘文淇传记资料及其双亲碑传，又附友朋致刘文淇书札，补录刘文淇各书相关序跋及提要等资料，诚为刘氏功臣。然智者千虑，容有一失。今举是书中标点数事，未敢必是，谨就教于闻人方家。于所疑者，各加案语。各条先后，一据原书顺序。原书繁体竖排，有专名线，颇便读者。今依横排格式，略为变通。

孔子曰："共殡服，则子麻弁经，疏衰菲杖，入自阙，升自西阶。"（《文集》卷二《既殡后复殡服说》，页 20）

案，本篇引郑注云："阙谓毁宗也。柩毁宗而入，异于生也。升自西阶，亦异生也。"据此，则"子麻弁经，疏衰，菲杖"为一事，柩"入自阙，升自西阶"别为一事。"菲杖"下当句，不当逗。

郑注云："为人君变贬于大敛之前，既启之后，不云复殡服也。复殡服者，复其未殡未成服之服，必苴经免、布深衣、散带垂而后谓之复殡服。"（《文集》卷二《既殡后复殡服说》，页 22）

案，"为人君变，贬于大敛之前、既启之后"者，郑氏注文也；其余均为刘氏解说之辞。此节当标点作：

郑注云："为人君变，贬于大敛之前、既启之后。"不云"复殡服"也。"复殡服"者，复其未殡、未成服之服。必苴绖免、布深衣、散带垂，而后谓之"复殡服"。

彼《注》云："复，反也。反其未殡未成服之服，新君事也。"谓臣丧既殡后，君乃始来吊也。（《文集》卷二《亲丧既殡后见君无税衰说》，页 25）

案，此引《礼记·丧大记》注文，见《礼记注疏》卷四十五。刘氏此注文引至"始来吊也"而止，"谓臣丧既殡后，君乃始来吊"，亦为注文也。

农部瞿然曰："礼：君子将营宫室，宗庙为先，居室为后。（下略）"（《文集》卷三《江都汪氏两孝子祠记》，页 27–28）

案，"礼"云云，乃节引《礼记·曲礼下》文，见《礼记注疏》卷四，原文为："君子将营宫室，宗庙为先，厩库为次，居室为后。""礼"乃《礼记》简称。

按隆庆《仪真志》载嘉定《真州志》，丁宗魏、刘云、薛洪同修，录事参军张端义补。按《府志》，真州幕官有张端义。宝庆《录事》《隆庆志·凡例》又谓真之地乘，宋嘉定有《志》，宝佑有《志》。（《文集》卷三《上阮相国书》页 35–36）

案，"嘉定《真州志》，丁宗魏、刘云、薛洪同修，录事参军张端义补"者，乃隆庆《仪真县志》所载之文，见该《志·目录》。"宝庆录事"者，谓张端义于宝庆间任真州录事参军一职也。此当标点作：

按，隆庆《仪真志》载：嘉定《真州志》，丁宗魏、刘云、薛洪同修，录事参军张端义补。按《府志》，真州幕官有张端义，宝庆录事。《隆庆志·凡例》又谓：真之地乘，宋嘉定有《志》，宝佑有《志》。

《府志·艺文》有晋阳郭廷诲《广陵志》一卷。按《书录解题》："《广陵妖乱志》三卷，唐晋阳郑延晦撰。"《唐书·艺文志》作郭廷诲，《惟扬志·遗书》内亦作郭廷诲。《广陵妖乱志》则《府志》书作《广陵志》者，非也。（《文集》卷三《上阮相国书》，页 37）

案，此处标点疑误。此谓《唐书·艺文志》记其作者为"郭廷诲"，《惟扬志·遗书》所记者为"郭廷诲《广陵妖乱志》"，其人名与《唐书》合，书名则与《书录解题》相合，故当作："则《府志》书作《广陵志》者，非也。"

> 正来教所谓钩隐，使之径通幂周，务其隙泯也。（《文集》卷三《答黄春谷先生书》，页43）

案，此句标点当作"正来教所谓'钩隐使之径通，幂周务其隙泯'也"。"钩隐使之径通"者，钩求其隐义，使其义蕴直捷通畅；"幂周务其隙泯"者，论说严密周详，务求不存罅隙。黄承吉《与刘孟瞻书》（见附录《友朋书札》，页368）同，疑亦误。

> 仪征旧志除陆《志》、颜《志》外，康熙三十年马公章玉续修之。胡《志》已不可多得，文淇访之郡中藏书家，得康熙七年胡公初修之一部，又得雍正初年李公所修之一部，皆阮太傅所未见者，旧志之难得如此。（《文集》卷三《与王子涵司马论修县志书》，页51）

案，此书乃与王检心（字子涵，仪征知县）商榷道光《重修仪征县志》事，刘文淇、张安保为此志总纂，阮元为鉴定。所谓"胡《志》"，指胡崇伦（字昆鹄，山阳人，康熙三年任仪真知县）、舒文灿（新安人，康熙五年任仪真儒学教谕）所修《重修仪真县志》十二卷，乃据崇祯十二年仪真知县姜采、邑人李坫所修《仪真新志》稿本增辑而成，记事至康熙七年止。康熙三十年，知县马章玉即胡崇伦、舒文灿所修，增补至康熙三十二年，附于胡《志》之末，称《增修仪真县志》。明乎此，则此处标点当作：

> 仪征旧志，除陆《志》、颜《志》外，康熙三十年马公章玉续修之胡《志》，已不可多得。

下文有"次康熙马公续修之胡《志》"一语，标点不误。

> 《元和郡县志·邓州》云："《禹贡》豫州之域，周为中国，战国时属韩。"苏秦说韩惠王曰："韩西有宜阳，东有穰、淯。"是也。昭襄王取韩地，置南阳郡，以在中国之南而有阳地，故曰南阳。三十六郡，南阳居其一焉。（《文集》卷四《驳全谢山九郡答问》，页63—64）

案，此节自"《禹贡》豫州之域"至"南阳居其一焉"，皆引《元和郡县志》"邓州"文（见卷二十三），惟"昭襄王"上，《元和郡县志》有"秦"字。此疑未核对原书，故未明所引首尾也。又，"邓州"为《元和郡县志》所载之地名，而非其篇卷名，本篇后文有"按《元和郡县志》陈州"，不误。

今之东郡及魏郡、黎阳，河内之野王、朝歌，皆卫分也。（《文集》卷四《驳全谢山九郡答问》，页64）

案，据《汉书·地理志》，魏郡辖十八县，黎阳为其属县之一，王莽时曰黎蒸。此"魏郡南阳"，非"魏郡与南阳"，乃"魏郡之南阳"也，与"河内之野王、朝歌"同义，其中不当有顿号。

金氏榜《礼笺》云："《史记正义》云：秦号楚为荆，以庄襄王名子楚，讳之，故言荆也。"《楚世家》所谓灭楚名者如此。秦讳楚，灭去楚名，其不更取楚名郡审矣。《史记注》引孙检云："秦虏楚王负刍，灭去楚名，以楚地为三郡。"据此，则楚郡乃三郡之讹。按，金氏谓孙检说以楚地为三郡，虽不知据何本，然谓灭去楚名，必不更取楚名郡，其说甚核。（《文集》卷四《驳全谢山郡答问》，页66-67）

案，此引金榜《礼笺》卷一所附《地理志分置郡国考》，自"《史记正义》云"始，至"乃三郡之讹"止。"按，金氏谓"以下，始为刘氏之语。今标点似未能明此。

其后苏东坡又因守岁，广为《馈岁》《别岁》诗三首，以寄子由。（《文集》卷四《除夕同舟守岁图序》，页71）

案，此指苏轼嘉祐七年（1062）冬所作《岁晚，相与馈问，为馈岁；酒食相邀，呼为别岁；至除夜达旦不眠，为守岁。蜀之风俗如是。余官于岐下，岁暮思归而不可得，故为此三诗以寄子由》诗，内为《馈岁》《别岁》《守岁》三首，故此"守岁"为诗篇名，当与《馈岁》《别岁》一律。

墨守之称，良不诬矣；学海之誉，谅非徒尔！（《文集》卷五《凌氏丛书序》，页81）

案，"墨守"者，何休所著书名也。《后汉书张曹郑列传》云："任城何休好《公羊》学，遂著《公羊墨守》《左氏膏肓》《穀梁废疾》。""学海"者，晋人王嘉《拾遗记·后汉》云："京师谓康成为'经神'、何休为'学海'。"则"学海"

为比况之辞，不当有专名线。此当标点作：

《墨守》之称，良不诬矣；"学海"之誉，谅非徒尔！

又其甚者，谓《繁露》之名，取象古冕玉杯之例，殆等连珠，厚诬古人，贻误来学，乃注《春秋繁露》十有七卷。（《文集》卷五《凌氏丛书序》，页82）

案，"繁露"、"玉杯"者，《汉书·董仲舒传》云："说《春秋》事得失，《闻举》《玉杯》《蕃露》《清明》《竹林》之属，复数十篇，十余万言。"颜师古注云："皆其所著书名也。""《繁露》之名"数语，出于程大昌《秘书省书繁露后》一文（见凌曙《春秋繁露注·题跋附录》所引）。程氏据崔豹《古今注》，谓："'繁露'也者，古冕之旒，似露而垂，是其所从假以名书也。以杜、乐所引，推想其书，皆句用一物，以发己意，有垂旒凝露之象焉，则《玉杯》《竹林》同为托物，又可想见也。汉、魏间人所为文，有名'连珠'者，其联贯物象，以达己意，略与杜、乐所引同，如曰'物胜权，则衡殆；形过镜，则影穷'者，是其凡最也。以《连珠》而方古体，其殆'繁露'之自出欤？其名、其体，皆契合无殊矣。"程氏所云，谓《繁露》书名取象古冕，《玉杯》体仿《连珠》。此当标点作：

又其甚者，谓《繁露》之名，取象古冕；《玉杯》之例，殆等《连珠》，厚诬古人，贻误来学，乃注《春秋繁露》十有七卷。

若其暴桑周狗，伏鸡搏狸，大义无关，识小斯在，偻疾党所，踊上凿行，咸属方言，俱非雅训，亦必疏其由来，为之左证，作《公羊问答》二卷。（《文集》卷五《凌氏丛书序》，页82）

案，"暴桑"、"周狗"、"伏鸡搏狸"，皆为凌曙著《公羊问答》条目；"偻"释为"疾"，"党"释为"所"，"踊"释为"上"，"凿行"为凿空行事，亦见《公羊问答》之中。此当标点作：

若其"暴桑"、"周狗"、"伏鸡搏狸"，大义无关，识小斯在；"偻，疾"、"党，所"、"踊，上"、"凿行"，咸属方言，俱非雅训，亦必疏其由来，为之左证，作《公羊问答》二卷。

盖以为汉室初兴，捐弃古学，左氏不显于世，先儒无以自申。（《文集》卷五《春秋左氏传旧疏考正序》，页84）

案，"左氏不显于世"，乃指《春秋左氏传》未立学官，不显于世，非谓左丘明不显于世也。此处于"左"下标姓名线者非是,当标书名线(即《左氏》不显于世")。

《疏》中所云"今定本者",当系旧疏,指齐、隋以前而言,必知非师古定本者。其验有十焉:(下略)(卷五《春秋左氏传旧疏考正序》,页 88)

案,此论各《疏》所云"今定本"也。刘文淇以为,汉、魏以来,校定书籍者正复不少;齐、隋以前,皆有定本。故《疏》中所云"今定本"者,皆在齐、隋以前,而不能确指其人;然必知非师古之定本者,乃有十证。此处标点当作:

《疏》中所云"今定本"者,当系旧疏,指齐、隋以前而言。必知非师古定本者,其验有十焉。

《檀弓》:"弁绖葛而葬。"注:"既虞,卒哭乃服,受服也。"疏云:"皇氏云:《檀弓》定本当言既虞,与《丧服》注'会云卒哭'者,误也。"(《文集》卷五《春秋左氏传旧疏考正序》,页 89)

案,"既虞"与"卒哭"为二事,"服受服"又为一事。《檀弓》疏云:"云'卒哭,乃服受服也'者,以受服者无文,故郑解不定。《丧服》注:'天子诸侯既虞,大夫士卒哭,乃受服。'此云卒哭乃受服,是不定丧服。以大夫以上,卒哭与虞,其月不同;士虞与卒哭同在一月,故解为大夫以上。既虞,士卒哭,受服。"此文所引,注文当标点为"既虞,卒哭,乃服受服也",疏文当标点为"《檀弓》定本当言'既虞,与丧服',注会云'卒哭'者,误也"。

又如《泗城府复南北关左江江心岩暨猺人献岁》《岑将军庙》诸碑文,具见先生不鄙夷其民,无事不与民休养。(《文集》卷六《经遗堂集序》,页 129)

案,据《经遗堂集》卷二十二,韦佩金所作乃《泗城府复南北关碑》《左江江心岩碑》《泗城府猺人献岁碑》《岑将军庙碑》,则此处标点易明矣。又,此前有"此皆见于《题马平衙斋诗注》中者",考其诗题为"题马平衙斋",诗中多自注语,则"诗注"二字不当入专名中;"《怀集县悯农行》云",其诗题为"悯农行",自注"在怀集作",则"怀集县"为地名。此皆关于专名者也。

又案,《经遗堂集》中,此篇题作《后序》,文字颇有异同,如"即日具谳词以上",《后序》作"即于本日详办讫事";"先生以非民情所欲为,免其役",《后序》"免"上有"力"字;"平反其狱",《后序》作"尽反其狱";"其于咏歌者",

《后序》作"今其稿虽不传,而见于咏歌者";"适焜得一写本",《后序》"写本"作"楷书样本";"余故备述先生政事之美",《后序》"政事之美"作"政绩";"并是集刊布之难如此,光祖其克守遗经,继先生未竟之绪也",《后序》作"并叙刻书缘起,俾知是集刊布之难,从此克守遗经,以继先生未竟之绪,是则同人之所深望也夫。道光辛丑孟冬,仪征后学刘文淇谨识",惜未据以相校。

亡金,将十二章类为《律义》三十卷。(《文集》卷七《刑统赋解书后》,页153)

案,"亡金"乃胜国之词。谓金时,乃将《刑统赋》十二章,以类相从,为《律义》三十卷,故下云"则郗君为元人无疑"。如此,则当作一句读也。

《通典》载荀讷《答刘系之》云:"若应重服者,《记》当曰'服斩'。"文约而旨明,今之所服似非服重也,其说最当。(《文集》卷七《书杨氏服制议后》,页155)

案,此所引,见《通典·礼四十二·继殇后服议》,所记为晋刘系之与荀讷问答之语。"文约而旨明今之所服似非服重也",亦为荀讷答语;"其说最当",乃刘文淇之语耳。此当标点作:

《通典》载荀讷答刘系之云:"若应重服者,《记》当曰'服斩',文约而旨明。今之所服,似非服重也。"其说最当。

庄十九年,何休注言往媵之者,礼君不求媵,二国自往媵夫人,所以一夫人之尊。(《文集》卷七《书恽子居林孺人墓志后》,页160)

案,"言往媵之者"至"所以一夫人之尊",皆《公羊传·庄十九年》何休注文。此当标点作:

庄十九年何休注:"言往媵之者,礼:君不求媵。二国自往媵夫人,所以一夫人之尊。"

《白虎通后说》曰:"适死不复更立,明适无二,防篡杀也。祭宗庙,摄而已。"(《文集》卷七《书恽子居林孺人墓志后》,页164)

案,《白虎通》无"后说"之篇,世亦无《白虎通后说》之书,则此"后说"亦非专名也。"后说"者,即前文所谓"《白虎通》备载三说"之第三说也,亦即本节前引《白虎通》所云"或曰"之文也。

碑中字体奇正互出，古今迭用，非中郎隶势，所谓修短相副，异体同势，奇姿谲诞，靡有常制者乎！（《文集》卷七《汉延熹西岳华山碑旧拓本跋》，页174）

案，"中郎"者，蔡邕也，著有《隶势》，见于《蔡中郎集》。"修短相副，异体同势""奇姿谲诞""靡有常制"，均《隶势》中语。此当标点作：

碑中字体，奇正互出，古今迭用，非中郎《隶势》所谓"修短相副，异体同势，奇姿谲诞，靡有常制"者乎！

烈女姓周氏，名络馨，仪征白洋山人。家世儒，族父广庆始废书习贾。（卷八《周烈女传》，页205）

案，通读全《传》，络馨为周广庆之女，而周广庆为络馨生父。此谓其"家世儒族"，至"父广庆始废书习贾"耳，非谓广庆为络馨之族父也。

悲夫君孝于亲，友于群弟。（《文集》卷九《乡贡士陈君墓表》，页226）

案，"悲夫"当属上节，乃上节结语，悲陈辂"自乡举后，益留心于经世之学，以期有用于世；公交车再上，益困顿无聊赖，而竟赍志以殁也"，非悲其"孝于亲，友于群弟"也。

考讳震，字青来。考授修职郎。（卷九《处士佘君暨妻姚孺人合葬墓表》，页228）

案，"考授修职郎"者，乃谓佘沅之父佘震以考试得授修职郎之职，非谓佘沅为修职郎，"考"亦非祖考之义。此当标点作：

考讳震，字青来，考授修职郎。

盖君之肆力而深于古，先所成疏证钱氏之书，乃其一孔，而非君学之盛也。（《文集》卷十《文学薛君墓志铭》，页234）

案，"先"字当属上读。"古先"乃常语，如"古先圣哲"、"古先帝王"之类是也。王充《论衡·齐世篇》云："和气不独在古先，则圣人何故独优？"《汉书·王莽传下》："江中刘信，执敌报怨，复续古先。"《急就篇》："廷尉正监承古先,揔领烦乱决疑文。"《晋书·刑法志》:"肉刑之典,由来尚矣。肇自古先,以及三代,圣哲明王所未曾改也。"《隋书·南蛮列传》:"南蛮杂类,与华人错居,曰蜒,曰獽,曰俚,曰獠,曰㐌,俱无君长,随山洞而居,古先所谓百越是也。"亦其比也。

昉有旧交,翻无吊客。(卷十《祭洪洞生师文》,页 250)

案,此用任昉、虞翻典也。《梁书》谓,任昉素清贫,卒后,其子流离不能自振,平生旧交,莫有收恤。西华冬月着葛帔练裙,道逢刘峻(孝标),峻泫然矜之,作《广绝交论》,以讥其旧交。《三国志虞翻传》裴注引《翻别传》,谓虞翻放弃南方,云:"自恨疏节,骨体不媚,犯上获罪。当长没海隅,生无可与语,死以青蝇为吊客。使天下一人知己者,足以不恨。"明乎此,则知"昉"、"翻"皆为人名也,当施专名线。此失之。

歙县闵子敬,官全椒。学博,有古君子风。(《诗集·怀人六绝句效少陵存殁口号》注,页 271)

案,"学博"者,"经学博士"之省称。《新唐书·百官志四下》:"凡县皆有经学博士、助教各一人。"后世郡县学官,亦称"学博"。歙县闵子敬乃洪桐外甥,曾任全椒县学教谕,故云"官全椒学博"。

此外,书中偶有底本不误而录入误字者,如:

古人"淳""卤"并言,然东方谓之"淳",西方谓之"卤","淳"与"卤"有分也。(卷三《答黄春谷先生书》,页 43)

谓淳卤之地沾渍,故贾逵转训为咸。(同上,页 45)

案,此四"淳"字,《青溪旧屋文集》刻本并作"庐",乃"斥"字本字。"东方谓之庐,西方谓之卤",说见《说文》"卤"字注。今误作"淳"字,文义遂不可明。

又如:"贾逵以强为挠埆之地"(《文集》卷三《与黄春谷先生书》,页44),"挠埆"乃"硗埆"之误;"陆粲解褚为衣橐"(《文集》卷三《与黄春谷先生书》,页 45),刻本"橐"作"槖";"故人曷尝若是"(《文集》卷八《薛君家传》,页 195),"故人"乃"古人"之误,亦当改正。

作者工作单位:仪征市人大常委会办公室

昭明文苑　增华学林

——《文选》与《文心雕龙》国际学术研讨会综述

高　晨　高明峰

摘　要:"《文选》与《文心雕龙》国际学术研讨会"在位于镇江市的江苏大学隆重召开,大会交流论文近百篇,海内外学者进行了深入的交流与讨论。大会主要从"历代《文选》学与《文心雕龙》学的研究""多元视角下的《文选》与《文心雕龙》研究""《文选》与《文心雕龙》的关系研究""《文选》与《文心雕龙》的域外传播研究"等方面进行研讨。大会对《文选》及《文心雕龙》研究所取得的成绩进行了总结,为未来的发展开启了新的路径。

关键词:《文选》《文心雕龙》　关系　综述

2019年3月29日—30日,由江苏大学主办,镇江市图书馆、镇江市社会科学院、镇江市历史文化名城研究会协办,江苏大学文学院语言文化中心承办的"昭明文苑　增华学林——《文选》与《文心雕龙》国际学术研讨会"在江苏大学隆重召开。来自美国、日本、中国内地及港台的百余位专家学者参与研讨,收到学术论文80余篇。此次大会首次针对《文选》与《文心雕龙》两部作品展开专题研讨,具有里程碑的意义,特作一综述,以供学界参考。

一、历代《文选》学与《文心雕龙》学的研究

《文选》学与《文心雕龙》学历史悠久,一代又一代的学者推动"南朝双璧"的研究不断迈上新台阶。总结前人研究成果和经验,不失为开辟新境的有效途径。

关于"龙学"的研究,肇庆学院张志帆副教授《台湾〈文心雕龙〉的研究与展望》,梳理了从 50 年代至今,台湾地区产生的《文心雕龙》硕博论文。作者指出,随着时间的推演,在台湾有关《文心雕龙》研究的着重方向有所不同。从早期进行全盘性的研究,接着引进西方理论,再到与应用结合的研究,直到近年来研究者开始结合不同文本,从比较文学的角度研究,这一历程见证了《文心雕龙》学的多元与永恒性。

章黄学派在"龙学"史上具有重要地位。中国海洋大学李婧讲师《章黄学派与现代"龙学"的确立与延传》,重点分析了章太炎、黄侃对现代"龙学"做出的贡献,以及章黄学派在大陆和台湾发展。安徽师范大学黄诚祯博士《"章黄学派"与百年"龙学"的拓进》,讨论了章黄学派于 20 世纪《文心雕龙》学术史演进中所扮演的角色。台湾静宜大学邱培超副教授《知识扩张,典范转移——黄侃〈文心雕龙札记〉的文学论述及其学术史意义》(提纲),着重探究黄侃《〈文心雕龙〉札记》一书在中国近代文学知识转型历程中的意义。

古往今来的其他学者也都致力于"龙学"研究。安徽师范大学李平教授《〈文心雕龙〉黄批纪评辨识述略——从杨照明"范注"举证说起》,将黄叔琳批语和纪昀评语进行梳理,总结辨识两者的有效方法,从而纠正并减少讹误,为"龙学"研究夯实文献和材料的基础。江苏大学徐美秋讲师《论纪昀对〈文心雕龙〉的接受》,认为纪昀对刘勰《文心雕龙》的接受不仅在于评读对话,更在于引申应用;其应用不仅在于文献考证和文病指摘,更在于思想理论上的共鸣。复旦大学杨明教授《钱钟书先生论〈文心雕龙〉》,将钱钟书先生《谈艺录》《管锥编》《七缀集》等著作中,谈论到有关《文心雕龙》的内容聚在一起,加以观察,由此来分析钱钟书先生对《文心雕龙》的研究态度与具体见解,揭示出"钱学"在《文心雕龙》学术史上的意义。另有山东莒县刘勰文心雕龙研究所朱文民研究员《黄叔琳与中国古典"龙学"的

终结》、山东大学戚良德教授《对〈文心雕龙〉进行语体翻译的最早尝试——
评冯葭初的〈文心雕龙〉"白话演述"》、崇文书局陶永跃编辑《读《〈文心雕
龙校注拾遗〉补正〉——兼论吴林伯先生的治学气象》、安庆师范大学叶当
前教授《饶宗颐的〈文心雕龙〉探源研究》、山东外事翻译学院魏伯河教授
《周勋初先生研治"龙学"的方法论启示——〈文心雕龙解析〉阅读感言》,
分别探讨了黄叔琳、冯葭初、吴林伯、饶宗颐、周勋初与"龙学"研究的关系。

　　有关"选学"的研究,主要有武汉大学王庆元教授、中国空间技术研究
院黄磊主任《骆鸿凯〈文选学〉与周贞亮〈文选学讲义〉成书过程的再思
考——疑云辨析之三》,在《骆鸿凯〈文选学〉与周贞亮〈文选学讲义〉疑云
再考辨》的基础上,整理材料,得出了一些新的结论。郑州大学高小慧副教
授《试论杨慎对〈文选〉的评价与接收》,指出杨慎极力推崇《文选》作为后
世师法的模板,肯定萧统《文选》的"典丽"思想,而且杨慎的诗歌创作也明
显继承了《文选》的优秀传统,极大地推动了明代《文选》学的发展。国家
图书馆出版社南江涛副编审《读以解经,校以致用——焦循批校本〈文选〉
初探》,探究了焦循批阅本《文选》的辗转经历,整理了焦循批校的内容,并
分析了焦循校读《文选》的方法与目的。

二、多元视角下的《文选》与《文心雕龙》研究

　　随着研究的不断深入,对《文选》与《文心雕龙》的研究呈现出多元化
的态势,专家学者们致力于全方位,多角度的探究,使《文选》与《文心雕龙》
的研究再上一个新台阶。

　　学者对于《文选》的研究,主要从版本注释、作家作品等方面分别进行。
关于版本注释方面的研究,华东师范大学丁红旗副研究员《关于南宋陈八郎
本〈文选〉的一些考察》,指出不应忽略陈八郎所刻印的《文选》价值,重新
全面、公正地认识和评价陈八郎本《文选》,有助于探求五臣注的原貌。广
东外语外贸大学张典友副教授《敦煌吐鲁番本〈文选〉书法及其文献学意
义》,提出了书法学和《文选》学交叉研究的新视角。福建师范大学穆克宏
教授《尤刻本〈文选·洛神赋〉李善注志疑》,对《文选·洛神赋》篇进行了
仔细的分析,指出了胡克家《文选考异》中的一些错误。河南科技学院刘锋
讲师《李善注〈文选〉留存〈汉书〉旧注考述》,对李善注《文选》所取先唐《汉

书》旧注的体例进行了梳理,并对一些存在的问题进行了考述。宝鸡文理学院李剑清教授《陆机〈谢平原内史表〉"入朝九载,历官有六"句李善注指瑕——兼论陆机仕晋的履历宦迹和悲剧命运》,从任职时间界限、中央官职与王国官制之别、任职地的变迁三个方面对李善注的失察之瑕进行补正,并彰明陆机在晋朝的职位和品阶,同时考察了陆机在西晋王朝中的政治命运。

有的文章重在对《文选》具体作家作品进行考察分析。台湾中国文化大学黄水云教授《论潘岳〈籍田赋〉之创作背景及其时代意蕴》,认为萧统对潘岳《籍田赋》十分重视,《籍田赋》本身具有特殊的时代意义。作者细读文本,从社会氛围、政治目的、创作背景、时代意蕴四个方面,对《籍田赋》进行深入的分析。陕西师范大学柏俊才教授《〈文选·为范尚书让吏部封侯第一表〉锥指》,对作品文本的流变、本事、特色三个方面进行了解析。扬州大学宋展云副教授《〈文选〉所收作品经典化历程——以〈古诗十九首〉为例》,通过梳理相关注解、拟作和评点材料,探究古诗独特艺术风貌和文学接受途径以及《文选》作品的经典化历程。

此外,西安文理学院魏耕原教授《汉代隶书与文学的审美趋向共同性——以〈文选〉汉大赋与〈古诗十九首〉为中心》,广西师范大学于堃讲师、庞国雄讲师《〈文选〉与选本学》、广西师范大学周春艳博士《非因立场游离、武帝影响与萧统心境变化所致——〈文选序〉与〈文选〉差异说辩证》、广西师范大学吴大顺教授、万紫燕博士《"古选"之内涵及其流变》,从其他不同角度进行论述,颇有启发意义。

对《文心雕龙》的研究,主要从理论视域、文本细读、思想背景等方面展开。就理论视域而言,有的文章突出文体观念。如北京师范大学姚爱斌教授《文体分化与规范偏离——〈文心雕龙〉与南朝文学新变观的若干类型及关系》,将《文心雕龙》的新变观与同时期的萧氏文学新变观和钟嵘《诗品序》中表达的新变观进行比较。指出刘勰《文心雕龙》中的新变观是强调通过学习经典文体、继承传统规范以制约文辞层面的新变,恢复文体的完整与统一。赣南师范大学吴中胜教授《〈文心雕龙〉与中国对策理论的早期建构》(提纲),指出以刘勰《文心雕龙》为代表的成熟期的中国文论,关于对策人的才能、对策内容、对策文撰写的基本要求已有比较系统的探讨,是中国对策理论的早期建构。陕西师范大学刘银昌副教授《〈文心雕龙〉颂、赞内涵及源流》、扬州大学王逊副教授《〈文心雕龙〉"赞曰"体制特征研究》

（提纲）分别从颂、赞两个文体及每篇"赞曰"体制对《文心雕龙》特点进行研究。首都师范大学刘尊举《〈文心雕龙〉"八体"识微》对《文心雕龙》的评价标准进行分析。山东大学文艺美学研究中心伏煦助理研究员《〈文心雕龙〉与作为批评文体的骈文》从骈文的角度切入，对《文心雕龙》成功的原因及存在的一些缺憾进行讨论。

有的文章结合理论批评展开论述，如北京语言大学李瑞卿教授《易象之意象——〈文心雕龙〉意象论析》中谈到，刘勰意象概念涉及到形神问题、易学模式下的意、象、言关系问题、言意问题三个方面。认为刘勰将易学中的意、象、言之间的逻辑巧妙地嵌入到诗学体系中。山东大学张然博士《从文图理论看〈文心雕龙〉的"神用象通"说》，强调从文图理论切入研究《文心雕龙》，视角新颖。作者将"神用象通"说作为分析对象，详解其与文图理论的关系，是一种将《文心雕龙》与当代学术理论相结合加以阐释的有益尝试。贵州师范大学郝永教授《〈文心雕龙〉辞赋理论批评体系考论》、金陵科技学院乔孝冬副教授《〈文心雕龙〉"谐隐"理论下的谐谑小说意识》、江苏大学陈晓红讲师《文学批评史家视野中的〈文心雕龙〉性质论析》、南京大学董韦彤博士《〈文心雕龙〉作家理论内涵及其体系探究》等，也都突出了理论批评的视野，颇具价值。

有的文章紧扣《文心雕龙》的文本细读，从中提炼出有价值的选题或观点。台湾中国文化大学徐纪芳教授《以〈文心雕龙·明诗·声律〉试评明传奇〈范雎绨袍记〉》探索《文心雕龙》对明传奇的影响，角度新颖。阜阳师范学院张明华教授《从"君子比德"到"国家以成"——论郭璞〈江赋〉中的比德思想》，结合郭璞的《江赋》分析他对"水德"理论的突破和发展，从而体现出他的"比德"思维，以及"至德"的思想。他如宁波大学赵树功教授《成体之道：〈文心雕龙〉"体性""风骨"篇关系重估——兼议以"风格的多样性统一"理解古代文体论的合理性》、清华大学戚悦博士《〈文心雕龙·祝盟〉"夙兴夜处"解》、内蒙古包头师范学院丁海玲讲师《浅论〈文心雕龙·隐秀篇〉》、天津师范大学张秋升《从〈文心雕龙·史传〉篇看刘勰的文史关系思想》等，均结合《文心雕龙》的具体篇章来探究其内涵或思想。

有的文章着力探究刘勰的思想背景。如西安文理学院李小成教授《〈文心雕龙〉的体大思精与刘勰的佛学背景》、临沂大学王春华《〈文心雕龙〉与孔子思想》、临沂大学于联凯《从〈文心雕龙〉看刘勰的哲学思想》等。

此外，华东师范大学杨焄教授《唐写本〈文心雕龙〉残卷的披露、传播和疑云》，肯定了唐写本《文心雕龙》的重大价值。江苏大学佘福玲《文心赓续　日新其业——论〈文心〉对〈文心雕龙〉的接受与发展，兼谈中学语文教学应用》，发现了夏丏尊、叶圣陶所著的《文心》对《文心雕龙》的致敬、接受及发展，并对其在中学语文教学中的应用进行探析。

三、《文选》与《文心雕龙》的关系研究

本次会议的创新意义在于将《文选》与《文心雕龙》的研究相结合。中国《文心雕龙》学会会长左东岭表示，二者的交叉在将在学术方法和学术理念上相互启示，收到相得益彰的效果。许多学者进行了有创新性、针对性、深入性的研究，开启了《文选》与《文心雕龙》研究的新篇章。

在《文选》与《文心雕龙》选录标准方面，江苏大学董玮《从〈文选〉和〈文心雕龙〉的选录标准看齐梁文学重采轻骨之风》从诗与赋两种文体的选篇分析《文选》对于文学审美价值的重视，又从诗歌、乐府、赋三种文体入手，探讨《文心雕龙》文质并重的文学理论主张和对齐梁文风的反映纠正。从而指出齐梁时代文学对文采的强调和一定程度上对魏晋时期风骨的轻视。另有长安大学岳进副教授《〈文心雕龙〉与〈文选〉的选赋比较》（提纲），从赋体选录的角度将《文选》与《文心雕龙》进行比较。长春师范大学《昭明文选》研究所马朝阳助理研究员《从论选陆机作品看〈文选〉〈文心雕龙〉之关联》，从陆机被选入二书的作品入手，探究两书的选评特点、文体观念、文学观念。

六朝时期文人辨体意识强烈，关于文体的研究一直是研究《文选》与《文心雕龙》的重要组成部分。一些学者将两部作品的文体研究结合起来，继承并深化了之前的研究成果。辽宁师范大学刘可、高明峰副教授《〈文心雕龙〉与〈文选〉哀祭类文体探究》，论述了哀祭类文体的释义及演变，将《文心雕龙》与《文选》哀祭类文体的相似性和差异性进行比较，在此基础上分析了《文心雕龙》与《文选》哀祭类文体评录异同的原因。平顶山学院田瑞文教授《设论体文学史意义再审视》，指出设论体在当时对文人才位不当的抑郁之情具有现实的疏导功能，并在汉魏六朝产生着实际的社会影响，从《文选》《文心雕龙》对设论体的批评可以看出此时人们对设论体文接受的

文学现实,但人们对设论体文形式的评价有所偏颇,应对此进行重新审视。另有山东大学赵亦雅博士《〈文心雕龙〉与〈文选〉颂、赞二体评选比较》,认为颂、赞二体凸显了《文心雕龙》和《文选》在成书目的、选篇标准和文学思想上的不同认识。江西师范大学汪群红教授、吴斌《〈文心雕龙〉赋论对何焯〈选〉赋批评之影响》,认为《文选》和《文心雕龙》"相辅而行",并对何焯《选》赋产生了一定影响。

有的文章着重结合《文选》与《文心雕龙》的文本,展开对六朝时期语言文字、文学思想及美学观念的考察。江苏大学吴晓峰教授《〈文选〉与〈文心雕龙〉中的几个六朝时语》,对"玄风"、"作者"、"若斯之流"与"若斯之类"、"篇什"、"贸"、"梗概"、"风流"几个词语加以分析,对汉语词汇和《文选》与《文心雕龙》的文本进行了仔细研究。上海交通大学张玉梅教授《〈昭明文选〉与〈文心雕龙〉之关系攷:字象与诗象　融合视角下再读〈招隐士〉》,从骚体小赋《招隐士》而关照《文选》和《文心雕龙》。另有山东大学李飞、济南大学石静《释"仲宣绵密,发端必遒"——兼论六朝时期"遒"作为美学概念的三种意义》(提纲)、西华大学王万洪副教授《魏晋南北朝雅丽文学思想论》(提纲)论述了相关问题。

此外,镇江作为刘勰的故乡以及萧统的家族聚居地,与《文心雕龙》和《文选》都渊源颇深,还有几位学者从地域角度出发,作出了新的探索。信阳师范学院陶广学讲师《一座多景楼,几多登临意——由地域视角论两宋诗人题咏多景楼》,指出两宋之际诗人大量题咏多景楼,与多景楼位处镇江北固山及其周边的壮丽风光有很大的关系。江苏大学杨贵环副教授《光绪〈丹徒县志〉所录六朝诗探赜》,从清代何绍章、冯寿镜修,吕耀斗纂的光绪《丹徒县志》入手,从文本内容分析、诗人交游的探究、文本来源的比较等三个方面深入挖掘,在一定程度上丰富了镇江地方文学和文化资源。陕西师范大学王作良副教授《唐人诗文中"金陵"指代镇江论略》,则对唐人诗文中出现的"金陵"作了考察。

四、《文选》与《文心雕龙》的域外传播研究

《文选》与《文心雕龙》的研究早已走向世界,成为国际性的"显学"。探究二书在域外的传播,与域外学者交流对话,有助于促进"选学"或"龙

学"的拓展和深化。

一方面是国内的专家学者对《文选》及《文心雕龙》在域外的传播、影响进行的研究。江苏大学任晓霏教授、宜兴市丁蜀高级中学杨英智《基于语料库的〈文心雕龙〉中的隐喻及其翻译研究》,选取了四个英译本作为语料,借助语料库软件,统计分析《文心雕龙》中隐喻的分布规律及其翻译规范,探索经典论文海外传播的有效途径。江苏大学戴文静副教授、扬州大学古风《中国传统文论的海外传播现状研究——以西方〈文心雕龙〉的译介及传播为例》,提出《文心雕龙》在海外有着深广的影响,并且认为西方对《文心雕龙》的研究与东亚国家相比,面临着更加困难的翻译问题。由于国内对《文心雕龙》在西方的整体研究路径的描述则略显单薄,文章从译介现状和研究及传播的角度进行了全景式的把握和分析。江苏大学王明珍副教授《基于韩国学术期刊〈文心雕龙〉的研究实证》,梳理了韩国学术期刊对《文心雕龙》研究的方向、特点和趋势。江苏大学倪永明副教授、南京工业大学张鹏丽副教授《〈文选〉李善注商较——以〈三国志集解补〉引例为说》,考察日本学者金鹰真对卢弼《三国志集解》的补订工作,集中讨论了《三国志集解补》中所征引李善注《文选》的内容。宝鸡文理学院王鑫悦《〈文心雕龙〉和新批评派批评方法略论——以"六观说"和"细读法"为例》,将刘勰在《文心雕龙·知音》篇中提出的"六观说"与英美新批评流派通用的"细读法"进行比较,梳理中西方对文论问题的相关诠释出现差异的原因。

另一方面是国外学者对《文选》与《文心雕龙》域外传播的研究。如日本福冈国际大学海村惟一教授《渗透在平安时代文学里的〈文选〉——以〈本朝文粹〉的"赋"为主》(提纲),重点考察《文选》对平安时代的日本"赋"作渗透的实况。美国北加州作家协会、美华艺术协会、北美牡丹诗会林中明会长《〈文心〉创艺〈文选〉串华——〈文心雕龙〉的当代应用与〈昭明文选〉的古典涵接》,着眼于《文选》的古典溯源和《文心雕龙》的当代价值,展开作者对中华文化中两大文学经典渊源和本质的探讨。

此外,还有一些论文难于归入上述四类,作一集中介绍。福建师范大学郭丹教授《出土简帛文献〈性自命出〉中的文学理论》,论述了出土简帛文献《性自命出》中的文学理论,阐述了性、情、命的关系、情与礼的关系、人道与诗书礼乐的关系、真性情与"至乐"的关系、感物而动与"感物说"的关系,深化了对先秦文学理论的认识。上海交通大学朱丽霞教授《晚明几社〈壬申文选〉与南朝梁〈昭明文选〉（初稿）》，从晚明几社《壬申文选》对《昭明文选》的模仿角度来考察明季末年文坛创作的新走向。华东师范大学赵厚均副教授《〈文选颜鲍谢诗评〉与方回的六朝诗学观》、扬州大学贾学鸿教授《枚乘〈七发〉"广陵观涛"的文化考察》、信阳师范学院张振龙教授《建安时期游艺与文学关系的新变》、安徽大学吴怀东教授《苏轼论陶诗"质而实绮，癯而实腴"思想发微》、江苏师范大学周苇风教授《想象何以能够——中国古代对想象的猜度及其文学意味》、台湾师范大学徐筱婷教授《体国经野与空戏滑稽——北大汉简〈忘稽〉简为文人所作俗赋蠡测》等，选题新颖，颇有创见。

综上所述，本次会议取得了丰富而显著的成果，在研究视角、研究方法、研究材料、研究观点方面均有不同程度的拓展。参会学者形成了重要共识，也为今后的研究指明了方向。大会呼吁学界将《文选》与《文心雕龙》结合起来研究，既要重视理论阐发，构建富有中国特色的学术体系；又要立足作品解析，重返中国古代文学的创作现场。

作者工作单位：高　晨　辽宁师范大学文学院 2018 级古代文学硕士生
　　　　　　　高明峰　辽宁师范大学文学院教授

文化遗产研究

扬州平山堂文脉发展的
三阶段(1049—1911)

明　光

　　摘　要:自平山堂问世,文学创作随之,至清末不衰。宋代为发轫期,山堂兴盛,欧刘梅诸人唱和,引发宋人创作,奠定经典意象;元明是衰而复振期,山堂荒废百年余年,诗人无从登临;明正德以后,平山堂多次重建,文学活动逐渐恢复,创作趋盛;清代极盛期,作品丰硕,各体俱备,内容深化,阐释平山堂的文化精神。

　　关键词:发轫　衰而复振　极盛　平山堂文学

　　自宋代欧阳修建造平山堂后,平山堂的文学创作就犹如清泉汩汩而出,流淌至今。历经宋元明清至今,文学创作蔚为大观。纵观其发展历程,约略经过宋代兴起、元至明中期低潮,晚明提振、清代高潮,近代传承、当代发展的历程。限于资料,本文先述古代历程,分为宋代发轫期、元明衰而复振期、清代极盛期三阶段。

一、宋代发轫期:唱和雅集,开端不凡

　　关于平山堂的文字表述,最早见于 1049 年欧阳修的一封书信,对别人

介绍平山堂："幸遵遗矩，莫敢有逾；独平山堂占胜蜀冈，江南诸山，一目千里，以至大明井、琼花二亭。此三者拾公之遗，以继盛美尔。"[1]同年欧公有"千顷芙蕖盖水平，扬州太守旧多情。画盆围处花光合，红袖传来酒令行"的诗句，[2]回忆传花摘叶行酒之平山堂活动，当是平山堂最早的诗歌作品，开启平山堂诗文创作的序幕。但该诗未明确写出"平山堂"三字，故而当时无甚反响。

　　而七年后的1056年，突现平山堂诗词创作的小高潮。先是春天，好几位诗人不约而同歌吟平山堂：欧阳修在京城写下《朝中措》词作；王安石创作《平山堂》，欧阳修当年写信给王安石讨要此诗："近得扬州书，言介甫有《平山》诗，尚未得见，因信幸乞为示。"[3]梅尧臣在扬州先后创作《大明寺平山堂》《平山堂杂言》两首诗。后在秋冬季，时任扬州太守刘敞登览平山堂后，作诗寄给欧公，引发欧公、梅尧臣的和诗；而梅尧臣意犹未尽，还另作《平山堂留题》一首。

　　扬州人王令（1032—1059），世称广陵先生，有两首歌咏平山堂的作品。《平山堂寄欧阳公》："废苑繁华不可寻，孤城西北路嵚崟。檐边月过峰峦顶，柱下云回草树阴。宾客日随千骑乐，管弦风入万家深。知公白玉堂中梦，未负当时壮观心。"[4]所见平山堂已为"废苑"，当距1064年的第一次重修不远；此诗亦在其诗集最后一卷的末尾部分（倒数第十首），沈文倬《王令年谱》谓此诗写于1059年，应当可信。而另一首《平山堂》，收在《王令集》"拾遗"："豁豁虚堂巧架成，地平相与远山平。横岩积翠檐边出，度陇浮苍瓦上生。春入壶觞分蜀井，风回谈笑落芜城。谢公已去人怀想，向此还留召伯名。"[5]时间难考，《王令年谱》谓写作时间亦在1059年；但王令为扬州人，有可能1056年之前写此诗吗？

　　1056年的几首诗词中，描写平山堂景色，对后人影响极大的是王安石《平山堂》："城北横冈走翠虬，一堂高视两三州。淮岑日对朱栏出，江岫云齐碧瓦浮。墟落耕桑公恺悌，杯觞谈笑客风流。不知岘首登临处，壮观当时

[1]〔宋〕欧阳修《与韩忠献王》，《欧阳文忠公集》书简卷第一，四部丛刊景元本。

[2]〔宋〕欧阳修《答通判吕太傅》，《欧阳文忠公集》居士集第十一，四部丛刊景元本。

[3]〔宋〕欧阳修《与王文公》，《欧阳文忠公集》文书简卷二，四部丛刊景元本。

[4]〔宋〕王令著、沈文倬校点《王令集》卷十一，上海古籍出版社1980年版，第218页。

[5]〔宋〕王令著、沈文倬校点《王令集》拾遗，第379–380页。

有此不？"[1]诗的着眼点在描绘平山堂形胜和歌颂主客风流，其构思立意当属常规。但具体描写自有特色。首句"走翠虹"，把东西走向、满山苍翠的蜀冈，比喻成青龙的游动，蜀冈写活了；二联写景，"淮岑、江岫皆山也，日出对朱栏，云浮齐碧瓦，则所谓平山而堂字又在其中也，其精如此。"[2]王安石此诗大气壮观且易懂，较王令诗的写景略胜一筹。

真正造成诗坛影响的是，是由欧阳修《朝中措·送刘仲原甫出守维扬》而引发的唱和。1056年农历闰三月，刘敞改官扬州太守，欧阳修在京城为之送行，题写此词："平山栏槛倚晴空，山色有无中。手种堂前杨柳，别来几度春风？　　文章太守，挥毫万字，一饮千钟。行乐直须年少，尊前看取衰翁。"[3]

欧词上阕起笔虽是写景，并非平山堂的形胜，而是登观南眺之晴空远景，过江诸山或隐或现，极其空灵；再写堂前近景，忆思亲手所种杨柳，定是年年随风起舞，此非作者不能道也。下阕，趁赏景而写乐事，饮酒挥毫，直抒及时行乐的潇洒乐观态度。

刘敞赴任到扬州，公事之余，自然要登临平山堂，创作《登平山堂寄永叔内翰》；欧阳修观读刘诗，复作《和刘原甫平山堂见寄》；欧阳修好友梅尧臣又作《和永叔答刘原甫游平山堂见寄》。此四首诗词，开启平山堂唱和之风，而欧词"山色有无中"的景色意象和"文章太守"的人文意象，也成为后人歌咏平山堂的经典意象而被反复描摹和阐释。其后宋代作家歌咏不断，苏轼兄弟、晁补之、秦观、黄庭坚等大家均有作品。作品数量不算多，但其表现的思想立意、意象、话题等既接继欧词内容，又有拓展，奠定后世创作基本走向和基调；如"淮东第一观"的景色、"遗墨遗构"的政事文学风流、"万事转头空"的人生感慨等，成为平山堂文学代代相传生生不息的基本内容。北宋诸大家的这些作品，成为平山堂文脉的重要基因，也标志着平山堂在文化史上的横空出世，开端不凡。

平山堂也是诗人雅集的场所。叶梦得（1077—1148）《避暑录话》云："欧

---

［1］〔宋〕王安石《平山堂》，汪应庚《平山揽胜志》卷五，清乾隆七年刻本。

［2］〔宋〕方回：王安石《平山堂》评语，《瀛奎律髓》卷一登览类，清文渊阁四库全书补配清文津阁四库全书本。

［3］〔宋〕欧阳修《朝中措·送刘仲原甫出守维扬》，汪应庚《平山揽胜志》卷六，清乾隆七年刻本。

阳文忠公在扬州作平山堂……公每暑时，辄凌晨携客往游，遣人走邵伯，取荷花千余朵，以画盆分插百许盆，与客相间。遇酒行即遣妓取一花传客，以次摘其叶，尽处则饮酒，往往侵夜载月而归。"[1]他出生于欧阳修卒后，所描述的欧阳修在平山堂雅集的盛况不是亲历，当是根据前述欧阳修诗句敷衍而来。可惜欧公当年在平山堂的雅集，没有诗作流传下来。

现知最早雅集诗作，似为苏轼《平山堂次王居卿祠部韵》。王居卿于1074年知扬州，曾与孙洙、苏轼相会，多次饮酒赋诗；据诗题，当是在平山堂欢会雅集，王居卿赋诗在前，苏轼次韵在后。苏轼又于1079年途经扬州，知州鲜于侁设宴于平山堂。苏轼酒酣思贤，即席赋《西江月·平山堂》。释德洪《跋东坡平山堂词》云："东坡登平山堂，怀醉翁作此词。张嘉甫谓予曰：时红妆成轮，名士堵立，看其落笔置笔，目送万里，殆欲仙去尔。"[2]张嘉甫与德洪均是作者的友人，张又是亲见，当为可信。

此后有晁补之召集的雅集，见《招缙云寺关彦远教授曾彦和集平山堂次关韵》，时在1108年或之前。北宋末年有吕本中《同狼山印老早饭建隆遂登平山堂》、李纲《同似表叔易置酒平山堂》。

北宋时期，经过欧苏的提倡，文人集会诗酒唱和，平山堂声誉日隆，地位益高，确立"淮东第一观"地位。许多文人流连于此，写下优美的诗篇，赏景，伤古，怀人，极大丰富了平山堂的文化内蕴，奠定了平山堂文学的丰厚基石。

降至南宋，虽扬州成为战火前线，平山堂屡遭破坏，但幸有众多文人和官僚护持，多次重修，使得平山堂可以登临宴集赋诗，如方岳《官满将归与同幕别平山堂》《次韵行甫小集平山》，张榘《绛都春·次韵赵西里游平山堂》等人诗词作品流传。

自1056年至宋末两百余年，据不完全统计，目前所知关于平山堂的文学创作总量如下：

现存涉及平山堂的诗词作者43人，作品79首，包括1首残句。另据晁说之《因观刘侍读姚秘丞孙处士平山堂诗寄欧阳公唱和作绝句》，刘侍读为刘敞，不计；姚秘丞、孙处士两人当有诗作；据晁补之《招缙云寺关彦远教授曾彦和集平山堂次关韵》，关彦远、曾彦和亦当有诗；据苏轼《平山堂次王居

---

[1]〔宋〕叶梦得《避暑录话》卷上，明津逮秘书本。

[2]〔宋〕释惠洪《石门文字禅》卷二七。四部丛刊景明径山寺本。

卿祠部韵》，王居卿亦当有诗；据张槃《绛都春·次韵赵西里游平山堂》，赵西里当有1首词；据宋末元初王奕《临江仙·和元遗山题扬州平山堂》，元好问亦有词1首。故当增此7人之作。故，宋代诗词总量逾80首。

重修记4篇，记载平山堂艺事、平山堂诗句的笔记和诗话如《避暑录话》《墨庄漫录》《艺苑雌黄》《夷坚支志》《石门文字禅》《苕溪渔隐丛话》等共有20余部。

南宋诗歌作家约有20位，作品约40篇，南宋平山堂文学活动和创作，大体与北宋相当，作品内容增添沧桑兴亡之感，如文天祥从元营中逃脱，"人人争劝走淮西，莫犯翁翁按剑疑。我问平山堂下路，忠臣见诮有天知"，[1]记述他的忠贞和时代悲愤。但总体成就逊于北宋诸人。

二、元明衰而复振期：从堂废山空到题咏日多

元代初期，平山堂尚有文人雅集。由宋入元的滕安上（1242—1295）有《中秋玩月于平山堂提刑廉公索赋》《平山堂木芍药盛开紫素相间香韵殊绝门生邀赏因为赋此》两诗，描写赏月观花的游宴之乐；稍后的王奕《临江仙·和元遗山题扬州平山堂》下阕曰："几阕平山堂上酒，夕阳还照边楼。不堪风景事回头，淮南新枣熟，应不说防秋。"[2]柳贯（1270—1342）《待制集》卷五有《次衢州卢彦远总管任仲安同知留宴平山堂上慨想旧游席间为赋》，反映了平山堂"使君终宴，倦客追欢"的游宴场景。[3]

此后平山堂改为司徒庙，逐渐荒凉，几乎无人再游；至元末，战乱频仍，平山堂则逐渐废毁。元末诗人舒頔（1304—1377）《平山堂》诗曰："平山山上构高堂，堂下青芜接大荒。堂废山空人不见，冷云秋草卧横冈。"[4]诗中所描写的堂废山空无人问津的状况，正是元末平山堂的真实写照。不过，据元

---

[1] 〔宋〕文天祥《出真州》之七，文山先生全集卷之十三别集《文山集》，四部丛刊景明本。

[2] 〔元〕王奕《临江仙·和元遗山题扬州平山堂》，赵之璧《平山堂图志》卷七，清乾隆三十年刻本。

[3] 〔元〕柳贯《次衢州卢彦远总管任仲安同知留宴平山堂上……》，《待制集》文集卷五，四部丛刊景元本。

[4] 〔元〕舒頔《平山堂》，汪应庚《平山揽胜志》卷五，清乾隆七年刻本。

末李齐贤词作"路人犹解说欧阳"的描述，[1]扬州百姓还是知道平山堂的。

粗略统计，元代近百年时间，直接歌咏平山堂的，作者仅8人，作品9首；另加几人作品中咏及平山堂的，共16人20首。相比宋朝，数量上是有点衰落。作品内容方面，时代感较强，多伤感情绪，如吴存的词："芜城外，几树西风落叶，销磨多少豪杰。平山堂上朝中措，千载妙音几绝。"[2]值得注意的是，产生了卢贽的一首散曲作品【双调·蟾宫曲】《扬州汪右丞席上即事》，谓："江城歌吹风流，雨过平山，月满西楼。"[3]而乔吉《杜牧之醉写扬州梦》杂剧，列数扬州景色，也提及平山堂。

入明，从由元入明的王祎《扬州》算起，到嘉靖初年的150多年中，只有7首诗词咏扬州涉及平山堂，且均为非直接题咏者。这可能与明初没有恢复平山堂，缺少具象的空间视觉实体而无从登临兴会有关。

据现有资料分析，明代约于正德、嘉靖、万历年间三次重修平山堂。明正德以来，平山堂经修复，人气渐旺，逐渐恢复文人登临，游赏赋诗的场景。显著特点是平山雅集，置酒临觞，逐渐多起来，平山堂文学开始进入恢复提振期。1515年，山西商人李某在平山堂设宴接待路过的官员金献民。1527年，文徵明登临平山堂，创作《过扬州登平山堂》云："平山堂上草芊绵，学士风流五百年。"[4]他是目前所知明代题咏平山堂的第一人。1540年，朱曰藩随史石楼也饮酒平山堂。

其著名的雅集有：

1566年来扬州任儒学训导的欧大任（1516—1596），组织竹西诗社，文事甚繁，多次登临平山堂，其《广陵怀古诗序》曰："朱明府仲开自真州来，郭山人次甫自焦山来，陆秀才无从邀游禅智寺，饮蜀井泉，读楞伽经甚适。步上蜀冈，寻大明水、平山堂……与仲开、次甫、无从赋《广陵怀古》二十诗，冯汝行、黄定甫、吴子化、邵长孺、赵敬辰和之如其数。"[5]其《文寿承见过同游平山堂得中字》，则显然为另一次雅集赋诗。

---

[1]〔元〕李齐贤《鹧鸪天·扬州平山堂今为巴哈师所居》，李坦主编《扬州历代诗词》（一），人民文学出版社1888年版，第522页。

[2]〔元〕吴存《乐庵诗余》，民国疆村丛书本。

[3]〔元〕卢贽《扬州汪右丞席上即事》，隋树森编《全元散曲》，中华书局1964年版，第126页。

[4]〔明〕文徵明《过扬州登平山堂》，汪应庚《平山揽胜志》卷五，清乾隆七年刻本。

[5]〔明〕欧大任《广陵怀古诗序》，《欧虞部集十五种》文集卷四，清刻本。

万历年间,吴秀知扬州府,重修平山堂,为提振平山堂文学提供创作平台,雅集赋诗有梅守箕《张诚甫招同乔春麓游蜀冈平山堂》、袁宏道《集平山堂用平山字为韵偕游者万子两谢生也》、张明弼《夏日郑超宗招同朱沧师游平山堂各有作》等。据王醇《游平山堂》诗序,某日俞羡长组织7人宴集平山堂,皆以"泉"字韵赋诗,[1]可惜只存王醇一诗。

明末扬州受战乱之祸,平山堂一带遭到破坏。明末刘城的诗句"木石渐成古,亭台遂作村",[2]乃出城游览平山堂一路所见。诗未涉及平山堂本身,看来此时平山堂在大明寺中,状况稍好。

目前所知明代现存有关平山堂的诗歌创作情况是,作者40人,诗歌56首。此外,据相关诗题,可知雅集的同人诗作今天不存者至少13首。所知诗作中,僧行昱《平山志》收录5人5首,清代汪应庚《平山揽胜志》收录13人,诗20首;程梦星《平山堂小志》于汪《志》补收4人,4首;剔除重复,三书合计20人,27首。笔者检索增加20人,29首。56首诗中,直接题咏平山堂的有30余首;有1首咏及平山堂的题画诗,史料中分属两位作家。56首中,近50首为嘉靖到明末的创作,显示明后期平山堂文学步入恢复、提振、趋盛的进程。

明代有重修记1篇,《游广陵记》中有段文字描写:"远近诸山,大者如颊,小者如跻,如列堞,如环堵,烟光水气横铺其上,不知岱华高而培塿卑也,平山之目雅当其实。"[3]

三、清代极盛期:各体皆备,作品丰硕

入清,平山堂虽然陈旧破败,甚至被佛寺占用,但扬州文化风气承袭故明,本邑及外来文人墨客,常登临平山堂览景怀古,触发诗情。粗略统计,1644至1674年重新修建前,30年期间,咏及平山堂的诗词之作至少在90

[1]〔明〕王醇《游平山堂》,汪应庚《平山揽胜志》卷五,清乾隆七年刻本。

[2]〔明〕刘城《将游平山堂沿郭一路触目交心》,《峄桐诗集》卷六,清光绪十九年养云山庄刻本。

[3]〔明〕姚希孟《游广陵记》,《循沧集》卷二,明清閟全集本。

篇以上，[1]著名聚会有 1649 年的太常龚孝升之 5 人雅集，1662 年王士禛等 5 人的雅集等、1668 年宁伊庵组织、计东等人参加的宴集等。

金镇重修平山堂，大大促进了平山堂文学的发展。重修落成，产生 6 篇《平山堂记》。庆典之日，大会群贤，宴集赋诗，今存金镇、汪懋麟、汪楫、毛奇龄等 21 人的 24 韵至 94 韵不等的长诗。修复后的平山堂，景色优美，气势雄浑，游人如织，文人登临，饮酒赋诗，题咏内容多样。

纵观有清一代，平山堂重修多次，加上康熙、乾隆两帝南巡，多次题匾赋诗，平山堂声誉日隆，雅集频仍，乾隆诗人程梦星所谓"至今文士胜游集，春秋排日提壶觞"，[2]文学活动与创作极为丰富。

1. 名人雅集繁多，影响大

顺康之际有以王士禛为中心的多次雅集活动，号召一时，后来人登临平山堂也常有怀想、唱和之作。康熙中期，孔尚任来扬参与治水工作，融入扬州文坛并受到尊重，参加并主持多次诗人聚会。康熙二十八年（1689）夏日，杨尔珍举办平山堂雅集赋诗，有 30 人参加，孔尚任有《杨尔珍招同人公讌平山堂读欧苏壁间词有感即席分赋二律》。据僧人德男《夏日孔东塘、杨尔珍诸公雅集分韵》诗，可知聚会实际以孔尚任为中心。孔尚任还为此次诗会作品集写有《平山堂雅集诗序》。

乾隆年间，盐运使卢见曾主持平山堂雅集，名声远播。卢见曾两任两淮盐运使，第一次在乾隆初年。上任不久，乾隆二年（1737）春，"运使卢公盛选宾从，续会平山堂，追踪庐陵，人士竞传，得未曾有"，[3]可见当时集会之热闹及影响。与会者有卢见曾同年程梦星、扬州八怪之一的高凤翰、桐城人方邝鹤等人。程梦星有《丁巳初夏运使卢雅雨同年招诸子集饮平山堂次方邝鹤韵二首》，卢见曾《雅雨堂集》中《平山堂雅集》诗即为此次所作。

第二次复任从乾隆十八年（1753）到二十七年（1762），恰经历迎接乾隆帝二、三次的南巡驾临，扬州城北郊一带景点增饰踵华，景胜增多，自然越添

---

[1]　据赵之璧《平山揽胜志》、程梦星《平山堂小志》检核统计，另加少数从"基本古籍库"检核者。

[2]　〔清〕程梦星《平山堂》，《平山堂小志》卷六，《扬州文库》第一辑第 40 册影印清乾隆十六年汪立德、汪秉德刻本，广陵书社 2015 年版，第 284 页。

[3]　〔清〕高凤翰《平山堂雅集二首》序，《南阜山人诗集类稿》卷四《鸿雪集》上，清乾隆二十八年刻本。

诗兴,他与一干文人唱和甚多,除了著名的红桥修禊和者千余人之外,游览平山堂接待过往宾客也是常事。其中雅集时间可考的至少有五次。

乾隆十八年(1753),与桐城派三祖之一的刘大櫆等游平山堂,刘有《陪卢运使宴集平山堂》。不久,歙县贡生程之鵕以未能参加雅集遗憾,和诗一首《次刘耕南陪卢雅雨运使谦平山堂韵》。

乾隆十九年(1754),陪工部侍郎嵇璜、刑部侍郎钱陈群游平山堂,三人共作《山堂纪游和韵》诗一卷。后,进士李中简和诗一首。诸诗当时勒石于平山堂之西的平楼,据说"山堂纪游诗既出,海内名公,和者寝众,乃随寄到之先后勒石于平楼,以贻后之览者"。[1]

乾隆二十年(1755),招严长明、赵文哲等游平山堂。

乾隆二十六年(1761),招闵华等共14人至平山堂探梅,诸人分韵赋诗。钱陈群有《卢雅雨都转寄平山堂观梅诗……盖是日宾主共十四人也,雅雨属和,予未与斯会……》。

乾隆二十七年(1762),招顾宗泰、程晋芳、严长明、金学诗同游平山堂。

长期游寓扬州、并在扬州做过府学教授的金兆燕,主持、参加过多次平山堂聚会。乾隆十四年(1749),金兆燕应寿腹公邀请,与赵翼、唐思、朱森桂等游平山堂。乾隆三十七年(1772)春,金兆燕招卢文弨、袁鉴、蒋士铨等至平山堂赋诗唱和。乾隆四十年(1775),金兆燕招袁枚等18友人,送春平山堂,袁枚有《三月三十日金棕亭学博招同十八友人送春平山堂分体得六言绝句》诗记之。乾隆三大家之一的赵翼经常出入扬州,也多次招人或应邀游平山堂,如祝德麟《瓯北师召游平山堂赵箴斋适自常州至》。赵翼有10多首诗咏及平山堂。此两人可作为乾嘉时期外来文人雅集平山堂的代表。

乾嘉时期出任两淮盐运使、道光初年两淮盐政的曾燠,同治时期的盐运使方濬颐,光绪时期盐运使程仪洛等官员为中心的雅集平山堂活动影响也较大。如1874年,齐学裘记载:"方子箴都转邀予同刘福山、许叔平、汪龙溪、管才叔、汤敦之、吴礼园诸君饮于蜀冈平山堂,修禊事也。"[2]

大规模的雅集尚有1701年春天,查嗣瑮、孙自成、费密参加的平山堂谦

[1]〔清〕李斗著、陈文和点校《扬州画舫录》卷十六,广陵书社2010年版,第203页。

[2]〔清〕齐学裘《蜀冈修禊歌》,《劫余诗选》卷十四,清同治八年天空海阔之居刻增修本。

集,集会者共有 37 人。1707 年,查嗣瑮又参加了一次 63 人的平山堂谯集,作诗三首。1740 年王晴江太守主持的雅集,"一时名钜缁素至八十人"。[1]

2. 两代皇帝莅临题诗题词,对当时文人影响很大

康熙帝六次南巡,驻跸扬州多次,登临平山堂两次,作诗、题词、题匾。乾隆帝六次南巡,驻跸扬州六次,每次都登览平山堂,都有题诗,粗略统计,组诗 8 题共 51 首,单诗 9 首。这提升了平山堂的知名度和社会地位,也刺激了文人登临平山堂的兴趣和歌咏平山堂的热情,客观上推动了平山堂文学的发展。

3. 出现了多本志书,大力收集传播平山堂文学创作

清康乾年间,多人编纂有关平山堂的志书,今存五部,分别是:

僧人行昱编纂《平山志》(康熙年间刻本)

汪应庚编纂《平山揽胜志》(乾隆七年刻本)

程梦星编纂《平山堂小志》(乾隆十六年刻本)

卢见曾编纂《平山堂志》(乾隆稿本)

赵之壁编纂《平山堂图志》(乾隆三十年刻本)

检阅诸书,行昱的《平山志》实际是蜀冈志,大明寺、平山堂并记,其中收集宋以来平山堂之文 4 篇,诗作 98 首,为后来诸志提供了基础。汪应庚的《平山揽胜志》涉及地域范围更广,从城里小秦淮一直到城外蜀冈,十卷中卷四——卷七,专录平山堂文学作品,文 18 篇,诗词增至 257 首。程梦星的《平山堂小志》才是真正的"平山堂专志",正如汪立德在《跋》中所云:汪应庚"欲作山堂专志,因病未果。今香溪太史(即程梦星)所编《平山堂小志》以堂为主,而堂之左右散见蜀冈者亦附于后"。[2]该志平山堂文章增至 19 篇,收录宋元明清诗词共 607 首。卢见曾之《平山堂志》,地域以蜀冈为中心,向南伸及红桥;所收文章诗词亦不限于平山堂本身,略作统计,平山堂文章 15 篇,诗词不过 100 余首。赵之壁编《平山堂图志》,实因恭逢乾隆帝第四次南巡扬州,编此书以记其盛,故涉及地域是城北诸景点;又因诸书在前,则另辟蹊径,遵循"事增于前,文省于旧"原则,[3]诸景点叙述介绍较

[1] 〔清〕鲍皋《遥和平山雅集诗》,《海门诗钞》二集卷二,清稿本。

[2] 〔清〕汪立德《平山堂小志跋》,程梦星《平山堂小志》,《扬州文库》第一辑第 40 册,第 357 页。

[3] 〔清〕赵之壁《平山堂图志序》,《平山堂图志》,清乾隆三十年刻本。

详,再仿"左图右书"之义,收集景点绘图百余幅,编为《名胜全图》附于卷首。诗文首列康熙、乾隆帝南巡扬州题诗、题额等,涉及平山堂的约有30余首;其余则"详于宋元之前,至有明一代,区别颇慎,我朝名家辈出,隋珠荆璞,美不胜收。然惟其人已往者载之,宁隘毋烦,较旧志不过十之二三而已"。就收集前人与当代诗词而言,并无新资料。

这些志书又催生了10篇序跋,作者有沈德潜、左必蕃等人。

五部志书,四部于乾隆时期问世,正是平山堂文学活动达到历史高潮的一个反映。其后平山堂文学活动及其诗歌创作不断,也有些小高潮,但其声势和影响逊于此时。

4. 体裁俱备,创作丰盛

清代平山堂散文创作,体裁扩大为序、赋、记、引、启等。平山雅集频繁,诗作结集,故出现了"平山堂诗序"。如郭振遐《游平山堂诗序》、周在都《平山堂怀古诗序》、章藻功《李环溪招同人宴集平山堂拈赋晴空二韵诗小序》、孔尚任《平山堂雅集诗序》、吴绮《古重九平山堂禊集诗序》等。潘耒、郭彭龄分别撰写的《平山堂赋》、全祖望、汪荃、俞蛟分别所撰的《平山堂记》,张澍的《游平山堂记》。至于为重修而写的记,共有8篇;为修缮募捐资金,还有《募建平山堂小引》《重修平山堂启》。这些散文或记重修源起,或阐发平山堂的文化意义,或考证平山堂沿革,或抒登临感慨,追怀前贤风流,内容十分丰富。目前收集共23篇。若加上五本志书的序跋,共计有33篇。

平山堂作为著名景点也进入小说、戏曲作家的视野。如清初《平山冷燕》谓:"闻知府城西北有一个平山堂,乃宋朝名公欧阳修所建,为一代风流文人胜迹,遂同去游赏……今日欧阳公虽往,而平山堂一段诗酒风流俨然未散,吾兄试看此寒山衰柳,景色虽甚荒凉,然断续低徊,何处不是永叔之文章,动人留连感叹。"[1]道光年间的《绿牡丹》则将平山堂作为人物活动空间背景,融进故事中。戏曲作品如周坝杂剧集《广陵胜迹传奇》之《堂宴》,直接敷演欧阳修修平山堂为赏宴之所,歌妓毛惜惜摘花前来助兴故事。

清代歌咏平山堂的诗词之作甚多,至少千首。清初词坛兴盛,平山堂词作亦复不少。平山堂对联也颇著名,文学水平和审美趣味颇高,如伊秉绶"过江诸山于此堂平,太守之宴与众宾欢",梁章钜评为第一,盖十分契合平山堂

---

[1]〔清〕佚名《平山冷燕》第十三回,清顺治刊本。

地胜和欧公与民同乐精神,形神俱备。清末朱公纯"晓起凭栏六代青山都到眼,晚来对酒二分明月正当头",写出登临者的沧桑历史情怀和享受当下的审美趣味,对仗工整,笔者最为欣赏。

平山堂文学创作的重点还是诗文,主要内容约略有如下几点:

首先,平山堂作为文化胜迹,不管是荒落故址,还是新修煌煌,到扬州的文人大多都会去游赏,故诗文作者极多。其中不少诗人多次游览登临,题诗频仍。如孔尚任在扬三年多,多次游览平山堂,有看梅、听雨、赏月、种柳、访僧等活动,异常丰富,直接题咏的诗作有《游平山堂》《冬夜宿平山堂看月》《补种平山堂杨柳》《过平山僧院看梅》等8首。仅据《平山堂小志》统计,如王士禛、程梦星、黄裕有10首诗词,孙枝蔚有9首,陈章有8首。后来的吴锡麒、方濬颐等人都有10首以上的诗词。

其次,秉承宋明平山堂诗文的传统题材,描写平山堂景色,怀念欧苏事迹,抒发怀古伤怀兴亡之感。其中略有不同的是,新建及不断维修的平山堂较前代更显得美轮美奂;雅集宴游之繁盛,远超前代。再则作者既多,游赏场景亦复多样,听琴、赏雪、观花各有其得,个人联想兴会不拘一格,内容庞杂。

再次,内容深化开拓。主要表现在两点,一是皇帝题诗强调贤守造福一方,文人呼唤当代贤守,强调发挥"文章太守"的现实意义。二是,阐释平山堂的政教文化的象征意义。平山堂的存在,不仅是一个景胜的延续、一个贤官的风流,更是寓礼教,兴文章,尊典型的象征,所谓"此中关典礼,岂独系风骚",[1]揭示平山堂的文化意义。此类创作,标示着平山堂的文化意义。

宋代欧、苏等诗友的唱和,开启平山堂文学创作的文脉,并奠定后世创作的基因;元代明前期,平山堂荒废损毁,文学创作处于低潮,但创作内容怀古情绪成为主调;明后期,恢复走向兴盛;至清康熙乾隆时期,平山堂文学全面繁荣,文体全备,内容方面继承前代并提升平山堂的精神内涵。平山堂文学以其深广内容和文学表现成就,成为扬州文脉的重要组成部分。

作者工作单位:扬州大学广陵学院

---

[1]〔清〕汪懋麟《金长真太守兴复平山堂落成宴集纪事》,汪应庚《平山揽胜志》卷五,清乾隆七年刻本。

维扬艺文

论《唐宋旧经楼诗稿》中的花草意象[*]

卫　蔚

　　摘　要: 梅兰竹菊是中国古典诗词中常见的意象形式, 其本身显示出了儒家理想人格的重要特征——傲、幽、坚、淡。作为孔子的第七十三代孙女, 孔璐华在其诗稿《唐宋旧经楼诗稿》中塑造了大量的君子意象, 使得日常生活中的花草具有了更加丰富的美学内涵和审美意味。这是孔璐华对儒家礼义的理解在文学中的体现。

　　关键词: 孔璐华　《唐宋旧经楼诗稿》　梅兰竹菊　儒家　君子思想

　　孔璐华(1777—1832), 字经楼, 山东曲阜人, 七十一代衍圣公孔昭焕孙女, 七十三代衍圣公孔庆镕女兄。孔璐华是清代著名学者阮元的继室, 有《唐宋旧经楼稿》七卷传世, 收录诗歌七卷, 共四百余首, 诗集中涉及到咏事、咏物、即景、感怀、怀古、山水、题画、伤农、政务等多种内容, 题材之广, 确为闺阁中所罕见。[1]因为她出身特殊, 作为孔子后裔, 自幼承奉儒教, 所以崇礼

* 　基金项目:江苏省社会科学基金项目"清代扬州地区女性文人文学空间及创作研究"(项目编号:16ZWB010)

[1]　赵阳《〈唐宋旧经楼诗稿〉的创作特色》,《扬州文化研究论丛》, 第20辑, 广陵书社2017年版, 第179–185页。

的思想在其诗文中表现的非常突出。她曾在多首诗歌中描述了她受到礼义文化影响的情况。如幼年时经历丧礼,"子有丧者,虽严冬皆跣足三日,弟虽七岁亦如此"[1],再如《冬日墓庐有感》:"常见吾夫子,逢节慕亲恩。""视媳如弱女,义训谆谆言。凡为妇道者,德谦礼义纯。"[2]不仅以礼义自我约束,更以德教诲他人。

孔璐华认为在礼义环境中能够培养出君子,而君子正是孔子提出的理想人格范式。女诗人在她的诗歌中,用塑造意象的方式展示了她所推崇的君子风格,以万物品格写人之品性。她尤其喜爱用花草来抒发情怀。据笔者统计,诗集中约有近两百首涉及植物意象,而其中又以"花中四君子"梅兰竹菊的运用为最多。梅兰竹菊对应着四时之景,梅之傲然、兰之幽静、竹之坚韧、菊之淡泊,这亦贴合了君子自身的优良之德。

一、梅之傲然

梅,在我国已有三千多年的种植历史,描写梅花的诗句最早可追溯至《诗经》中"终南何有?有条有梅"和"摽有梅,其实七兮"两篇,而咏梅之风正式兴起于魏晋。

亘古亘今,载述梅花的诗歌不计其数,这些作品大都不外乎描摹其情状,赞美其品德或传递某种情感。阮元曾得元版韦珪《梅花百咏》一卷,孔璐华于是"约同闺友三人,暨大儿妇、六女,共六人,依次分题,各咏五律十余首,共成百首",编纂成《拟元人梅花百咏》[3]。她还曾为女儿阮安的《广梅花百咏》作序,寄寓了对女儿的一种期望。她极为欣赏梅花的风骨,在她为数不多的诗歌作品中有将近六十篇以梅花为寄,是所有植物意象中最多的一类。诗集中有一系列直接描画梅的组诗,写不同情状的梅,如《盆梅》《瓶梅》《落梅》《雪梅》等;写不同地点的梅花,如《亭梅》《溪梅》《妆梅》《西湖梅》《东阁梅》《僧舍梅》等,此类亦是涉及篇数最多的;写不同的观梅方式,

[1] 孔璐华《唐宋旧经楼诗稿》,《清代诗文集汇编》第 478 册,上海古籍出版社 2011 年,第 68 页。

[2] 孔璐华《唐宋旧经楼诗稿》,第 76 页。

[3] 胡文楷《历代妇女著作考》,上海古籍出版社,2008 年 8 月,第 946 页。

如《赏梅》《探梅》《咀梅》等，这些篇目大都点出梅花傲然而高洁的品格，如《寒梅》："临风含素雪，破冻耐冰渐。香重何须酒，衣单尽咏诗。若非经绝冷，品格不为奇。"[1]

梅更多的是以一种冬日意象的形式出现在孔璐华的作品中，寄情于梅。在《立春日和书之宜人韵并呈净因夫人》一诗中，她写道："春光转到彩幡鲜，相伴闺人诗句联。瓶里梅花供砚水，檐前柏叶带茶烟。连朝薄暖销寒候，镇日浮云欲雪天。幸我无才逢益友，更欣亲寿度华年。"[2]，这与南朝陆凯《赠范晔》"折梅逢驿使，寄与陇头人"中的梅花颇有相似之处。诗人折梅入瓶而赏玩，与梅为伴，表达自己既以梅自许，又以梅许人的一种情感。梅成为她传达友情的工具，更以梅不与凡卉为伍的傲骨暗示自己与友人贞洁自守的品格。她的《敬题御赐杜琼溪山瑞雪图》"隐处空山自种梅"[3]将梅作为隐士的象征，描摹出一种超尘脱俗的心境。在《咏牡丹》一首中她将梅与牡丹的香气对比，"野梅秀竹知多少，吟到天香自不同"，[4]写出梅花的高洁优雅，亦有自己不愿与世俗争风之寄。孔璐华在诗歌中也多次提及梅的凌寒傲雪的精神风貌，如《雷塘庵种梅》："雷塘庵外不闻喧，种得梅花似小园。荒径雪霏无俗韵，疏篱月照有冰魂。清香淡淡绕茅舍，幽艳稜稜对墓门。"[5]在诗中她塑造了一个没有世俗喧哗的优雅僻静的处所，在寒冬大雪之中，梅开百花之先，独天下而春。梅的不畏严寒、卓然独放的风骨更是诗人遗世独立的理想人格的一种化身。

二、兰之幽静

在中国文化历史上，兰自始至终都有着很重要的地位，"空谷幽兰""芝兰玉树""蕙质兰心"等成语都用来喻指美好的人格。孔子曾在隐谷中见兰而感慨："兰生幽谷，不以无人而不芳，君子修道立德，不为穷困而改节。"并

---

[1]　孔璐华《唐宋旧经楼诗稿》，第118页。

[2]　孔璐华《唐宋旧经楼诗稿》，第70页。

[3]　孔璐华《唐宋旧经楼诗稿》，第83页。

[4]　孔璐华《唐宋旧经楼诗稿》，第91页。

[5]　孔璐华《唐宋旧经楼诗稿》，第95页。

将兰称之为"王者之香"[1]。屈原也曾以兰象征自己美好的人格。

兰，在任何处境之下都能如君子般雅洁超脱，不因无人赏识而失去芳香。孔璐华提及兰的诗歌不算多，但大都是将其作为君子品格的象征之物来写的。《春闺八咏》中的"兰闺应照咏诗人"[2]，《夏闺八咏》中的"兰庭气爽帘栊静"[3]，《女史》中的"定多诗画满兰房"[4]等句都是将兰作为形容女子气质的词语来运用的。兰生于空谷，端庄高洁，幽香清远，无矫揉造作之态，也无哗世取宠之举。女子当如兰，温雅而清高。在《题张净因黄夫人遗稿》中，她以"兰枯"为喻表达对黄夫人才德的推崇。她还常以兰花来写自己同辈或后辈之人的品格，如《忆弟》："庭前并蒂芝兰好，可慰高堂二老人。"[5]以并蒂芝兰写自己与弟弟品质高洁，再如《春日偶成兼怀阙里》："笑看兰孙习礼仪。"[6]表达对后辈之人的期许，希望他们培养君子之德，纵使在寂寞清贫中也莫忘修身养性。

三、竹之坚韧

纵观中国数千年的诗史，竹一直颇受文人墨客的青睐。最早在《诗经》中就已多次提及竹这个意象，到后来的咏竹诗的兴起，竹早已被视为君子高风亮节的代名词。清代的郑燮写《竹石》："咬定青山不放松，立根原在破岩中。千磨万击还坚劲，任尔东西南北风。"来歌颂竹坚韧不折的气节。

可能是受阮元每年生日避客煮茶于竹林的感染，诗人常与竹相伴，人情与自然之物得以融合与统一，如《筿簝迳》："翠竹满屋前，密密枝三千。连顷如绿云，亭亭接远天。披风踏幽径，潇洒疑真仙。"[7]点明她对于竹的喜爱，以至种竹绕屋。在《借居冶山大弟公邸补种花树偶成》中，她提及在借居之所也要种竹的行为，正如苏东坡所言"宁可食无肉，不可居无竹。"，更能说

---

[1] 王国轩、王秀梅译注《孔子家语》，中华书局，2009 年版。

[2] 孔璐华《唐宋旧经楼诗稿》，第 72—73 页。

[3] 孔璐华《唐宋旧经楼诗稿》，第 73—74 页。

[4] 孔璐华《唐宋旧经楼诗稿》，第 104 页。

[5] 孔璐华《唐宋旧经楼诗稿》，第 80 页。

[6] 孔璐华《唐宋旧经楼诗稿》，第 126 页。

[7] 孔璐华《唐宋旧经楼诗稿》，第 79 页。

明诗人的爱竹心情。

孔璐华爱竹的品性，在她的笔下，竹是诗人自况的物象。这类诗近五十首。竹，有超凡绝俗之姿，多远离喧嚣尘世，而不为世俗所动，在《题蓝田叔蕉窗秋霁图》中，竹成为出世之人坚贞意志的化身："更有高人此间住，深深竹阁蕉窗晴。"[1]她赞美竹，赞美竹的四季常青，不因外界环境的改变而动摇。在《四时闺中八咏》的组诗中她分别描写了四季的竹子，始终那么青翠，那么笔直，这亦是竹刚毅性格和坚韧品行的表现。再如《雪意》："落叶萧萧下，风声绕窗壁。天寒衣袖凉，松竹同一碧。"[2]直接点出在严寒天气下，任凭雪压风欺，竹仍不改其色的品格。孔璐华以竹喻己，以竹自赏，透露出一种清高坚定的气节。卷四《即事》写傍晚独自坐在书桌前，焚香品茶，此时只有稀疏的灯影和萧森的竹影相伴，此种孤苦的意境之下，竹似乎被赋予了可解人意的能力，是君子人格的一种相通。竹还寄托着她的一种情怀，如《书之宜人月庄女史携儿女来京喜赋一律》一篇："膝下娇儿皆长大，江南新竹尽平安。"[3]这里化用竹报平安之意，以竹的成长代指人自身修养的深化，娇儿亦有竹一般的坚定不移的意志和谦虚正直的品性，同时预示出一种远大的志向。竹虽不幸沦落在尘俗之中，却又能脱除世间尘俗，它不仅象征着人的品格，更多的是一种人生经历，写竹其实就是借竹表达自己的君子人格。

四、菊之淡泊

战国时期，屈原《离骚》中的一句"朝饮木兰之坠露兮，夕餐秋菊之落英"使菊进入了历代文人的视野之中。晋陶渊明的诗歌更是将菊的隐逸恬淡发挥到极致。作为应时的花草，菊独立寒秋，已成为了中国文人人格和气节的写照。

孔璐华在诗稿中常将菊作为秋日意象来歌咏，秋是萧瑟的季节，那么菊自然便带有一丝伤感。写《残菊》，重阳节后身处院落之内，看到风中落英满地以及黄蝶感受到寒意离去的场面而感到一丝酸楚，但在这萧条的环境

---

[1]　孔璐华《唐宋旧经楼诗稿》，第69页。

[2]　孔璐华《唐宋旧经楼诗稿》，第76页。

[3]　孔璐华《唐宋旧经楼诗稿》，第111页。

下,菊默默的伸展出了枝条。再如《秋闺八咏》:"小山丛桂东篱菊,风景依稀感岁华。"[1]将菊作为感时伤怀的象征,看到菊花寂寞开放而感叹时光流逝,岁月不再,将一腔愁苦忧思寄与菊。阮元就职浙江时每年都从扬州运菊花至杭州观赏,以慰思乡之愁,由此孔璐华对菊的偏爱也便不难理解了。在《重阳》一诗中,她以重阳为背景,借菊抒发对丈夫的深沉怀念:"雨湿庭前桐叶瘦,风摇窗外菊花香。怀君但理国家事,笑我偏因儿女忙。"[2]

菊,在诗中常被赋有一种君子气节。孔璐华曾多次为菊花图题诗,赞美菊花的品性,如《题六女画白菊》中将菊称为"奇花"。卷三《路过傍花村偶成三首》中,她看到傍花村的菊园而构想了一个"几间茅屋向溪开"[3]的自适恬淡的理想家园,菊便被寄寓了隐士风范,代表了一种幽静而安逸的生活。再如《代夫子为人题中书菊隐图》一诗中以菊来写人的高洁:"主人虽官门下省,终日对花弄秋影。一年心事菊花中,朝荷鸦锄暮汲井。古井无波花淡泊,主人惟有东篱乐。"[4]塑造了一种自适的人生理想境界。在孔璐华的笔下,菊还有一种同秋霜斗争,也可以说受难的精神,如《薄寒》《初冬书室偶作》《冬夜》等。此类抗争品格同前者的隐逸气节结合起来看,颇有几分类似儒家"穷则独善其身,达则兼济天下"的君子风骨。这种恬退而又进取的矛盾便构成了菊的灵魂,而无论进退,诗人笔下的菊所表现的都是淡泊而无所欲求的气质。

花草是古代诗歌创作中的常规元素,与大多数男性诗人的功利性关注不一样,女性诗人更愿意借助自然表达纯粹的精神感受,或者愉悦,或者忧伤。由于家族文化环境的影响、以及自身所处社会地位的不同,与一般闺秀之作相比,孔璐华赋予了花草更丰富的美学内涵和审美意味,而这正是她对儒家礼义的理解在文学中的体现。

作者工作单位:南京林业大学人文学院中文系

[1]　孔璐华《唐宋旧经楼诗稿》,第 74 页。

[2]　孔璐华《唐宋旧经楼诗稿》,第 99 页。

[3]　孔璐华《唐宋旧经楼诗稿》,第 87 页。

[4]　孔璐华《唐宋旧经楼诗稿》,第 112 页。

扬州史编年（萧梁时期）

余国江

摘　要：本稿按时间先后顺序，以事立条，辑录文献中与南朝萧梁时期广陵有关的内容。所引史料有记载抵牾、史实讹误等情况者，尽量辨别异同、考定是非，以按语的形式附于条目之末。

关键词：扬州史编年　萧梁时期　广陵　南兖州

萧梁时期，广陵为南兖州治所，刺史以亲王、重臣为之。天监七年（508）或次年，刺史萧渊业运私邸米，僦人作甓以砌城，这是史书中关于砖砌扬州城的最早记载。梁武帝末年，侯景叛乱，广陵亦为其所据。侯景败后，其部将南兖州刺史郭元建投降北齐，广陵遂入于北齐。

梁武帝萧衍天监元年，壬午，502 年

萧景仍为使持节、都督南北兖青冀四州诸军事、冠军将军、南兖州刺史，颇有惠政。

《梁书》卷二四《萧景传》：高祖践阼，封吴平县侯，食邑一千户，仍为使持节、都督南北兖青冀四州诸军事、冠军将军、南兖州刺史。诏景母毛氏为国太夫人，礼如王国太妃，假金章紫绶。景居州，清恪有威裁，明解吏职，文案无壅，下不敢欺，吏人畏敬如神。会年荒，计口赈恤，为饘粥于路以赋之，

死者给棺具,人甚赖焉。（第 368 页）

《文馆词林》卷四五七《郢州都督萧子昭碑铭》：进授使持节都督南北兖、青、冀四州诸军事,冠军将军,南兖州刺史。既同宋义之号,且等去病之功。爰初徇地,迄此作牧,人无莱茹之劳,官无刍秣之费。（第 185 页）

【按】《梁书·萧景传》校勘记三："都督南北兖青冀四州诸军事,各本皆作'都督北兖徐青冀四州诸军事'。《文馆词林》四五七梁孝元帝《郢州都督萧子昭碑铭》作'都督南北兖、青、冀四州诸军事'。按：下云为南兖州刺史,则其所督诸州必首为南兖州。今据碑文补一'南'字,删一'徐'字。"从之。

梁武帝萧衍天监二年,癸未,503 年

南兖州刺史萧景以裴子野为冠军录事。

《梁书》卷三〇《裴子野传》：二年,吴平侯萧景为南兖州刺史,引为冠军录事,府迁职解。（第 442 页）

梁武帝萧衍天监四年,乙酉,505 年

梁军北伐,南兖州刺史萧景帅众出淮阳。

《梁书》卷二四《萧景传》：天监四年,王师北伐,景帅众出淮阳,进屠宿预。丁母忧,诏起摄职。（第 368 页）

《文馆词林》卷四五七《郢州都督萧子昭碑铭》：先是王师北讨,戎帅捐戈,天子命我,受脤建节,有诏龚行,犀撸不蔽。武车绥旌,九地靡韬其术；辕门誓众,八阵咸尽其谋。（第 185 页）

武帝诏北伐,以临川王萧宏为都督南北兖等八州北讨诸军事。

《梁书》卷二二《太祖五王传·萧宏传》：临川靖惠王宏……四年,高祖诏北伐,以宏为都督南北兖北徐青冀豫司霍八州北讨诸军事。宏以帝之介弟,所领皆器械精新,军容甚盛,北人以为百数十年所未之有。（第 340 页）

《文馆词林》卷六六二《梁武帝又北伐诏一首》：顷时和岁稔,政平人豫,华戎内欸,表疏相属。便宜广命群师,赫然大举,总一车书,混同禹迹。具位泉猷等戎卒七万,先定寿春。某等武旅五万,扬旌濑岘,既清颍汝,临瀍涧。某等铁骑二万,超影绝群,出自大徐,傍趣巩洛。某等组甲四万,霜锋曜

日,发自淮汭,直指金墉。某等率羽林遳勇五万,某等率二兖剽猛熊罴十万,同济彭泗,经汴入河。某等海舸万舳,径掩临淄。某等轻锐五万,风偃济岱,拂兹钜野,泛彼孟津。某等勒司郢之师,骁果六万,步出义阳,横辔熊耳。某等率三州武毅剑客八万,入自鲁阳。传檄崤陕,暨中岳而解鞍,指浮桥而一息。并敕某等连旌五万,水陆齐迈。具位泉藻帅徒七万,云飞灵关,北通栈路,澄廓陇右。凡此将帅,启涂载路,鱼丽后军,骆驿继轨,经启中原,括囊九服,伐罪吊人,于是乎在。大众外临,宜有总一,自非密亲英誉,风略兼远,无以专任阃外,授律群师。临川王宏,可权进督南北兖、徐、青、冀、豫、司、霍八州,都督北讨诸军事。命将出车,咸有副贰。具位恢,可暂辍端右,参赞戎机。舟徒雷骇,熊虎百万,投石拔距之力,折关扛鼎之威,岳动川移,风驰电迈。铁马方原,戈船千里。百道并驱,同会洛邑。(第233页)

梁武帝萧衍天监五年,丙戌,506 年

裴邃迁广陵太守,与乡人共入魏武庙,因论帝王功业。其妻甥王篆之密启梁武帝云:"裴邃多大言,有不臣迹。"由是左迁始安太守。

《梁书》卷二八《裴邃传》:天监初……五年,征邵阳洲,魏人为长桥断淮以济。邃筑垒逼桥,每战辄克,于是密作没突舰。会甚雨,淮水暴溢,邃乘舰径造桥侧,魏众惊溃,邃乘胜追击,大破之。进克羊石城,斩城主元康。又破霍丘城,斩城主甯永仁。平小岘,攻合肥。以功封夷陵县子,邑三百户。迁冠军长史、广陵太守。邃与乡人共入魏武庙,因论帝王功业。其妻甥王篆之密启高祖,云"裴邃多大言,有不臣之迹"。由是左迁为始安太守。邃志欲立功边陲,不愿闲远,乃致书于吕僧珍曰:"昔阮咸、颜延有'二始'之叹。吾才不逮古人,今为三始,非其愿也,将如之何!"未及至郡,会魏攻宿预,诏邃拒焉。行次直渎,魏众退。迁右军谘议参军、豫章王云麾府司马,率所领助守石头。(第413-414页)

《南史》卷五八《裴邃传》:迁广陵太守,与乡人共入魏武庙,因论帝王功业。其妻甥王篆之密启梁武帝云:"裴邃多大言,有不臣迹。"由是左迁始安太守。(第1438页)

【按】《梁书·裴邃传》言其"迁冠军长史、广陵太守",事在天监五年或稍后,则冠军将军当是南兖州刺史萧景。萧景为冠军将军、南兖州刺史,在天监元年至六年。故裴邃为广陵太守,当是天监五年或六年,酌书于此。

又，据《梁书·裴邃传》广陵有魏武庙，然今已不知其处。魏武帝曹操与广陵并无什么干系，此庙是否即是魏文帝庙，又名曹公庙者？岂后世不知曹公为曹丕，而附会为曹操耶？

梁武帝萧衍天监六年，丁亥，507年

以昌义之为督南兖兖徐青冀五州诸军事、辅国将军、南兖州刺史。坐以禁物出藩，为有司所奏免。

《梁书》卷一八《昌义之传》：六年四月，高祖遣曹景宗、韦叡帅众二十万救焉，既至，与魏战，大破之，英、大眼等各脱身奔走。义之因率轻兵追至洛口而还，斩首俘生，不可胜计。以功进号军师将军，增封二百户，迁持节、督青冀二州诸军事、征虏将军、青冀二州刺史。未拜，改督南兖兖徐青冀五州诸军事、辅国将军、南兖州刺史。坐禁物出藩，为有司所奏免。（第294页）

九月丙戌，以左卫将军吕僧珍为平北将军、南兖州刺史。

《梁书》卷二《武帝纪中》：九月……丙戌，以左卫将军吕僧珍为平北将军、南兖州刺史。（第46页）

《梁书》卷一一《吕僧珍传》：僧珍去家久，表求拜墓，高祖欲荣之，使为本州，乃授使持节、平北将军、南兖州刺史。僧珍在任，平心率下，不私亲戚。从父兄子先以贩葱为业，僧珍既至，乃弃业欲求州官。僧珍曰："吾荷国重恩，无以报效，汝等自有常分，岂可妄求叨越，但当速反葱肆耳。"僧珍旧宅在市北，前有督邮廨，乡人咸劝徙廨以益其宅。僧珍怒曰："督邮官廨也，置立以来，便在此地，岂可徙之益吾私宅！"姊适于氏，住在市西，小屋临路，与列肆杂处，僧珍常导从卤簿到其宅，不以为耻。（第213页）

《建康实录》卷一八《梁下·功臣·吕僧珍传》：吕僧珍字元瑜，东平范人。世居广陵，起自寒贱。幼，人相之曰："此儿有奇声，封侯之相。"及长，身长七尺七寸，容貌甚伟。事梁文帝，为门下书佐。及高祖临雍州，命为中兵参军，委之心膂。乃阴养死士，归者甚众。……高祖受禅，拜冠军将军，封平固县侯。……天监四年，高祖欲赏之，使为本州，持节、平北将军、南兖州刺史。在任不私亲戚。从父兄子光以贩葱为业，而欲求官。僧珍曰："吾荷国重恩，无以报效，汝等自有常分，岂可妄求叨越，但当速返葱肆。"姊适王氏，住在市西，小屋临路，僧珍常导从卤簿到其处，不以为耻。（第729-730页）

【按】《梁书·吕僧珍传》载天监六年九月丙戌吕僧珍为南兖州刺史,七年二月乙亥征为领军将军,在广陵约百日。《建康实录》记载吕僧珍任南兖州刺史在天监四年,与《梁书》不同。此从《梁书》本传。

又,《吕僧珍传》所载其在广陵诸事,多有益于了解当时街市之详情:如有专卖一物的"葱肆";僧珍旧宅在市北,当与其家以贩葱为业有关;其姊家与列肆杂处,亦可见当时广陵市场之一斑。同时代的北魏平城、洛阳城等,为了"使寺署有别,四民异居",在城内设置有四周封闭的坊市。而南朝的广陵城,民宅可与市、督邮廨等官市、官廨相连,又可与列肆杂处,与北魏的严格坊市制度有着很大的区别。

梁武帝萧衍天监七年,戊子,508 年

二月乙亥,以南兖州刺史吕僧珍为领军将军。吕僧珍在广陵,凡百余日。

《梁书》卷二《武帝纪中》:二月……乙亥,……平北将军、南兖州刺史吕僧珍为领军将军。（第 47 页）

《梁书》卷一一《吕僧珍传》:乃授使持节、平北将军、南兖州刺史。……在州百日,征为领军将军。（第 213 页）

《建康实录》卷一八《梁下·功臣·吕僧珍传》:天监四年,高祖欲赏之,使为本州,持节、平北将军、南兖州刺史。……在州百日,征为领军。（第 729–730 页）

《通鉴》卷一四七《梁纪三》:二月……乙亥,以南兖州刺史吕僧珍为领军将军。（第 4659–4663 页）

二月丙子,以中护军、长沙王萧渊业为使持节、都督南兖兖徐青冀五州诸军事、仁威将军、南兖州刺史。

《梁书》卷二《武帝纪中》:二月……丙子,以中护军长沙王深业为南兖州刺史。（第 47 页）

《梁书》卷二三《萧业传》:七年,出为使持节、都督南兖兖徐青冀五州诸军事、仁威将军、南兖州刺史。（第 360 页）

【按】《梁书·武帝纪中》"深业"即萧渊业。唐人修《梁书》,避高祖李渊之讳,改"渊"为"深"。本传作"萧业",亦是避李渊之讳,径省"渊"字。

南兖州刺史萧渊业运私邸米，傮人作甓以砌城，武帝善之。

《南史》卷五一《梁宗室上·萧懿传》：懿子业……天监二年，袭封长沙王，历位秘书监，侍中，都督南兖州刺史。运私邸米，傮人作甓以砌城，武帝善之。（第1267页）

【按】此为史书中关于砖砌扬州城的最早记载。

梁武帝萧衍天监八年，己丑，509 年

十月乙巳，以南兖州刺史、长沙王萧渊业为护军将军、湘州刺史，以始兴王萧憺为使持节、散骑常侍、都督南北兖徐青冀五州诸军事、镇北将军、南兖州刺史。

《梁书》卷二《武帝纪中》：冬十月乙巳，以中军将军始兴王憺为镇北将军、南兖州刺史，南兖州刺史长沙王深业为护军将军。（第49页）

《梁书》卷二二《太祖五王传·萧憺传》：八年，……寻迁中军将军、中书令，俄领卫尉卿。……是秋，出为使持节、散骑常侍、都督南北兖徐青冀五州诸军事、镇北将军、南兖州刺史。（第354–355页）

《南史》卷五一《梁宗室上·萧懿传》：懿子业……历位秘书监，侍中，都督南兖州刺史。……徙湘州，尤著善政。（第1267页）

《全梁文》卷五〇《梁故侍中司徒骠骑将军始兴忠武王碑》：其年秋，更授使持节、散骑常侍□□□□□□□徐□□五州诸军事、镇北将军、兖州刺史，以□□□服□□□□□□□□□□□□□□□旧曰难治，公□车□□怀远能迩，贝锦在路，不盗窃于逵中，桃李乘荫，不潜掇于樾下。（第538页）

梁武帝萧衍天监九年，庚寅，510 年

正月乙亥，以镇北将军、南兖州刺史始兴王萧憺为镇西将军、益州刺史。

《梁书》卷二《武帝纪中》：九年春正月乙亥，……镇北将军、南兖州刺史始兴王憺为镇西将军、益州刺史。（第49页）

《梁书》卷二二《太祖五王传·萧憺传》：九年春，迁都督益宁南梁南北秦沙六州诸军事、镇西将军、益州刺史。（第355页）

《全梁文》卷五〇《梁故侍中司徒骠骑将军始兴忠武王碑》：九年六月迁使持节、散骑常侍、都督益宁梁南北秦沙六州诸军事、镇西将军、益州刺

史。（第538页）

【按】《梁书》与《梁故侍中司徒骠骑将军始兴忠武王碑》记萧憺转任益州刺史之月份不同。《梁书》两处记载均作"九年春"，《武帝纪中》并载明月日，应该可信。《全梁文》所收《梁故侍中司徒骠骑将军始兴忠武王碑》采自"碑拓本"，其中漫漶未释之字甚多，"六月"当是释读之误。

正月丙子，以轻车将军、晋安王萧纲为使持节、都督南北兖、青、徐、冀五州诸军事、宣毅将军、南兖州刺史。

《梁书》卷二《武帝纪中》：九年春正月……丙子，以轻车将军晋安王纲为南兖州刺史。（第49页）

《梁书》卷四《简文帝纪》：太宗简文皇帝讳纲……九年，迁使持节、都督南北兖青徐冀五州诸军事、宣毅将军、南兖州刺史。（第103页）

中书黄门侍郎庾于陵出为宣毅晋安王长史、广陵太守，行府州事，以公事免。

《梁书》卷四九《文学传上·庾于陵传》：累迁中书黄门侍郎，舍人、中正并如故。出为宣毅晋安王长史、广陵太守，行府州事，以公事免。（第689页）

梁武帝萧衍天监十二年，癸巳，513年

南兖州刺史、晋安王萧纲入为宣惠将军、丹阳尹。

《梁书》卷四《简文帝纪》：太宗简文皇帝讳纲……十二年，入为宣惠将军、丹阳尹。（第103页）

萧渊藻为使持节、都督南兖兖徐青冀五州诸军事、南兖州刺史。

《梁书》卷二三《萧藻传》：十一年，出为使持节、都督雍梁秦三州竟陵随二郡诸军事、仁威将军、宁蛮校尉、雍州刺史。十二年，征为使持节、都督南兖兖徐青冀五州诸军事、兖州刺史，军号如故。频莅数镇，民吏称之。推善下人，常如弗及。（第362页）

【按】"萧藻"即萧渊藻，避唐高祖李渊讳。

以右卫将军、领石头戍军事萧景为使持节、督南北兖北徐青冀五州诸军

事、南兖州刺史。

《梁书》卷二四《萧景传》：十二年，复为使持节、督南北兖北徐青冀五州诸军事、信威将军、南兖州刺史。（第 369 页）

《文馆词林》卷四五七《郢州都督萧子昭碑铭》：又授使持节督南北兖、北徐、青、冀五州诸军事，信武将军、南兖州刺史。（第 186 页）

梁武帝萧衍天监十三年，甲午，514 年

六月己亥，以南兖州刺史萧景为领军将军。

《梁书》卷二《武帝纪中》：六月己亥，以南兖州刺史萧景为领军将军。（第 54 页）

以司徒右长史萧昂为轻车将军、监南兖州。

《梁书》卷二四《萧昂传》：天监初，累迁司徒右长史，出为轻车将军、监南兖州。初，兄景再为南兖，德惠在人，及昂来代，时人方之冯氏。（第 370 页）

梁武帝萧衍天监十七年，戊戌，518 年

二月乙卯，以领石头戍事、南康王萧绩为使持节、都督南北兖徐青冀五州诸军事、南兖州刺史，在州著称。寻有诏征还，民三百七十人乞留州任，优诏许之，进号北中郎将。

《梁书》卷二《武帝纪中》：二月……乙卯，以领石头戍事南康王绩为南兖州刺史。（第 58 页）

《梁书》卷二九《高祖三王传·萧绩传》：十七年，出为使持节、都督南北兖徐青冀五州诸军事、南兖州刺史，在州著称。寻有诏征还，民曹嘉乐等三百七十人诣阙上表，称绩尤异一十五条，乞留州任，优诏许之，进号北中郎将。（第 427–428 页）

少府卿江革出为贞威将军、北中郎南康王长史、广陵太守。

《梁书》卷三六《江革传》：除少府卿，出为贞威将军、北中郎南康王长史、广陵太守。（第 524 页）

梁武帝萧衍普通四年，癸卯，523 年

南兖州刺史萧绩征为侍中、云麾将军，领石头戍军事。

《梁书》卷二九《高祖三王传·萧绩传》：普通四年，征为侍中、云麾将军，领石头戍军事。（第 428 页）

三月壬寅，豫章王萧综出为使持节、都督南兖兖徐青冀五州诸军事、平北将军、南兖州刺史。

《梁书》卷三《武帝纪下》：三月壬寅，以镇右将军豫章王综为平北将军、南兖州刺史。（第 67 页）

《梁书》卷五五《萧综传》：四年，出为使持节、都督南兖兖徐青冀五州诸军事、平北将军、南兖州刺史，给鼓吹一部。（第 824 页）

《南史》卷五三《梁武帝诸子·萧综传》：普通四年，为都督、南兖州刺史。（第 1316 页）

萧综为南兖州刺史，颇勤于事，而不见宾客，辞讼隔帘听之，出则垂帷于舆，恶人识其面。

《南史》卷五三《梁武帝诸子·萧综传》：初，综母吴淑媛在齐东昏宫，宠在潘、余之亚。及得幸于武帝，七月而生综，宫中多疑之。淑媛宠衰怨望。及综年十四五，恒梦一年少肥壮自掣其首对综，如此非一，综转成长，心惊不已。频密问淑媛曰："梦何所如？"梦既不一，淑媛问梦中形色，颇类东昏。因密报之曰："汝七月日生儿，安得比诸皇子？ 汝今太子次弟，幸保富贵勿泄。"综相抱哭，每日夜恒泫泣。又每静室闭户，藉地被发席藁。……普通四年，为都督、南兖州刺史。颇勤于事，而不见宾客。其辞讼则隔帘理之。方幅出行，垂帷于舆，每云恶人识其面也。（第 1315–1316 页）

《通鉴》卷一五〇《梁纪六》：初，帝纳齐东昏侯宠姬吴淑媛，七月而生豫章王综，宫中多疑之。及淑媛宠衰怨望，密谓综曰："汝七月生儿，安得比诸皇子！ 然汝太子次弟，幸保富贵，勿泄也！"与综相抱而泣。综由是自疑，昼则谈谑如常，夜则于静室闭户，披发席藁，私于别室祭齐氏七庙。又微服至曲阿拜齐太宗陵，闻俗说割血沥骨，渗则为父子，遂潜发东昏侯冢，并自杀一男试之，皆验。由是常怀异志，专伺时变。综有勇力，能手制奔马；轻财好士，唯留附身故衣，余皆分施，恒致罄乏。屡上便宜，求为边任，上未之许。常于内斋布沙于地，终日跣行，足下生胝，日能行三百里。王、侯、妃、主及外人皆知其志，而上性严重，人莫敢言。又使通问于萧宝寅，谓之叔父。为南兖州刺史，不见宾客，辞讼隔帘听之，出则垂帷于舆，恶人识其面。（第4768-4769页）

萧综在广陵，与北魏数有交通，许以南兖州归之。

《梁书》卷五五《萧综传》：闻齐建安王萧宝寅在魏，遂使人入北与之相知，谓为叔父，许举镇归之。（第824页）

《南史》卷五三《梁武帝诸子·萧综传》：初，齐故建安王萧宝寅在魏，综求得北来道人释法鸾使入北通问于宝寅，谓为叔父。襄阳人梁话母死，法鸾说综厚赐之，言终可任使。综遗话钱五万。及葬毕，引在左右。法鸾在广陵，往来通魏尤数，每舍淮阴苗文宠家。言文宠于综，综引为国常侍。（第1317页）

梁武帝萧衍普通五年，甲辰，524年

正月辛卯，平北将军、南兖州刺史、豫章王萧综进号镇北将军。

《梁书》卷三《武帝纪下》：五年春正月……辛卯，平北将军、南兖州刺史豫章王综进号镇北将军。（第67页）

贞威将军、广陵太守江革改授豫章王萧综镇北长史，将军、太守如故。后为魏人所俘，坚贞不屈。

《梁书》卷三六《江革传》：出为贞威将军、北中郎南康王长史、广陵太守，改授镇北豫章王长史，将军、太守如故。时魏徐州刺史元法僧降附，革被敕随府王镇彭城。城既失守，革素不便马，乃泛舟而还，途经下邳，遂为魏人所执。魏徐州刺史元延明闻革才名，厚加接待。革称患脚不拜，延明将加害焉，见革辞色严正，更相敬重。时祖暅同被拘执，延明使暅作《欹器》《漏刻铭》，革骂暅曰："卿荷国厚恩，已无报答，今乃为虏立铭，孤负朝廷。"延明闻之，乃令革作丈八寺碑并祭彭祖文，革辞以囚执既久，无复心思。延明逼之逾苦，将加箠扑。革厉色而言曰："江革行年六十，不能杀身报主，今日得死为幸，誓不为人执笔。"延明知不可屈，乃止。日给脱粟三升，仅余性命。值魏主请中山王元略反北，乃放革及祖暅还朝。诏曰："前贞威将军、镇北长史、广陵太守江革，才思通赡，出内有闻，在朝正色，临危不挠，首佐台铉，实允金谐。可太尉临川王长史。"（第524页）

邵陵王萧纶权摄南兖州。在州轻险躁虐，多行无道，免官夺爵。

《梁书》卷二九《高祖三王传·萧纶传》：五年，以西中郎将权摄南兖州，坐事免官夺爵。（第431-432页）

《南史》卷五三《梁武帝诸子·萧纶传》：邵陵携王纶，……普通五年，以西中郎将权摄南徐州事。在州轻险躁虐，喜怒不恒，车服僭拟，肆行非法。遨游市里，杂于厮隶。尝问卖鮰者曰："刺史何如？"对者言其躁虐，纶怒，令吞鮰以死，自是百姓惶骇，道路以目。尝逢丧车，夺孝子服而著之，匍匐号叫。签帅惧罪，密以闻。帝始严责，纶不能改，于是遣代。纶悖慢逾甚，乃取一老公短瘦类帝者，加以衮冕，置之高坐，朝以为君，自陈无罪。使就坐剥褫，捶之于庭。忽作新棺木，贮司马崔会意，以辒车挽歌为送葬之法，使妪乘车悲号。会意不堪，轻骑还都以闻。帝恐其奔逸，以禁兵取之，将于狱赐尽。昭明太子流涕固谏，得免，免官削爵土还第。（第1322-1323页）

《册府元龟》卷二八〇《宗室部·领镇第三》：邵陵携王纶，高祖第六子，普通元年，领石头戍军事。寻为江州刺史。五年，以西中郎将权摄南兖州。（第3166页）

【按】《梁书》《南史》萧纶传记载不同，一云"权摄南兖州"，一云"权摄南徐州"。《册府元龟》卷二八〇作"南兖州"，与《梁书》本传同，是也。《梁书》卷二八《裴邃传》："子之礼……补邵陵王国左常侍、信威行参军。王为南兖，除长流参军"，亦可证《南史》本传"南徐州"为"南兖州"之误。

邵陵王萧纶以裴之礼为长流参军，未行。

《梁书》卷二八《裴邃传》：子之礼……补邵陵王国左常侍、信威行参军。王为南兖，除长流参军，未行，仍留宿卫，补直阁将军。（第415页）

梁武帝萧衍普通六年，乙巳，525年

正月，下诏北伐，侍中、领军将军西昌侯萧渊藻率众前驱，南兖州刺史豫章王萧综与诸将相继而进。

《梁书》卷三《武帝纪下》：六年春正月……诏曰："庙谟已定，王略方举。侍中、领军将军西昌侯渊藻，可便亲戎，以前启行；镇北将军、南兖州刺史豫章王综董驭雄桀，风驰次迈；其余众军，计日差遣，初中后师，善得严办。朕

当六军云动,龙舟济江。"（第 69 页）

《通鉴》卷一五〇《梁纪六》:正月……乙巳,裴邃拔魏新蔡郡,诏侍中、领军将军西昌侯渊藻将众前驱,南兖州刺史豫章王综与诸将继进。（第 4775–4777 页）

三月乙丑,命豫章王萧综权顿彭城,总督众军,并摄徐州府事。

《梁书》卷三《武帝纪下》:三月……乙丑,镇北将军、南兖州刺史豫章王综权顿彭城,总督众军,并摄徐州府事。（第 69 页）

《通鉴》卷一五〇《梁纪六》:三月,己酉,上幸白下城,履行六军顿所。乙丑,命豫章王综权顿彭城,总督众军,并摄徐州府事。（第 4780 页）

《南史》卷五三《梁武帝诸子·萧综传》:六年,魏将元法僧以彭城降,帝使综都督众军,权镇彭城,并摄徐州府事。（第 1317 页）

六月庚辰,豫章王萧综降于魏。

《梁书》卷三《武帝纪下》:六月庚辰,豫章王综奔于魏,魏复据彭城。（第 70 页）

《南史》卷五三《梁武帝诸子·萧综传》:武帝晓别玄象,知当更有败军失将,恐综为北所擒,手敕综令拔军。每使居前,勿在人后。综恐帝觉,与魏安丰王元延明相持,夜潜与梁话、苗文宠三骑开北门,涉汴河,遂奔萧城。自称队主,见延明而拜。延明坐之,问其名氏,不答,曰:"殿下问人有见识者。"延明召使视之,曰:"豫章王也。"延明喜,下地执其手,答其拜,送于洛阳。及旦,斋内诸阁犹闭不开,众莫知所以,唯见城外魏军叫曰:"汝豫章王昨夜已来在我军中。"城中既失王所在,众军乃退,不得还者甚众。湘州益阳人任焕常有骓马,乘之退走。焕脚为抄所伤,人马俱弊,焕于桥下歇,抄复至。焕脚痛不复得上马,于是向马泣曰:"骓子,我于此死矣。"马因跪其前脚,焕乃得上马,遂免难。综长史江革、太府卿祖暅并为魏军所禽,武帝闻之惊骇。综至魏,位侍中、司空、高平公、丹阳王,梁话、苗文宠并为光禄大夫。综改名赞,字德文,追服齐东昏斩衰,魏太后及群臣并吊。（第 1317 页）

《通鉴》卷一五〇《梁纪六》:及在彭城,魏安丰王延明、临淮王彧将兵二万逼彭城,胜负久未决。上虑综败没,敕综引军还。综恐南归不复得至北边,乃密遣人送降款于彧;魏人皆不之信,彧募人入综军验其虚实,无敢行者。殿中侍御史济阴鹿悆为或监军，请行，曰："若综有诚心，与之盟约；如其诈也，何惜一夫！"时两敌相对，内外严固，悆单骑间出，径趣彭城，为综军所执，问其来状，悆曰："临淮王使我来，欲有交易耳。"时元略已南还，综闻之，谓成景儁等曰："我常疑元略规欲反城，将验其虚实，故遣左右为略使，入魏军中，呼彼一人。令其人果来，可遣人诈为略有疾在深室，呼至户外，令人传言谢之。"综又遣腹心安定梁话迎悆，密以意状语之。悆薄暮入城，先引见胡龙牙，龙牙曰："元中山甚欲相见，故遣呼卿。"又曰："安丰、临淮，将少弱卒，规复此城，容可得乎！"悆曰："彭城，魏之东鄙，势在必争，得否在天，非人所测。"龙牙曰："当如卿言。"又引见成景儁，景儁与坐，谓曰："卿不为刺客邪？"悆曰："今者奉使，欲返命本朝。相刺之事，更卜后图。"景儁为设饮食，乃引至一所，诈令一人自室中出，为元略致意曰："我昔有以南向，且遣相呼，欲闻乡事；晚来疾作，不获相见。"悆曰："早奉音旨，冒险祗赴，不得瞻见，内怀反侧。"遂辞退。诸将竞问魏士马多少，悆盛陈有劲兵数十万。诸将相谓曰："此华辞耳！"悆曰："崇朝可验，何华之有！"乃遣悆还。成景儁送之于戏马台，北望城堞，谓曰："险固如此，岂魏所能取！"悆曰："攻守在人，何论险固！"悆还，于路复与梁话申固盟约。六月，庚辰，综与梁话及淮阴苗文宠夜出，步投或军。及旦，斋内诸闼犹闭不开，众莫知所以，唯见城外魏军呼曰："汝豫章王昨夜已来，在我军中，汝尚何为！"城中求王不获，军遂大溃。魏人入彭城，乘胜追击梁兵，复取诸城，至宿预而还。将佐士卒死没者什七八，唯陈庆之帅所部得还。上闻之，惊骇，有司奏削综爵土，绝属籍，更其子直姓悖氏。未旬日，诏复属籍，封直为永新侯。（第 4787–4789 页）

梁武帝萧衍中大通三年，辛亥，531 年

九月庚午，武帝以太子詹事萧渊藻为征北将军、南兖州刺史。

《梁书》卷三《武帝纪下》：九月庚午，以太子詹事萧渊藻为征北将军、南兖州刺史。（第 75 页）

梁武帝萧衍中大通四年后，532 年后

临贺王萧正德出为南兖州，在任苛刻，人不堪命。广陵饥荒，人相食。

《南史》卷五一《梁宗室上·萧正德传》：中大通四年，特封临贺郡王。

后为丹阳尹,坐所部多劫盗,复为有司所奏,去职。出为南兖州,在任苛刻,人不堪命。广陵沃壤,遂为之荒,至人相食噉。既累试无能,从是黜废。(第1281页)

【按】《南史·萧正德传》不言为南兖州刺史之具体时间,《梁书》卷五五《萧正德传》甚至不载此事。酌书于此。

梁武帝萧衍大同三年,丁巳,537年
九月,南兖州大饥。

《梁书》卷三《武帝纪下》:九月,南兖州大饥。(第82页)

梁武帝萧衍大同四年,戊午,538年
八月甲辰,曲赦南兖等十二州逋租宿责,并勿收今年三调。

《梁书》卷三《武帝纪下》:八月甲辰,诏"南兖、北徐、西徐、东徐、青、冀、南北青、武、仁、潼、睢等十二州,既经饥馑,曲赦逋租宿责,勿收今年三调。"(第82页)

《南史》卷七《梁本纪中》:八月甲辰,诏南兖等十二州,既经饥馑,曲赦逋租宿责,勿收今年三调。(第213页)

梁武帝萧衍大同中,535—546年间
祖皓为江都令,后拜广陵太守。

《南史》卷七二《文学传·祖冲之传》:子暅之。……暅之子皓,志节慷慨,有文武才略。少传家业,善算历。大同中为江都令,后拜广陵太守。(第1774-1775页)

梁武帝萧衍大同末年至中大同元年,?—546年
丹阳尹萧会理出为使持节、都督南、北兖、北徐、青、冀、东徐、谯七州诸军事、平北将军、南兖州刺史。

《梁书》卷二九《高祖三王传·萧会理传》:出为使持节、都督南北兖北徐青冀东徐谯七州诸军事、平北将军、南兖州刺史。(第428页)

【按】《梁书·萧会理传》未明言其始任南兖州刺史之时间。据下条,酌书于此。

梁武帝萧衍太清元年，丁卯，547 年

八月，武帝下诏大举伐东魏。遣南豫州刺史贞阳侯萧渊明、南兖州刺史南康王萧会理分督诸将。萧会理懦而无谋，追还，以渊明为都督。

《梁书》卷二九《高祖三王传·萧会理传》：太清元年，督众军北讨，至彭城，为魏师所败，退归本镇。（第 428 页）

《通鉴》卷一六〇《梁纪一六》：八月，乙丑，下诏大举伐东魏。遣南豫州刺史贞阳侯渊明、南兖州刺史南康王会理分督诸将。渊明，懿之子；会理，绩之子也。始，上欲以鄱阳王范为元帅；朱异取急在外，闻之，遽入曰："鄱阳雄豪盖世，得人死力，然所至残暴，非吊民之材。且陛下昔登北顾亭以望，谓江右有反气，骨肉为戎首。今日之事，尤宜详择。"上默然，曰："会理何如？"对曰："陛下得之矣。"会理懦而无谋，所乘襻舆，施板屋，冠以牛皮。上闻，不悦。贞阳侯渊明时镇寿阳，屡请行，上许之。会理自以皇孙，复为都督，自渊明已下，殆不对接。渊明与诸将密告朱异，追会理还，遂以渊明为都督。（第 5049—5050 页）

谢哲为广陵太守。

《陈书》卷二一《谢哲传》：谢哲……起家梁秘书郎，累迁广陵太守。侯景之乱，以母老因寓居广陵，高祖自京口渡江应接郭元建，哲乃委质，深被敬重。（第 277 页）

【按】《陈书·谢哲传》不言其为广陵太守之具体时间，但依文意，当是稍早于侯景之乱，故酌书于此。

梁武帝萧衍太清二年，戊辰，548 年

八月戊戌，侯景举兵反。十一月，广陵令霍儁为侯景乱军所执，遇害。

《梁书》卷五〇《侯景传》：十一月，景立萧正德为帝，即伪位于仪贤堂，改年曰正平。……至是，邵陵王纶率西丰公大春、新淦公大成、永安侯确、超武将军南安乡侯骏、前谯州刺史赵伯超、武州刺史萧弄璋、步兵校尉尹思合等，马步三万发自京口，直据钟山。景党大骇，具船舟咸欲逃散，分遣万余人距纶，纶击大破之，斩首千余级。旦日，景复陈兵覆舟山北，纶亦列阵以待之。景不进，相持。会日暮，景引军还，南安侯骏率数十骑挑之，景回军与战，骏退。时赵伯超陈于玄武湖北，见骏急，不赴，乃率军前走，众军因乱，遂败绩。

纶奔京口。贼尽获辎重器甲，斩首数百级，生俘千余人，获西丰公大春、纶司马庄丘惠达、直阁将军胡子约、广陵令霍俊等，来送城下徇之，逼云"已擒邵陵王"，俊独云"王小小失利，已全军还京口，城中但坚守，援军寻至"。贼以刀殴之，俊言辞颜色如旧，景义而释之。（第 843-844 页）

《南史》卷八〇《贼臣传·侯景传》：贼执西丰公大春、纶司马庄丘慧达、南阁将军胡子约、广陵令霍俊等来送城下，逼令云："已禽邵陵王。"霍俊独云："王小失利，已全军还京口，城中但坚守，援军寻至。"语未卒，贼以刀伤其口，景义而释焉。正德乃收而害之。（第 2002 页）

十一月，侯景以萧正表为南兖州刺史。萧正表欲袭广陵，密书诱广陵令刘询为内应。十二月，南兖州刺史南康王萧会理使刘询击萧正表，大破之。

《梁书》卷二九《高祖三王传·萧会理传》：二年，侯景围京邑，会理治严将入援，会北徐州刺史封山侯正表将应其兄正德，外托赴援，实谋袭广陵，会理击破之。（第 428 页）

《通鉴》卷一六一《梁纪一七》：十一月……北徐州刺史封山侯正表镇钟离，上召之入援，正表托以船粮未集，不进。景以正表为南兖州刺史，封南郡王。正表乃于欧阳立栅以断援军，帅众一万，声言入援，实欲袭广陵。密书诱广陵令刘询，使烧城为应，询以告南兖州刺史南康王会理。十二月，会理使询帅步骑千人夜袭正表，大破之；正表走还钟离。询收其兵粮，归就会理，与之入援。（第 5083-5090 页）

梁武帝萧衍太清三年，己巳，549 年

二月丁未，皇太子萧纲命南兖州刺史南康王会理、前青、冀二州刺史湘潭侯退，率江北之众，顿于江潭苑。

《南史》卷七《梁本纪中》：二月，侯景遣使求和，皇太子固请，帝乃许之。盟于西华门下。景既运东城米归于石头，亦不解围，启求遣诸军退。丁未，皇太子又命南兖州刺史南康王会理、前青冀二州刺史湘潭侯退率江北之众，顿于兰亭苑。……时景奸计既成，乃表陈帝失，复举兵向阙。（第 221 页）

《通鉴》卷一六二《梁纪一八》：二月……庚子，前南兖州刺史南康王会理、前青·冀二州刺史湘潭侯退、西昌侯世子彧众合三万，至于马印洲，（……《考异》曰：《梁帝纪》作"丁未"。今从《太清纪》《典略》。……）景虑其自

白下而上，启云："请敕北军聚还南岸，不尔，妨臣济江。"太子即勒会理自白下城移军江潭苑。（《考异》曰：《梁帝纪》作"兰亭苑"。今从《太清纪》《典略》。）（第 5097—5099 页）

二月乙卯，侯景求借广陵、谯州，皇太子萧纲答许之。

《通鉴》卷一六二《梁纪一八》：二月……乙卯，景又启曰："适有西岸信至，高澄已得寿阳、钟离，臣今无所投足，求借广陵并谯州，俟得寿阳，即奉还朝廷。"又云："援军既在南岸，须于京口渡江。"太子并答许之。（第 5097—5100 页）

三月，南兖州刺史临成公萧大连、湘东世子方等、鄱阳世子嗣、北兖州刺史湘潭侯退、吴郡太守袁君正、晋陵太守陆经等各还本镇。

《通鉴》卷一六二《梁纪一八》：三月……己巳，景遣石城公大款以诏命解外援军。柳仲礼召诸将议之，邵陵王纶曰："今日之命，委之将军。"仲礼熟视不对。裴之高、王僧辩曰："将军拥众百万，致宫阙沦没，正当悉力决战，何所多言！"仲礼竟无一言，诸军乃随方各散。南兖州刺史临成公大连、（按姚思廉《梁书》：大连封临城县公。自东扬州入援，台城既陷，复还会稽。参考《通鉴》前后所书皆然。此误以东扬州为南兖州，当书"南兖州刺史南康王会理、东扬州刺史临城公大连"。盖传写逸"南康王会理、东扬州刺史"十字。）湘东世子方等、鄱阳世子嗣、北兖州刺史湘潭侯退、（亦当书"北兖州刺史定襄侯祗、前青·冀二州刺史湘潭侯退"。……）吴郡太守袁君正、晋陵太守陆经等各还本镇。（第 5103—5107 页）

三月，侯景以前临江太守董绍先为江北行台，召南康王萧会理。壬午，董绍先至广陵，僚佐说萧会理杀之，会理素懦，即以城授之，单马还建康。侯景以董绍先为南兖州刺史。

《梁书》卷二九《高祖三王传·萧会理传》：台城陷，侯景遣前临江太守董绍先以高祖手敕召会理，其僚佐咸劝距之。会理曰："诸君心事，与我不同，天子年尊，受制贼虏，今有手敕召我入朝，臣子之心，岂得违背。且远处江北，功业难成，不若身赴京都，图之肘腋。吾计决矣。"遂席卷而行，以城输绍先。（第 428—429 页）

《梁书》卷五六《侯景传》：景遣董绍先率兵袭广陵，南兖州刺史南康嗣王会理以城降之。景以绍先为南兖州刺史。（第 850-851 页）

《通鉴》卷一六二《梁纪一八》：侯景以前临江太守董绍先为江北行台，使赍上手敕，召南兖州刺史南康王会理。壬午，绍先至广陵，众不满二百，皆积日饥疲。会理士马甚盛，僚佐说会理曰："景已陷京邑，欲先除诸藩，然后篡位。若四方拒绝，立当溃败，奈何委全州之地以资寇手！不如杀绍先，发兵固守，与魏连和，以待其变。"会理素懦，即以城授之。绍先既入，众莫敢动。会理弟通理请先还建康，谓其姊曰："事既如此，岂可阖家受毙！前途亦思立效，但未知天命如何耳。"绍先悉收广陵文武部曲、铠仗、金帛，遣会理单马还建康。（第 5109 页）

【按】《通鉴》载：侯景使董绍先"召南兖州刺史南康王会理"，然同书又载：二月"庚子，前南兖州刺史南康王会理、前青冀二州刺史湘潭侯退、西昌侯世子彧众合三万，至于马卬洲"，又言"南兖州刺史临成公大连"，则是年二月，临成公萧大连已代萧会理为南兖州刺史，明矣。董绍先召萧会理在三月，则不得称"南兖州刺史南康王会理"，或"南兖州刺史"脱一"前"字。

梁简文帝萧纲大宝元年，庚午，550 年

正月癸酉，前广陵太守祖皓袭杀董绍先，据广陵城，推前太子舍人萧勔为南兖州刺史，结东魏为援。乙亥，侯景遣郭元建帅众奄至，皓婴城固守。

《梁书》卷四《简文帝纪》：大宝元年春正月……癸酉，前江都令祖皓起义，袭广陵，斩贼南兖州刺史董绍先。侯景自帅水步军击皓。（第 106 页）

《梁书》卷二九《高祖三王传·萧会理传》：时范阳祖皓斩绍先，据广陵城起义，期以会理为内应。皓败，辞相连及，景矫诏免会理官，犹以白衣领尚书令。（第 429 页）

《梁书》卷五六《侯景传》：大宝元年正月……前江都令祖皓起兵于广陵，斩景刺史董绍先，推前太子舍人萧勔为刺史；又结魏人为援，驰檄远近，将以讨景。景闻之大惧，即日率侯子鉴等出自京口，水陆并集。皓婴城拒守，景攻城，陷之。（第 853-854 页）

《南史》卷八《梁本纪下》：大宝元年春正月……癸酉，前江都令祖皓起义兵于广陵。（第 230 页）

《南史》卷七二《文学传·祖冲之传》：子暅之。……暅之子皓，志节慷

慨,有文武才略。少传家业,善算历。大同中为江都令,后拜广陵太守。侯景陷台城,皓在城中,将见害,乃逃归江西。百姓感其遗惠,每相蔽匿。广陵人来嶷乃说皓曰:"逆竖滔天,王室如煨,正是义夫发愤之秋,志士忘躯之日。府君荷恩重世,又不为贼所容。今逃窜草间,知者非一,危亡之甚,累棋非喻。董绍先虽景之心腹,轻而无谋,新克此州,人情不附,袭而杀之,此一壮士之任耳。今若纠率义勇,立可得三二百人。意欲奉戴府君,剿除凶逆,远近义徒,自当投赴。如其克捷,可立桓、文之勋;必天未悔祸,事生理外,百代之下,犹为梁室忠臣。若何?"皓曰:"仆所愿也,死且甘心。"为要勇士耿光等百余人袭杀景兖州刺史董绍先,推前太子舍人萧勔为刺史,结东魏为援。驰檄远近,将讨景。景大惧,即日率侯子鉴等攻之。(第1774-1775页)

《通鉴》卷一六三《梁纪一九》:广陵人来嶷说前广陵太守祖皓曰:"董绍先轻而无谋,人情不附。袭而杀之,此壮士之任耳。今欲纠帅义勇,奉戴府君。若其克捷,可立桓、文之勋;必天未悔祸,犹足为梁室忠臣。"皓曰:"此仆所愿也。"乃相与纠合勇士,得百余人。癸酉,袭广陵,斩南兖州刺史董绍先;据城,驰檄远近,推前太子舍人萧勔为刺史,仍结东魏为援。……乙亥,景遣郭元建帅众奄至,皓婴城固守。(第5131-5132页)

【按】《梁书》纪传、《南史》均作"前江都令祖皓",唯《通鉴》作"前广陵太守",均不误。祖皓曾任江都令,后迁广陵太守,已见于前。

二月癸未,侯景攻陷广陵城,杀祖皓及城中老少。以侯子鉴监南兖州事,镇广陵。

《梁书》卷四《简文帝纪》:二月癸未,景攻陷广陵,皓等并见害。(第106页)

《梁书》卷五六《侯景传》:皓婴城拒守,景攻城,陷之。景车裂皓以徇,城中无少长皆斩之。以侯子鉴监南兖州事。(第853-854页)

《南史》卷八《梁本纪下》:二月癸未,侯景攻下广陵,皓见害。(第230页)

《南史》卷七二《文学传·祖冲之传》:城陷,皓见执,被缚射之,箭遍体,然后车裂以徇。城中无少长,皆埋而射之。(第1775页)

《通鉴》卷一六三《梁纪一九》:侯景遣侯子鉴帅舟师八千,自帅徒兵一万,攻广陵,三日,克之,执祖皓,缚而射之,箭遍体,然后车裂以徇;城中无少长皆埋之于地,驰马射而杀之。(……《考异》曰:《太清纪》曰城中数百人,《典略》曰死者八千人,今从《南史》。)以子鉴为南兖州刺史,镇广陵。(广陵之人既歼矣,子鉴所镇者空城耳。)(第 5134 页)

【按】《通鉴》言大宝元年(550)二月侯景以"子鉴为南兖州刺史,镇广陵",又言五月丁巳以侯子鉴为南兖州刺史(见下条),必有一误。《侯景传》载,侯景破广陵,"以侯子鉴监南兖州事",是也。

五月丁巳,侯景以侯子鉴为南兖州刺史。

《梁书》卷五六《侯景传》:四月,景以元思虔为东道行台,镇钱塘。以侯子鉴为南兖州刺史。(第 854 页)

《通鉴》卷一六三《梁纪一九》:五月……丁巳,以侯子鉴为南兖州刺史。(第 5137–5138 页)

【按】依《梁书·侯景传》文意,侯子鉴为南兖州刺史,似在四月,然《通鉴》所载月日分明,为五月丁巳。今从《通鉴》。

梁简文帝萧纲大宝二年,辛未,551 年

七月,萧绎以侯瑱为武臣将军、南兖州刺史,随都督王僧辩讨侯景。

《陈书》卷九《侯瑱传》:梁元帝授瑱武臣将军、南兖州刺史,郫县侯,邑一千户。仍随都督王僧辩讨景,恒为前锋,每战却敌。既复台城,景奔吴郡,僧辩使瑱率兵追之,与景战于吴松江,大败景,尽获其军实。进兵钱塘,景将谢答仁、吕子荣等皆降。(第 154 页)

按,时南兖州尚在侯景之手,侯瑱南兖州刺史为虚封。

十一月,南兖州刺史侯子鉴献白獐。

《梁书》卷五六《侯景传》:十一月……南兖州刺史侯子鉴献白獐,建康获白鼠以献,萧栋归之于景。景以郭元建为南兖州刺史,太尉、北行台如故。(第 859 页)

十一月,侯景以郭元建为南兖州刺史。

《梁书》卷五六《侯景传》:十一月……景以郭元建为南兖州刺史,太尉、北行台如故。(第 859 页)

梁简文帝萧纲大宝三年，北齐文宣帝高洋天保三年，壬申，552 年

三月，王僧辩遣陈霸先将兵向广陵受南兖州刺史郭元建等降，又遣使者往安慰之。诸将多私使别索马仗，会侯子鉴渡江至广陵，谓元建等曰："我曹，梁之深雠，何颜复见其主！不若投北，可得还乡。"三月庚寅，南兖州刺史郭元建、秦郡戍主郭正买、阳平戍主鲁伯和、行南徐州事郭子仲，并据城降北齐。陈霸先纳其部曲三千人而还。

《陈书》卷一《高祖纪上》：三月……高祖率众出广陵应接，会景将郭元建奔齐，高祖纳其部曲三千人而还。（第 6 页）

《太平御览》卷一三三《偏霸部一七·陈陈霸先》：三年……三月……高祖率众出广陵，应接景将郭元建，会元建奔齐，高祖纳其部曲三千人而还。（第 645 页）

《通鉴》卷一六四《梁纪二〇》：三月……庚寅，南兖州刺史郭元建、秦郡戍主郭正买、阳平戍主鲁伯和、行南徐州事郭子仲，并据城降。……僧辩遣陈霸先将兵向广陵受郭元建等降，又遣使者往安慰之。诸将多私使别索马仗，会侯子鉴度江至广陵，谓元建等曰："我曹，梁之深仇，何颜复见其主！不若投北，可得还乡。"遂皆降齐。霸先至欧阳，齐行台辛术已据广陵。（第 5175–5180 页）

原广陵太守谢哲以母老寓居广陵，随陈霸先还京口，深受重用。

《陈书》卷二一《谢哲传》：谢哲……起家梁秘书郎，累迁广陵太守。侯景之乱，以母老因寓居广陵，高祖自京口渡江应接郭元建，哲乃委质，深被敬重。高祖为南徐州刺史，表哲为长史。（第 277 页）

侯景之乱，江淮间人情不稳。北齐东南道行台辛术招携安抚，城镇相继款附，前后二十余州。辛术于是移镇广陵。

《北齐书》卷三八《辛术传》：及王僧辩破侯景，术招携安抚，城镇相继款附，前后二十余州。于是移镇广陵。（第 502 页）

北齐置东广州，以广陵为治所，以裴子通为右将军、东广州别驾。

《隋代墓志铭汇考》第二册《齐骠骑大将军太中大夫裴君墓志铭》：君讳子通，字叔灵，河东闻喜人也。……天保三年，广陵内属，诏简元僚，除右将军、广州别驾。驰屏星而布教，坐别乘以宣风。民吏怀恩，树碑颂德。虽复伯舆作辅，季子为臣，递听前脩，未有莫类。（第12–13页）

【按】《隋代墓志铭汇考》墓志释文原作"天保二年，广陵内属"，查核拓片照片，"二"字漫漶不清，据史实该定为"天保三年"。

又，北齐以广陵所置之州，史籍记载为"东广州"，与墓志"广州"不同。北齐旧有广州，治于襄城。得广陵等地后新置之州应名东广州，以示区别。疑墓志脱一"东"字。

侯景败，欲至广陵投旧将郭元建，被部将所杀。

《通鉴》卷一六四《梁纪二〇》：景与腹心数十人单舸走，推堕二子于水，将入海，瑱遣副将焦僧度追之。景纳羊侃之女为小妻，以其兄鹍为库直都督，待之甚厚。鹍随景东走，与景所亲王元礼、谢葳蕤密图之。……景下海，欲向蒙山，己卯，景昼寝；鹍语海师："此中何处有蒙山，汝但听我处分。"遂直向京口。至胡豆洲，景觉，大惊；问岸上人，云"郭元建犹在广陵"，景大喜，将依之。鹍拔刀，叱海师向京口，因谓景曰："吾等为王效力多矣，今至于此，终无所成，欲就乞头以取富贵。"景未及答，白刃交下。景欲投水，鹍以刀斫之。景走入船中，以佩刀抉船底，鹍以槊刺杀之。（第5182–5183页）

侯景之败也，以传国玺自随，使其侍中兼平原太守赵思贤掌之，曰："若我死宜沈于江，勿令吴儿复得之。"思贤自京口济江，遇盗，从者弃之草间。至广陵，以告郭元建。元建取传国玺以与北齐东南道行台辛术。四月壬申，术送传国玺至邺。

《北齐书》卷四《文宣纪》：夏四月壬申，东南道行台辛术于广陵送传国玺。（第56页）

《北齐书》卷三八《辛术传》：于是移镇广陵。获传国玺送邺，文宣以玺告于太庙。此玺即秦所制，方四寸，上纽交盘龙，其文曰："受命于天，既寿永昌。"二汉相传，又传魏、晋。怀帝败，没于刘聪。聪败，没于石氏。石氏败，晋穆帝永和中，濮阳太守戴僧施得之，遣督护何融送于建邺。历宋、齐、梁，梁败，侯景得之。景败，侍中赵思贤以玺投景南兖州刺史郭元建，送于术，故术以进焉。（第502页）

《通鉴》卷一六四《梁纪二〇》：侯景之败也，以传国玺自随，使其侍中兼平原太守赵思贤掌之，曰："若我死，宜沉于江，勿令吴儿复得之。"思贤自京口济江，遇盗，从者弃之草间，至广陵，以告郭元建。元建取之，以与辛术，壬申，术送之至邺。（第5183-5184页）

【按】《史记》卷六《秦始皇本纪》："九年，……四月，……长信侯毒作乱而觉，矫王御玺。"唐张守节正义曰："崔浩云：'李斯磨和璧作之，汉诸帝世传服之，谓"传国玺"。'韦曜《吴书》云玺方四寸，上句交五龙，文曰'受命于天既寿永昌'。《汉书》云文曰'昊天之命皇帝寿昌'。按：二文不同。《汉书·元后传》云王莽令王舜逼太后取玺，王太后怒，投地，其角小缺。《吴志》云孙坚入洛，埽除汉陵庙，军于甄官井得玺，后归魏。晋怀帝永嘉五年六月，帝蒙尘平阳，玺入前赵刘聪。至东晋成帝咸和四年，石勒灭前赵，得玺。穆帝永和八年，石勒为慕容俊灭，濮阳太守戴施入邺，得玺，使何融送晋。传宋，宋传南齐，南齐传梁。梁传至天正二年，侯景破梁，至广陵，北齐将辛术定广陵，得玺，送北齐。至周建德六年正月，平北齐，玺入周。周传隋，隋传唐也。"所述秦汉至隋唐传国玺之流转甚详，可以参看。

北齐东南道行台辛术在广陵大收典籍。

《北齐书》卷三八《辛术传》：少爱文史，晚更修学，虽在戎旅，手不释卷。及定淮南，凡诸资物一毫无犯，唯大收典籍，多是宋、齐、梁时佳本，鸠集万余卷，并顾、陆之徒名画，二王已下法书数亦不少，俱不上王府，唯入私门。及还朝，颇以馈遗权要，物议以此少之。（第502-503页）

七月，广陵侨人朱盛等谋杀齐南兖州刺史温仲邕，遣使求援于陈霸先。霸先进军围广陵。九月，陈霸先引兵还京口，江北之民从之者万余口。

《陈书》卷一《高祖纪上》：七月，广陵侨民朱盛、张象潜结兵袭齐刺史温仲邕，遣使来告，高祖率众济江以应之。会齐人来聘，求割广陵之地，王僧辩许焉，仍报高祖，高祖于是引军还南徐州，江北人随军而南者万余口。（第6-7页）

《通鉴》卷一六四《梁纪二〇》：齐政烦赋重，江北之民不乐属齐，其豪杰数请兵于王僧辩，僧辩以与齐通好，皆不许。秋，七月，广陵侨人朱盛等（侨人，本非广陵人而侨居广陵者。）潜聚党数千人，谋袭杀齐刺史温仲邕，遣使求援于陈霸先，云已克其外城。霸先使告僧辩，僧辩曰："人之情伪，未易可测，若审克外城，亟须应援，如其不尔，无烦进军。"使未报，霸先已济江，僧辩乃命武州刺史杜崱等助之。会盛等谋泄，霸先因进军围广陵。……九月……齐主使告王僧辩、陈霸先曰："请释广陵之围，必归广陵、历阳两城。"霸先引兵还京口，江北之民从霸先济江者万余口。（第5188页）

梁元帝萧绎承圣元年，壬申，552年

杜僧明为南兖州刺史。

《陈书》卷八《杜僧明传》：及景平，以功除员外散骑常侍、明威将军、南兖州刺史，进爵为侯，增邑并前五百户，仍领晋陵太守。（第136页）

【按】时南兖州已入北齐，杜僧明虚领刺史也。

梁元帝萧绎承圣二年，癸酉，553年

南兖州刺史杜僧明随陈霸先围广陵。

《陈书》卷八《杜僧明传》：承圣二年，从高祖北围广陵，加使持节，迁通直散骑常侍、平北将军，余如故。（第136–137页）

梁元帝萧绎承圣三年，北齐文宣帝高洋天保五年，甲戌，554年

正月，陈霸先自丹徒济江，攻北齐广陵城。北齐东广州刺史王敬宝遣使告急。

《梁书》卷五《元帝纪》：三年春正月……陈霸先帅众攻广陵城。（第134页）

《北齐书》卷一六《段韶传》：五年二月，诏征韶讨之。既至，会梁将严超达等军逼泾州；又陈武帝率众将攻广陵，刺史王敬宝遣使告急；复有尹思令，率众万余人，谋袭盱眙。三军咸惧。（第210页）

《通鉴》卷一六五《梁纪二一》：春，正月……陈霸先自丹徒济江，围齐广陵，秦州刺史严超达自秦郡进围泾州，南豫州刺史侯瑱、吴郡太守张彪皆出石梁，为之声援。（第5205页）

信武将军陈蒨随陈霸先征广陵，为前军，每战必捷。

《陈书》卷三《世祖纪》：世祖文皇帝讳蒨……承圣二年，授信武将军，

监南徐州。三年,高祖北征广陵,使世祖为前军,每战克捷。(第45页)

六月,齐冀州刺史段韶趣广陵,陈霸先解围走。

《北齐书》卷一六《段韶传》:五年二月,诏征韶讨之。既至,会梁将严超达等军逼泾州;又陈武帝率众将攻广陵,刺史王敬宝遣使告急;复有尹思令,率众万余人,谋袭盱眙。三军咸惧。韶谓诸将曰:"自梁氏丧乱,国无定主,人怀去就,强者从之。霸先等智小谋大,政令未一,外托同德,内有离心,诸君不足忧,吾揣之熟悉矣。"乃留仪同敬显俊、尧难宗等围守宿预,自将步骑数千人倍道赴泾州。途出盱眙,思令不虞大军卒至,望旗奔北。进与超达合战,大破之,尽获其舟舰器械。谓诸将士曰:"吴人轻躁,本无大谋,今破超达,霸先必走。"即回赴广陵。陈武帝果遁去。(第210页)

《通鉴》卷一六五《梁纪二一》:六月,壬午,齐步大汗萨将兵四万趣泾州,王僧辩使侯瑱、张彪自石梁引兵助严超达拒之,瑱、彪迟留不进。将军尹令思将万余人谋袭盱眙。齐冀州刺史段韶将兵讨东方白额于宿预,广陵、泾州皆来告急,诸将患之。韶曰:"梁氏丧乱,国无定主,人怀去就,强者从之。霸先等外托同德,内有离心,诸君不足忧,吾揣之熟矣!"乃留仪同三司敬显携等围宿预,自引兵倍道趣泾州,涂出盱眙。令思不意齐兵猝至,望风退走。韶进击超达,破之,回趣广陵,陈霸先解围走。杜僧明还丹徒,侯瑱、张彪还秦郡。(第5212页)

梁敬帝萧方智绍泰元年,北齐文宣帝高洋天保六年,乙亥,555年

吴明彻为使持节、散骑常侍、安东将军、南兖州刺史。

《陈书》卷九《吴明彻传》:绍泰初,随周文育讨杜龛、张彪等。东道平,授使持节、散骑常侍、安东将军、南兖州刺史,封安吴县侯。(第160-161页)

梁敬帝萧方智绍泰二年,北齐文宣帝高洋天保七年,丙子,556年

三月,北齐遣东广州刺史独孤辟恶等率众向梁山。

《陈书》卷一《高祖纪上》:三月戊戌,齐遣水军仪同萧轨、厍狄伏连、尧难宗、东方老、侍中裴英起、东广州刺史独孤辟恶、洛州刺史李希光,并任约、徐嗣徽等,率众十万出栅口,向梁山,帐内荡主黄丛逆击,败之,烧其前军船舰,齐顿军保芜湖。高祖遣定州史沈泰、吴郡太守裴忌就侯安都,共据梁山

以御之。（第 10 页）

《南史》卷九《陈本纪上》：三月戊戌，齐遣水军仪同萧轨、库狄伏连、尧难宗、东方老、侍中裴英起、东广州刺史独孤辟恶、洛州刺史李希光并任约、徐嗣徽、王僧愔等众十万出栅口，向梁山。帐内荡主黄丛逆击，败之，烧其前军船舰。齐顿军保芜湖。（第 263 页）

《通鉴》卷一六六《梁纪二二》：三月……戊戌，齐遣仪同三司萧轨、库狄伏连、尧难宗、东方老等与任约、徐嗣徽合兵十万入寇，出栅口，向梁山。陈霸先帐内荡主黄丛逆击，破之，齐师退保芜湖。（第 5240—5241 页）

【按】东广州刺史独孤辟恶之姓，《南史》作"独狐"。

六月甲寅，陈军俘虏北齐东广州刺史王敬宝等将帅四十六人，庚申，诛之。

《北齐书》卷二○《王则传》：王则，字元轨，自云太原人也。……则弟敬宝，少历显位。后为东广州刺史，与萧轨等攻建业，不克，没焉。（第 271—272 页）

《南史》卷九《陈本纪上》：三月戊戌，齐遣水军仪同萧轨、库狄伏连、尧难宗、东方老、侍中裴英起、东广州刺史独孤辟恶、洛州刺史李希光并任约、徐嗣徽、王僧愔等众十万出栅口，向梁山。……五月丙申，齐兵至秣陵故城。己亥，帝率宗室王侯及朝臣，于大司马门外白虎阙下，刑牲告天，以齐人背约，发言慷慨，涕泗交流，士卒观者益奋。辛丑，齐军于秣陵故城，跨淮立桥栅，引度兵马。癸卯，自方山进及儿塘，游骑至台，都下震骇。……六月甲辰，齐兵潜至钟山龙尾。丁未，进至莫府山。帝遣钱明领水军出江乘，要击齐人粮运，尽获之。齐军大馁，杀马驴而食之。壬子，齐军至玄武湖西北莫府山南，将据北郊坛。众军自覆舟东移，顿郊坛北，与齐人相对。其夜，大雨震电，暴风拔木，平地水丈余。齐军昼夜坐立泥中，县瓮以爨，足指皆烂。而台中及潮沟北，水退路燥，官军每得番易。甲寅，少霁。……帝命众军蓐食，攻之，齐军大溃。执嗣徽及其弟嗣宗，斩之以徇。虏萧轨、东方老、王敬宝、李希光、裴英起、王僧智等将帅四十六人。其军士得窜至江者，缚筏以济，中江而溺，流尸至京口者弥岸。……己未，斩刘归义、徐嗣产、傅野猪于建康市，是日解严。庚申，诛萧轨、东方老、王敬宝、李希光、裴英起等。（第 263—264 页）

《北史》卷五三《王则传》：王则，字元轨……则弟敬宝，位东广州刺史，与萧轨攻建业，不克，死焉。（第1914页）

《通鉴》卷一六六《梁纪二二》：六月……乙卯，未明，蓐食，比晓，霸先帅麾下出莫府山。侯安都谓其部将萧摩诃曰："卿骁勇有名，千闻不如一见。"摩诃对曰："今日令公见之。"及战，安都坠马，齐人围之，摩诃单骑大呼，直冲齐军，齐军披靡，安都乃免。霸先与吴明彻、沈泰等众军首尾齐举，纵兵大战，安都自白下引兵横出其后，齐师大溃，斩获数千人，相蹂践而死者不可胜计。生擒徐嗣徽及其弟嗣宗，斩之以徇，追奔至于临沂。其江乘、摄山、钟山等诸军相次克捷，虏萧轨、东方老、王敬宝等将帅凡四十六人。其军士得窜至江者，缚荻筏以济，中江而溺，流尸至京口，翳水弥岸；唯任约、王僧愔得免。丁巳，众军出南州，烧齐舟舰。……庚申，斩齐将萧轨等，齐人闻之，亦杀陈昙朗。（第5243-5245页）

秋，陈霸先致书北齐广陵城主。

《文苑英华》卷六八二《书十六·武皇帝作相时与北齐广陵城主书》：籍甚英风，常怀眷属，封疆有限，瘝寐增劳。辱此月九日告，深慰情伫。方秋尚热，体中何如？戎帐艰辛，无乃为弊。吾以庸薄，谬膺台铉，既荷先帝拔擢之恩，兼蒙今主责成之寄。政以皇齐大德，世绍和风，方藉威灵，庶平雠耻，提携小国，愿预藩臣，还诏哀矜，许垂容纳，奉敕须质，便遣入朝。部下诸将，哀吾诚节，一儿一弟，无所遗吝，立志立义，无负上天。但故丞相诸子及湛海珍等，并依敕旨，驰遣渡江。主上又遣吏部尚书王通、鸿胪卿谢歧等至和州，与司马行台共为盟誓。而萧轨等决信叛亡，苟相陵易，郁从东道，驰至北郊，既逼宫闱，无容静默，两刃相对，俱有损伤，彼闻人马，因此奔散。且置兵之地，沟涧且多，退兵之时，投赴相积。近遣张都来此，具是行人所见。但广陵建业，才隔一江，战场去岸，不盈五里。军人退散，理反乡家，缘岸村人，复有舟楫。且芦簰荻筏，竟浦浮江，千百为群，前后相继。吾已勒兵案甲，不听讨捕，若无恐惧，并应安达，假使在此死，不可更生，至彼而殂，差非吾过。如其枉理，必是兴军，见伐于有道之人，加兵于无罪之国。若使王师如此，又是违盟，后土皇天，山川社稷，察其怨语，宁容相祐。辱告承上党殿下及匹娄领军，应来江右，师出无名。此是何义？小之事大，差无违礼；彼之陵我，自是乖言。玄天所伐，匹马无遗，翻见怨尤，一何非理？若使鬼神有知，宁可斯背；鬼神无知，何用盟歃。去岁柳达摩等，石头天井，连月亢阳，三子才降，连冬大雪，黄袍尽没，白帐皆浮。既因之以泥涂，兼加之以疾疫，萧裴既退，云雾便除。从尔以来，稍成灾旱。定知衣冠之国，礼乐相承，天道不言，不容都灭。长江渺渺，巨浪汤汤，如斗舰舟师，讵有深利。近梁山之战，即是前车，芜湖之役，可为明镜。昔晋侯不能乘郑马，赵将不能用楚兵，一非水土，难为骋力。扬州卑湿，厥土涂泥，如遇秋霖，杳同江汉。假令蚩尤重出，白起还生，控代马而陵波，蹑胡靴而湔水，终难逞效，讵有成功。六州勇士，虽有百万，十姓豪杰，徒劳千亿，不能为患，断可知矣。昔我平世，天下乂安，人不识于干戈，时无闻于桴鼓，故得凶人侯景，济我横江，天步中危，实由忘战。自乱离已久，人解用兵，女子无愧于韩彭，童儿不殊于卫霍。吴钩甚利，蜀甲殊轻，槊动风霜，弩穿金石，高楼大舰，概日陵云，叱咤而起风雷，吹嘘如倒山岳。侯车骑国家重将，分陕上流，近隔以边尘，时亏表疏，王途既泰，贡赋相望，寻令子弟，侍奉京邑。萧太保龙骧于贲海，王仪同虎视于洞庭，若望高峰，便当投袂。何则？凡诸将帅，各护家乡，非直吾人，独忧宗社。日者频辱司马行台及诸公有告，裴行台当今方邵，□此诸贤，莫非英杰，其余军士，悉是骁雄。庸蜀氐羌之兵，乌丸百虏之骑，以此众战，谁能御之。何为比吾陪薄相悬，何恶诸君身名俱灭，来告以细柳之军，逾于灞上。吾恐今之赵括，不及廉颇也。近张舍人至，始奉严敕，朝廷遣刘叔经仍往启闻，愿达丹诚，用停王赫。伏计天慈，理当悬照，此身日月所鉴，天地所明，岂敢虚言，欺望宸极？足下既未知始末，容有疑怪，大军多士，希惠矜弘，量非此失，时腾表疏，幸停师旅，已存盟信，庶其小国永申藩礼，天心无爽，遐迩一同，投笔悚慨，不复多白。陈讳顿首。（第 3517—3518 页）

【按】此书为徐陵所作，《徐陵集》题作《为陈武帝作相时与北齐广陵城主书》。书中提及"萧轨等决信叛亡，苟相陵易，郁从东道，驰至北郊，既逼宫闱"，指绍泰元年（555）北齐东广州刺史王敬宝与萧轨攻建业之事。"去岁柳达摩等，石头天井，连月亢阳，三子才降，连冬大雪，黄袍尽没，白帐皆浮"，"主上又遣吏部尚书王通、鸿胪卿谢岐等至和州，与司马行台共为盟誓"，指绍泰元年北齐将柳达摩等袭建康，陈霸先遂与北齐盟誓讲和之事。"近梁山之战，即是前车，芜湖之役，可为明镜"，指绍泰二年（556）三月北齐遣东广州刺史独孤辟恶等率众向梁山，为梁军所败，北齐顿军保芜湖。据此数事,可知此书写于绍泰二年。书中有"方秋尚热,体中何如"句,知是秋季。"陈讳"即陈武帝陈霸先,避讳不言其名。

梁敬帝萧方智太平二年,丁丑,557 年

正月丁未,诏赠陈霸先兄道谭散骑常侍、使持节、平北将军、南兖州刺史、长城县公,谥曰昭烈。

《陈书》卷一《高祖纪上》:二年正月……丁未,诏赠高祖兄道谈散骑常侍、使持节、平北将军、南兖州刺史、长城县公,谥曰昭烈。(第 12 页)

附:

柳仲礼曾任南兖州刺史。

《隋唐五代墓志汇编·洛阳卷》第 4 册《柳鼓墓志》:君讳鼓,字怀舜,河东南解人也。……曾祖津,梁太子詹事、右卫将军、太府卿、衡州刺史、云杜侯、赠太尉公。……祖仲礼,梁尚书左仆射,南兖、司二州刺史,魏侍中,开府仪同三司、襄阳侯。名剑表德,听履知仁;雪映粉妍,清辉独秀。父玄,魏黄门侍郎、穰县开国伯,周除昌城、盐亭二郡守,进爵为侯,增邑千户,随除魏郡太守,迁州刺史,进爵为公。(第 176 页)

【按】《梁书》《北史》等史籍中可见柳仲礼的零星记载,但无其任南兖州刺史之事。《梁书》卷四三《韦粲传》:"太清元年,粲至州无几,便表解职。二年,征为散骑常侍。粲还至庐陵,闻侯景作逆,便简阅部下,得精卒五千,马百匹,倍道赴援。……至南州,粲外弟司州刺史柳仲礼亦帅步骑万余人至横江,粲即送粮仗赡给之,并散私金帛以赏其战士。"(第 606 页)是太清二年(548 年)柳仲礼为司州刺史,任南兖州刺史当在此前数年。

陆骏曾任北齐东广州刺史,卒于任。

《北史》卷二八《陆俟传》:卬第二弟骏,字云骧。自中书舍人历黄门侍郎、散骑常侍,卒于东广州刺史。(第 1019 页)

北齐广陵太守敬长瑜受财贿,东广州刺史陆骏弹劾之。

《太平御览》卷二六二《职官部六十·酷太守》引《三国典略》:齐广陵太守敬长瑜多受财贿,刺史陆骏将启劾之。长瑜以货求于散骑常侍和士开,

以画屏风诈为长瑜之献，齐王大悦。骏启寻至，遂不问焉。（第 1229 页）

徐彻为北齐广陵城主。陈霸先攻广陵，为其所败。

《汉魏南北朝墓志汇编·齐使持节大都督广徐阳怀洛五州诸军事骠骑大将军五州刺史司农鸿胪二大卿昌阳县开国男徐公之墓志铭》：公讳彻，字伯通，高平金乡人也。……还除广陵城主，而□梁司空公陈霸先窃号金陵，偷生石首，率兹蛙蝇，迫我城墉。于是婴城固守，登陴力战，援师□著，丑徒潜骇。逐北追奔，聚鲸鲵而起观；擒魁执讯，积甲胄以成山。……以天保九年七月廿日薨于州府。时年五十七。（第 405–406 页）

【按】徐彻为北齐广陵城主之具体时间不详。墓志中说"陈霸先窃号金陵"，似在陈朝初年。然墓志记载徐彻仕途迁转，云："还除广陵城主，……还兼大鸿胪卿，转太尉长史，勑镇新城。迁使持节都督阳州诸军事阳州刺史。……就州除大司农卿。……以天保九年七月廿日薨于州府。时年五十七。"徐彻卒于北齐天保九年（559），从其宦迹来看，任广陵城主当在此前数年。故酌录于此，以待详考。

杨略为北齐广陵太守。

《隋代墓志铭汇考》第一册《大隋开皇八年岁次戊申七月戊辰朔十七日甲申故渡辽将军上柱国普安公司兵参军事洛州宗卫长史杨君墓志铭》：君讳畅，字文通，陕州弘农人也。……父略，以清猷树业，先人之风犹在。齐武骑常侍，守捍豫州，诏除广陵郡守。（第 244 页）

段庆哲为北齐广陵太守。

《隋代墓志铭汇考》第五册《段世琳志》：惟大隋前汉国府参军段世琳年六十九铭记。齐故广陵郡守庆哲长子。（第 318 页）

作者工作单位：扬州城大遗址保护中心

征引书目：

1.〔唐〕姚思廉《梁书》，中华书局 1973 年版

2.〔唐〕姚思廉《陈书》，中华书局 1972 年版

3.〔唐〕李百药《北齐书》,中华书局 1972 年版

4.〔唐〕李延寿《南史》,中华书局 1975 年版

5.〔唐〕李延寿《北史》,中华书局 1974 年版

6.〔宋〕司马光编著,胡三省音注《资治通鉴》,中华书局 2012 年第 2 版

7.〔唐〕许敬宗编,罗国威整理《日藏弘仁本文馆词林校证》,中华书局 2001 年版

8.〔唐〕许嵩撰,张忱石点校《建康实录》,中华书局 2009 年版

9.〔宋〕王钦若等编纂,周勋初等校订《册府元龟(校订本)》,凤凰出版社 2006 年版

10.〔宋〕李昉等撰《太平御览》,中华书局 1960 年版

11.〔宋〕李昉等编《文苑英华》,中华书局 1966 年版

12.〔清〕严可均辑《全梁文》,商务印书馆 1999 年版

13. 赵超《汉魏南北朝墓志汇编》,天津古籍出版社 1992 年版

14. 王其祎、周晓薇编著《隋代墓志铭汇考》,线装书局 2007 年版

15. 陈长安主编《隋唐五代墓志汇编·洛阳卷》,天津古籍出版社 1991 年版

广陵才俊

汪楫交游略述

胡春丽

摘　要：汪楫是清初扬州地区的著名学者。生平交游颇广。对其交游群体进行考察，有助于深入了解汪氏的生平、心理、思想、创作及其在清代学术史上的地位。本文就其诗集及相关资料，将其交游对象大致分为师长前辈、遗民隐士、同乡彦友、仁宦之友、博学鸿儒、方外交游等六个群体来考察汪楫的交游概况。

关键词：汪楫　清初　扬州　交游

汪楫（1636—1699），字舟次，号悔斋，自号耻人，原籍安徽休宁，寓居江苏江都。少负才气，慨然以功业为己任，屡试不第。康熙十六年（1677），以明经任淮安府赣榆县教谕。十八年，举博学鸿儒科进士，授翰林院检讨，充明史馆纂修官。二十一年，充册封琉球正使。二十八年，擢河南府知府。三十二年，迁福建按察使。三十四年，迁福建布政使。三十八年，卒于扬州里第。少时与孙枝蔚、吴嘉纪、王又旦、郝士仪交善，齐负诗名。与汪懋麟同里同有诗名，时称"二汪"。著有《悔斋诗》《山闻诗》《山闻后诗》《观海诗》《琉球使录》《中山沿革志》。各集收录了汪楫大量的酬唱寄送诗，可以看出汪楫交游十分广泛。汪楫与时人的交往，势必会影响其思想、学术的创作。因此，对其交游群体进行考察，有助于深入了解汪氏的生平、思想、创作，客观评价他的学术成就及其在清代学术史上的地位。为清楚展现交游活动与汪楫生平、思想、著述的关系及在不同层面对他产生的影响，本文拟将其交游对象大致分为师长前辈、遗民隐士、同乡彦友、仁宦之友、博学鸿儒、方外交游等六个群体分别罗列，为进一步研究汪楫的学术创作提供基础。

一、师长前辈

师长前辈类交游对象主要包括汪楫幼时从学的老师、康熙十八年博学鸿儒科的座师，也包括提携汪楫的前辈。他们才高学厚，汪楫得到他们的指授颇多。这一群体主要有闵叙、周亮工、冯溥、梁清标、王士禛等。

1. 闵叙，字六正，号鹤癯，安徽歙县人，寄籍江都。历官广西提学使、监察御史。著有《粤述》。康熙二年（1663），闵叙赴任广西提学使，汪楫作诗送之，见《悔斋诗》七言律诗《送闵六正业师督学粤西》。

2. 周亮工（1612—1672），字元亮，又有陶庵、减斋、适园、栎园等别号，学者称栎园先生、栎下先生，河南祥符人，后移家金陵。崇祯十三年（1640）进士，官至浙江道监察御史。入清后，历官山东潍县令、两淮盐法道、淮扬海防兵备道副、福建按察史、福建布政使、左副都御史、户部右侍郎等，一生饱经宦海沉浮，曾数次下狱，后终赦免。生平博极群书，爱好绘画、篆刻，工诗文，著有《赖古堂集》《读画录》等。顺治六年（1649），周亮工过扬州，与汪楫定交[1]。康熙元年（1662）春，汪楫有诗寄周亮工，见《悔斋诗》七言律诗《壬寅春寄周栎园先生》。同年，周亮工至扬州，留扬两月，与汪楫纵谈连夕，见周亮工《赖古堂集》卷六《连夕与舟次纵谈无不尽两月之留独为舟次耳返棹留别》。二年，周亮工补官青州海防道，汪楫作诗送之，见《悔斋诗》七言律诗《周栎园先生观察青州赋送》。是年秋，汪楫乡试下第，心情愁闷，有诗寄周亮工，见《悔斋诗》七言古诗《下第后寄周栎园先生》。三年初春，汪楫本生父汝蓍六十初度，周亮工寄文贺寿，见周亮工《赖古堂集》卷十六《寿汪生伯六十序》。五年初夏，周亮工为汪楫《山闻诗》作序，见周亮工《赖古堂集》卷十四《汪舟次诗序》。周亮工《闽小纪》成，汪楫为作序，载周亮工

---

[1] 周亮工《赖古堂集》卷十四《陋轩诗序》："予己丑过广陵，与汪子舟次交，舟次每以制举业相质。"

《闽小纪》卷首。十一年春,周亮工再至扬州,汪楫招饮玉持堂,见周亮工《赖古堂集》卷十《壬子春正渡江汪长玉舟次招同程穆倩汪秋涧孙豹人吴野人冠五仁趾集玉持堂》。同年六月二十三日,周亮工卒,汪楫作诗哭之,见《山闻诗·哭栎下先生》。

3. 王士禛(1634—1711),字子真,一字贻上,号阮亭,别号渔洋山人,山东新城人。顺治八年(1651)中举,十二年成进士。历官扬州府推官、礼部主事、户部福建司郎中、翰林院侍读、国子祭酒、户部右侍郎、刑部尚书等职。著有《带经堂集》《居易录》《池北偶谈》等。康熙四年(1665),王士禛由扬州府推官内迁入京,汪楫作诗送之,王士禛题诗留别,见《悔斋诗》五言古诗《七夕送王阮亭先生入京》、王士禛《带经堂集》卷十八《题扇留别汪舟次》。六年,汪楫游庐山,王士禛作诗遥送,见王士禛《带经堂集》卷二十丁未《遥送汪舟次游庐山》。九年,王士禛榷清江浦关,汪楫访之袁浦官署,见《山闻诗·访王阮亭先生于袁浦官署》。十七年,王士禛父与敕七十初度,汪楫作诗祝寿,见《京华诗》七言古诗《匡庐歌为王匡庐先生寿》。二十一年,汪楫奉使琉球,王士禛作诗送行,见王士禛《渔洋精华录》卷九《送汪舟次检讨林石来舍人奉使琉球四首》。

4. 冯溥(1609—1692),字孔博,山东益都人。顺治三年(1646)进士,改庶吉士,授编修,累迁秘书院侍读学士,寻擢吏部右侍郎。康熙元年(1662),转左侍郎。七年,擢都察院左都御史。九年,擢刑部尚书。十年,授文华殿大学士。著有《佳山堂集》。十七年,汪楫应博学鸿儒科试入京,冯溥招饮,见《京华诗》五言古诗《季冬四日益都相国招与家燕喜晤令子虞臣冒闻躬暨诸昆仲》。十八年春,冯溥主试博学鸿儒科,汪楫中进士,成为座下门生。此后,汪楫屡陪冯溥宴游,见冯溥《佳山堂诗集》卷四《秋日其年邀同大可舟次行九子启暨儿慈彻协一集万柳堂分赋四首》、冯溥《佳山堂二集》卷四《重阳后一日毛大可陈其年方谓仁徐胜力徐电发汪舟次潘次耕邀余集长椿寺兼送毛行九南还即席赋》、汪楫《京华诗》七言律诗《万柳堂修契即席和益都师原倡二首》。二十一年,汪楫奉命使琉球,冯溥作诗送之,见冯溥《佳山堂诗集》七言律诗《送汪舟次奉使册封琉球国王》。同年,冯溥致仕归里,与诸门生置酒万柳堂话别,汪楫作诗和之,见冯溥《佳山堂诗集》七言律诗《致仕将归诸同人置酒万柳堂话别漫题二律》、汪楫《京华诗》七言律诗《万柳堂饯送益都师相即席奉和原韵二首》。

5. 李霨（1625—1684），字景霄，号坦园，河北高阳人。顺治四年（1647）进士，改翰林院庶吉士，授检讨，特改编修。历任秘书院学士、内弘文院大学士、工部尚书兼东阁大学士、太子太保、保和殿大学士加户部尚书等职。著有《闽役纪行略》《伴星草》《心远堂诗集》。康熙十七年（1678），汪楫至京应试，适逢李霨初度，作诗贺寿，见《京华诗》七言律诗《寿高阳太傅二首》。十八年元日，有诗和李霨韵，见《京华诗》五言律诗《元日试笔和高阳相国韵》。同年三月，汪楫举博学鸿儒科，李霨为主考之一，试后，汪楫有诗呈座师，见《京华诗》七言古诗《海之水四章呈高阳师相》。

6. 梁清标（1620—1691），字玉立，一字苍岩，号蕉林，又号棠村，河北正定人。明崇祯十六年（1643）进士。清顺治元年（1644），补翰林院庶吉士。历任弘文院编修、国史院侍讲学、詹事府詹事、礼部左侍郎、吏部右侍郎、吏部左侍郎、兵部尚书、礼部尚书、刑部尚书、户部尚书、保和殿大学士等职。精于鉴赏，所藏书画甲天下。著有《蕉林诗集》《棠村词》等。康熙十七年，汪楫初至京，即有诗呈梁清标，见《京华诗》七言排律《呈梁大司农十韵》。十八年正月，汪楫与应试鸿博诸人宴饮梁清标宅，见梁清标《棠村词》长调《剔银灯·邓孝威毛大可吴庆伯汪舟次吴志伊徐大文集邸中小饮》。

通过与周亮工、冯溥、王士禛、梁清标等师长前辈的游处，汪楫深受他们诗文创作观念的影响，奠定了一生为学的基础。

二、遗民隐士

在汪楫的交游群体中，还有一部分是隐逸山林的遗民，他们拒绝与清廷合作，以布衣终老。较为重要的有王岩、杜濬、冒襄、雷士俊、方文、纪映钟、顾有孝、吴嘉纪等。

1. 王岩（1605—1681），原名天佑，明亡后更名岩，字筑夫，又字平格，号白田，江苏宝应人。明亡后，弃诸生，以古文擅名。著有《白田集》《异香集》。康熙二年，王岩至扬州，汪楫作诗赠之，见《悔斋诗》五言古诗《赠王筑夫先生》。三年，王岩为《悔斋集》作序，载《悔斋诗》卷首。

2. 吴嘉纪（1618—1684），字宾贤，一字野人，江苏泰州人。明末诸生，入清不仕，隐居泰州安丰盐场。著有《陋轩诗集》。顺治十六年（1659），汪楫避难至东台，与吴嘉纪结交，见吴嘉纪《陋轩诗·管鲍篇呈汪舟次》。十八年(1661),吴嘉纪游扬州,冬,归里,汪楫作诗送之,见《悔斋诗》五言古诗《送吴五宾贤二首》。汪楫之龙冈,吴嘉纪作诗送之,见《悔斋诗》七言律诗《之龙冈与吴野人家虚中别》、吴嘉纪《陋轩诗·客邗上送汪舟次之龙冈》。康熙三年(1664),汪楫父生伯六十初度,吴嘉纪作诗贺寿,见吴嘉纪《陋轩诗·赠汪生伯先生》。五年,汪楫读书摄山,吴嘉纪作诗送行,见吴嘉纪《吴嘉纪诗集笺校》卷三《送汪二楫游摄山》。六年,汪楫游庐山,吴嘉纪作诗送之,见《吴嘉纪诗笺校》卷三《岁暮送汪舟次游匡庐》。汪楫客江西,吴嘉纪作诗寄怀,见《吴嘉纪诗笺校》卷四《怀汪二》。十三年,汪楫父生伯七十初度,吴嘉纪题图祝寿,见《吴嘉纪诗笺校》卷七《题图诗十二首》。十六年,汪楫之官赣榆县教谕,吴嘉纪作诗送之,见《吴嘉纪诗笺校》卷八《自淘上至竹西送汪舟次之赣榆教谕任》。二十一年,汪楫奉使琉球,吴嘉纪作诗送之,见《吴嘉纪诗笺校》卷十一《送汪悔斋使琉球》。二十三年,吴嘉纪卒,汪楫嘱汪懋麟为吴嘉纪作传。

3. 杜濬(1611—1687),字于皇,号茶村,湖北黄冈人。明季诸生,避张献忠之乱,流转至南京,侨居鸡鸣山下,以诗名。著有《变雅堂集》。康熙元年,杜濬游扬州,汪楫访之寺寓,见《悔斋诗》五言律诗《过杜于皇寺寓蒋前民留饮》。十三年,杜濬为《山闻后诗》作序,载《山闻后诗》卷首。

4. 雷士俊(1611—1668),字伯吁,世称艾陵先生,江苏江都人。明庠生,入清后,弃诸生,筑室艾陵湖上,闭门著书。著有《艾陵诗文钞》。康熙三年(1664),汪楫父生伯六十初度,雷士俊为文贺寿,见雷士俊《艾陵文钞》卷七《汪生伯六十寿序》。四年,汪楫三十初度,雷士俊作诗赠之,见雷士俊《艾陵诗钞》卷下《赠汪舟次兼述怀》。

5. 方文(1612—1669),字尔止,号嵞山,原名孔文,字尔识,明亡后更名一耒,别号淮西山人、明农、忍冬,安徽桐城人。明末诸生,入清不仕。著有《嵞山集》等。康熙二年,方文游扬州,喜晤汪楫、吴嘉纪、郝士仪,作《三子诗》赠之,见方文《嵞山再续集》卷一癸卯稿《喜晤吴宾贤郝羽吉汪舟次三子有赠》。四年夏,方文再游扬州,与诸人饮汪楫斋中,见《悔斋诗》五言律诗《方嵞山至自白门同孙豹人王麟友家左岩季用集斋中即席限鸦萝二字》、方文《嵞山再续集》卷三乙巳《扬州访孙豹人汪舟次即饮舟次宅令兄左岩季用续至》。方文归里,汪楫与之话别,见《悔斋诗》五言古诗《与方尔止话别》。五年,方文复至扬州,夜集汪楫斋,作诗赠楫,见方文《嵞山再续集》卷三丙午稿《夜集汪舟次斋头有赠》。同年秋，汪楫至南京，方文邀游秦淮河，见方文《嵞山再续集》卷二丙午稿《秋夜邀同汪舟次程飞涛周雪客潘蜀藻王安节秦淮小泛作歌》。

6. 纪映钟（1609—1681），字伯紫，号戆叟，自称钟山逸老，江苏上元人。明诸生。明亡后，弃诸生，躬耕养母。晚客龚鼎孳处十年，龚死后南归，移家仪真。著有《戆叟诗钞》。康熙三年，纪映钟将出游，汪楫寄诗送之，见《悔斋诗》五言律诗《寄纪伯紫真州伯紫时将出游》。

7. 冒襄（1611—1693），字辟疆，号巢民，一号朴庵，又号朴巢，江苏如皋人。崇祯十五年（1642）举人。与方以智、陈贞慧、侯方域称"四公子"。明亡后，隐居不出。著有《先世前征录》《朴巢诗文集》《岕茶汇抄》《水绘园诗文集》《影梅庵忆语》等。康熙十五年，汪楫为冒襄扇头小像题诗，并作诗赠冒襄妾蔡含，见《山闻后诗·题冒辟疆扇头小像》《山闻后诗·女罗篇为冒巢民蔡姬赋》。冒襄七十初度，汪楫寄诗祝寿，见《京华诗》六言诗《寿冒辟疆》。

8. 林古度（1580—1660），字茂之，号那子，别号乳山道士，福建福清人，后寓居南京。善诗文。明亡，以遗民自居，时人称为"东南硕魁"。康熙二年，汪楫应试南京，遇林古度，作诗赠之，见《悔斋诗》七言律诗《白门赠林茂之先生》。三年春，林古度复至扬州，汪楫以诗赠之，见《悔斋诗》七言律诗《林茂之先生重来广陵赋赠》。林古度有一万历钱，系臂五十余载，汪楫赋《一钱行》歌之，见《悔斋诗》七言古诗《一钱行》。

与这些遗民隐士的交往，汪楫深切地感受到了他们的气节和立场，在人生观和功名观上有了更多的感悟与体验。

三、同乡彦友

本文所说的"同乡彦友"，既包括汪楫的同乡友人，也包括与汪楫有文字之交的友人。汪楫与他们的交往，即有思想的沟通，也有诗词的酬唱，具体表现在互相作序题词、书信论学、诗词唱和、聚会宴游等方面。

1. 孙枝蔚（1620—1687），字叔发，号豹人，又号溉堂、焦获，陕西三原人。幼为诸生，抵抗李自成入关，兵败走江都。肆力于诗古文辞，名噪海内。康熙十八年，以博学鸿儒征，授中书舍人。著有《溉堂集》等。康熙元年（1662）夏，汪楫过孙枝蔚溉堂，见《悔斋诗》五言律诗《孙豹人斋中喜雨》。二年，孙枝蔚游金陵，汪楫作诗送之，见《悔斋诗》七言古诗《送孙焦获之金陵柬周雪客》。三年，孙枝蔚宿楫斋中，楫以所爱笼内锦鸡命孙枝蔚赋诗，见孙枝蔚《溉堂前集》卷七甲辰稿《宿汪舟次斋中》《汪舟次以所爱笼内锦鸡命余赋诗》。同年，孙枝蔚之屯留省兄，汪楫作诗送之，见《悔斋诗》五言古诗《孙豹人之屯留省令兄赋送》、孙枝蔚《溉堂前集》卷二甲辰稿《将之屯留省五兄大宗留别宾贤羽吉舟次》。汪楫三十初度，孙枝蔚作诗赠之，见孙枝蔚《溉堂前集》卷二甲辰稿《赠汪舟次诗》。四年，汪楫母五十，孙枝蔚以诗祝寿，见孙枝蔚《溉堂前集》卷二乙巳《寿汪生伯先生闵老夫人》。五年，汪楫读书摄山，孙枝蔚作诗送行，见孙枝蔚《溉堂续集》卷一丙午《送汪舟次读书摄山》。六年，楫游庐山，孙枝蔚作诗送行，见孙枝蔚《溉堂续集》卷二丁未《送汪舟次游庐山兼寄施尚白少参》。八年，孙枝蔚亦至江西，有词见寄，汪楫作诗答之，见《山闻诗·孙八豹人客丰城有诗余见寄奉答》。汪楫《山闻集》成，孙枝蔚为作序，见孙枝蔚《溉堂文集》卷一《汪舟次山闻集序》。十三年，孙枝蔚之山东，汪楫作诗送之，见《山闻后诗·送孙八豹人》。十四年，汪楫四十初度，孙枝蔚赠诗相勉，见孙枝蔚《溉堂续集》卷五乙卯《春木四章》。十六年，汪楫赴赣榆教谕任后，孙枝蔚自南昌归，作诗寄怀，见孙枝蔚《溉堂续集》卷六丁巳《汪舟次赴赣榆教谕任去后数日余始自南昌归抵江都不及祖饯怅然无已因赋寄怀四章》。十七年，两人同赴京应鸿博试，孙枝蔚夜过楫斋，见孙枝蔚《溉堂续集》卷六戊午《夜过汪舟次寓舍适邓孝威吴天章亦至因留饮赋诗》。

2. 王又旦（1636—1686），字幼华，号黄湄，陕西合阳人。顺治十五年（1658）进士。历官湖广潜江知县、吏科给事中、户科掌印给事。著有《黄湄诗选》。康熙二年（1663），王又旦游扬州，值其初度，汪楫作诗赠之，见《悔斋诗》七言古诗《十月十九日与王黄湄》。王又旦归里，汪楫作诗送之，见《悔斋诗》七言古诗《赠王幼华》。三年，汪楫有怀王又旦，见《悔斋诗》五言律诗《怀王大幼华》。五年，王又旦重游扬州，有诗赠楫，见王又旦《黄湄诗选·折梅呈汪舟次》。旋王又旦往游南昌，汪楫作诗送行，见《山闻诗·徐次源招集康山送王黄湄游盱江》。十五年，王又旦客京，捡汪楫所寄长诗，次韵答之，见王又旦《黄湄诗选》卷四《丙辰春客都门汪二舟次见贻长诗近于箧中捡得次韵寄之》。二十一年，两人相聚京师，王又旦招游祝氏山庄，见王士禛《带经堂集》卷三十七壬戌稿《幼华给事招同愚山健庵大可舟次季角集祝氏别墅》。二十一年，汪楫奉使琉球，王又旦作诗送之，见王又旦《黄湄诗选》卷八《送汪舟次检讨奉使琉球》。

3. 郝士仪（1632—1680），字羽吉，号山渔，江苏江都人。善诗，隐于贾。郝士仪与汪楫、吴嘉纪、孙枝蔚、王又旦交笃，戴涵为作《樽酒论文图》，各为题诗[1]。康熙二年，汪楫与郝士仪同寻影园旧址，见《悔斋诗》五言律诗《寻影园旧址同郝山渔赋》。四年，郝士仪母沈氏五十初度，汪楫作诗贺寿，见《山闻诗·郝母诗》。五年，汪楫等集饮郝士仪宅，见方文《嵞山再续集》卷二丙午稿《郝羽吉宅同孙无言豹人汪舟次夜集兼怀吴宾贤》。

4. 汪懋麟（1639—1688），字季角，号蛟门，又号十二砚斋主人，晚号觉堂，江苏江都人。康熙二年（1663）中举，六年成进士，授内阁中书。二十二年，补刑部浙江清吏司主事。因徐乾学荐，以刑部主事入史馆充纂修官，与修明史。二十七年，卒于家。著有《百尺梧桐阁诗文集》《百尺梧桐阁遗稿》《锦瑟词》。康熙六年，汪楫游庐山，汪懋麟作诗送之，见汪懋麟《百尺梧桐阁诗集》卷五丁未《庐山瀑布歌遥送舟次二兄之西江》。七年，汪楫久客江西，汪懋麟以诗词见怀，见汪懋麟《百尺梧桐阁诗集》卷六戊申《寄怀舟次二兄客西江二首》、汪懋麟《锦瑟词》长调《金菊对芙蓉·悔斋看菊怀舟次二兄客吉州得华字》。八年，汪懋麟入京候选中书，汪楫作诗送之，见《山闻诗·送季角弟试中书》。十一年，汪楫乡试下第，汪懋麟寄诗慰之，见汪懋麟《百尺梧桐阁诗集》卷十壬子《叔定舟次两兄下第寄诗慰之》。汪懋麟梦得十二砚，因名其斋曰十二砚斋，汪楫作诗歌之，见《山闻后诗·江舟雪夜作十二砚斋歌寄五弟蛟门舍人》。十三年，两人同游海陵，见汪懋麟《百尺梧桐阁诗集》卷十二甲寅《午日同舟次兄饮海陵寓园》。十六年，汪楫授淮安府赣榆县教谕，汪懋麟作诗文送之，见汪懋麟《百尺梧桐阁文集》卷二《送兄舟次之任赣榆序》、汪懋麟《百尺梧桐阁诗集》卷十五丁巳《舟次二兄之赣榆学官既作序送之复命作诗得二十八字》。

---

[1]《悔斋诗》七言古诗《题五子樽酒论文图》，题下注曰："渭北王幼华来江东，与吴野人、孙豹人、郝羽吉、汪舟次交，命曰五友，绘图以归，分赋。"孙枝蔚《溉堂前集》卷九癸卯稿《题樽酒论文图送别王幼华归秦中》："幼华合予与宾贤、舟次、羽吉，命戴生涵为《樽酒论文图》，携归故里。"

十八年至二十三年,两人同官京师,时时宴饮游乐,见汪懋麟《百尺梧桐阁遗稿》卷一己未稿《重九前二日其年升六子纶颂嘉子静舟次家兄喜余抵京集饮颂嘉邸斋同用六月韵》、汪懋麟《百尺梧桐阁遗稿》卷一己未稿《九日游黑龙潭同其年升六子纶颂嘉子静舟次家兄再迭前韵》、汪懋麟《百尺梧桐阁遗稿》卷二庚申稿《清明同大可子静家舟次朝彩游摩诃庵四首》、汪楫《京华诗》五言律诗《三月廿四日同石林蛟门东川过天坛畔云山房看牡丹高羽士留小饮即席次绛堂前辈韵二首》、《京华诗》五言古诗《四月三日乔石林家蛟门东川过丰台看芍药小憩王大司马野圃值严孙沈费诸前辈来游共饮花间晚复偕诸公暨颂嘉集石林寓舍同用药字得诗四十韵》、《京华诗》七言律诗《纳凉十二砚斋竟日蛟门叠韵见示再和奉答》。

5. 吴绮(1619—1694),字薗次,江苏江都人。由拔贡生授中书,迁兵部主事,历郎中,知湖州府。长于诗,尤工骈体。著有《林蕙堂集》。康熙十五年,吴绮过饮菊下,为吴绮看奕轩题诗,见《山闻后诗·吴薗次孙赤崖过饮菊下》《山闻后诗·吴薗次索题看奕轩得二首》。吴绮初度,汪楫寄诗贺寿,见《京华诗》七言律诗《寄吴薗次太守》。

6. 宗元鼎(1620—1698),字定九,一字鼎九,号梅岑,又号东原居士、梅西居士、小香居士、卖花老人等,江苏江都人。康熙十八年贡太学。工诗善画,与兄元观、弟元豫、侄之瑾、之瑜时称"广陵五宗"。著有《芙蓉集》《新柳堂集》。顺治十八年,宗元鼎过饮汪楫斋中,见宗元鼎《芙蓉集》五言近体下《汪舟次斋中咏锦雉》。二十一年,汪楫奉使琉球,宗元鼎作诗送之,见宗元鼎《宗定九新柳堂集》卷二《送汪舟次翰林册封琉球国歌》。

7. 郭士璟(1620—1699),字饮霞,号梅书,江苏江都人。康熙十二年(1673)进士。官常州府教授,迁国子监助教,晋工部主事,督榷九江。著有《广陵旧迹诗》《句云堂词》。康熙十一年,汪楫为郭士璟小像题诗,见《山闻诗·题郭梅书博士小像》。郭士璟榷税九江,汪楫作诗送之,见《京华诗》六言诗《送郭梅书榷九江关》。

8. 许承宣,字力臣,江苏江都人。康熙十五年(1676)进士,改庶吉士,迁工科给事中。著有《宿影亭集》《青岑稿》《西北水利议》。康熙十五年,汪楫有诗寄许承宣,见《山闻后诗·寄许力臣太史》。

9. 周在浚(1640—1696),字雪客,号梨庄,一号苍谷,又号耐龛,河南祥符人。周亮工长子。曾官太原参军。著有《云烟过眼录》《南唐书注》《遗谷集》等。周在浚游歙州，汪楫寄诗送之，见《悔斋诗》五言古诗《闻周雪客游歙州赋寄》。康熙八年，周在浚入京，汪楫作诗送之，见《山闻诗·送周雪客入燕》。

10. 陶季（1616—1701），初名澄，字季深，以字行，乃去深称季，晚号括庵，江苏宝应人。著有《舟车集》。陶季自闽归，汪楫诗以赠之，见《悔斋诗》五言律诗《陶季深归自闽中为尊人谋葬事诗以赠之》。

11. 吴鏖，字仁趾，安徽歙县人。学诗于吴嘉纪，兼工篆刻。康熙三年，吴鏖游高邮，汪楫作诗送之，见《悔斋诗》五言律诗《送吴仁趾之秦邮》。四年，吴鏖归里，汪楫作诗送之，见《悔斋诗》五言律诗《五月一日送吴仁趾归茆山》。

12. 吴周（？—1669），字后庄，安徽潜口人。著有《丰溪集》。康熙二年，吴周游扬州，汪楫作诗赠之，见《悔斋诗》七言古诗《赠吴后庄》。三年，吴周归宛陵，汪楫作诗送之，见《悔斋诗》五言律诗《送吴后庄归宛陵兼柬郝髯》。

13. 汪士裕，字左岩，江苏江都人。康熙二年举人，官太湖教谕。除服，补沛县教谕，又移庐江。著有《适园诗钞》。汪士裕之东城谒徐豫章，汪楫作诗送之，见《悔斋诗》五言律诗《送左岩之东城谒徐豫章先生》。四年，汪楫与汪懋麟、汪耀麟饮汪士裕宅，见汪懋麟《百尺梧桐阁诗集》卷三乙巳《同叔定舟次两兄饮左岩兄宅》。汪士裕归里，汪楫作诗送之，见《悔斋诗》七言古诗《送左岩兄归里》。

14. 汪舟，字虚中，号岸舫，安徽潜口人。康熙十七年中举。著有《岸舫诗》《柳塘诗》《阮溪诗》。汪舟归里，汪楫作诗送之，见《悔斋诗》五言律诗《送家虚中归銮江分得违字》。

15. 江闿（1634—1701），字辰六，号览古、青芜，别号牂牁生，晚号卤夫，安徽歙县人，贵州贵阳籍。康熙二年举人，榜姓越。历官益阳县知县、均州知州、解州知府。著有《江辰六文集》。康熙十三年，汪楫与江闿偕行村舍，见《山闻后诗·越辰六偕余行村舍间脱其靸系余解带授之归驰书来谢戏有此作》。十九年，江闿应鸿博不第，授益阳县知县，汪楫作诗送之，见《京华诗》五言律诗《送江辰六之益阳任二首》。

16. 查嗣瑮（1652—1733），字德尹，号查浦，浙江海宁人。查慎行弟。康熙三十九年（1700）进士，散馆，授编修，官至侍讲。后因弟查嗣庭文字

狱案受株连,谪遣关西,卒于戍所。著有《查浦诗钞》《查浦辑闻》。康熙
二十七年冬,汪楫还京,与查嗣瑮等集古藤书屋,见查嗣瑮《查浦诗钞》卷
三《同姜西溟谭左羽汪舟次朱竹垞王令贻汤西厓龚蘅圃再集古藤书屋分
赋寒具得花窖限五古》。二十八年,查嗣瑮游洛,汪楫饮之署中[1]。

在汪楫的交游中,同乡彦友是规模较大的一个群体。他们中很多人
与汪楫保持终生的交往,使汪楫体会到了友情的可贵。

四、仕宦

"仕宦之友"主要指汪楫生平所结交的各级官吏,汪楫与他们集饮宴
游、题诗赠答的过程中,诗词水平不断提高,创作技巧日趋成熟。

1. 徐乾学(1631—1694),字原一,号健庵,江苏昆山人。康熙九年
(1670)进士,授编修。先后担任日讲起居注官、《明史》总裁官、侍讲学士、
内阁学士,累迁左都御史、刑部尚书。著有《憺园文集》。康熙十三年,徐乾
学游扬州,汪楫为徐乾学《论文图》题诗,见《山闻后诗·题徐健庵太史论文
图》。徐乾学母顾氏六十初度,汪楫作诗贺寿,见《山闻后诗·徐母顾太夫
人寿诗》。十四年,徐乾学入京,汪楫作诗赠别,见《山闻后诗·赠别徐健庵
太史》。别后,汪楫有诗寄徐乾学,见《山闻后诗·寄徐健庵太史》。二十八
年,汪楫擢河南府知府,徐乾学作诗送行,见徐乾学《憺园文集》卷九《送汪
舟次出守河南》。

2. 高士奇(1645—1703),字澹人,号江村,先世余姚人,系籍钱塘。历
官内阁中书、翰林院侍讲、詹事府少詹事兼翰林院侍读学士、礼部侍郎。能
诗文,擅书法,精考证,善鉴赏,所藏书画甚富。著有《左传纪事本末》《清吟
堂集》等。康熙十七年,汪楫应鸿博试至京,与高士奇交,高士奇索赠诗,见
《京华诗》七言律诗《高澹人舍人索赠》。二十一年,汪楫奉使琉球,高士奇
作诗送之,见高士奇《苑西集》卷四《送汪舟次检讨使琉球》。二十八年,汪
楫擢河南府知府,高士奇作文送行,见高士奇《高士奇集》卷四《送汪舟次检
讨之河南太守任序》。

---

[1] 查嗣瑮《查浦诗钞》卷三《洛中怀古十七首》序曰:"未几,悔斋先生有河尹之命,余亦拟
登嵩少,辄从游焉。……已巳,羁迟洛署,与先生酒清月白,辄念旧游。"

3. 李天馥（1635—1699），字湘北，号容斋、朝霞，安徽合肥人。顺治十五年（1658）进士。历官工部尚书、刑部尚书、兵部尚书、吏部尚书、武英殿大学士。著有《容斋千首诗》。康熙十七年，汪楫至京应试，有诗赠李天馥，见《京华诗》七言律诗《赠李容斋学士》。十八年正月，汪楫有诗柬李天馥，见《京华诗》七言古诗《正月廿二日雪后奉柬朝霞学士》。

4. 叶方蔼（1629—1682），字子吉，号纫庵，江苏昆山人。顺治十六年（1659）进士。历官翰林院编修、侍讲学士、侍读学士、礼部侍郎、刑部侍郎。著有《读书斋偶存稿》《叶文敏公集》《独赏集》。康熙十九年，叶方蔼做亭下杂花诗，汪楫和其韵，见《京华诗》七言古诗《寓舍对花歌次掌院先生韵》。叶方蔼题翰林院壁，汪楫亦有和诗，见《京华诗》七言古诗《奉和掌院先生题院壁用东坡清虚堂韵》。

5. 张英（1637—1708），字敦复，号圃翁，安徽桐城人。康熙二年举人，六年进士。历官翰林院编修、侍读学士、兵部右侍郎、工部尚书、礼部尚书。著有《文端集》。康熙十七年，汪楫至京应试，有诗赠张英，见《京华诗》五言排律《赠张梦敦学士二十韵》。二十一年，张英假归桐城，汪楫作诗送之，见《京华诗》七言古诗《送龙眠先生假归》。

6. 陈廷敬（1638—1712），字子端，号说岩，晚号午亭，山西泽州人。顺治十五年（1658）进士。历官工部尚书、户部尚书、文渊阁大学士、刑部尚书、吏部尚书。工诗文。著有《午亭文编》。康熙十七年，汪楫至京应试，有诗呈陈廷敬，见《京华诗》五言古诗《桥松篇呈陈说岩学士》。二十一年，汪楫奉使琉球，陈廷敬作诗送之，见陈廷敬《午亭集》卷二十三《送汪舟次使琉球》。

7. 魏裔介（1616—1686），字石生，号贞庵，又号昆林，河北柏乡人。顺治三年（1646）进士，选庶吉士。历官工科给事中、左都御史、太子太保、吏部尚书、保和殿大学士、太子太傅。著有《兼济堂文集》。康熙十七年，汪楫赴京应试，有诗呈魏裔介，见《京华诗》七言律诗《奉赠魏贞庵相国二首》。

8. 魏象枢（1617—1687），字环溪，又字环极，号庸斋，晚号寒松老人，山西蔚州人。崇祯举人，顺治进士。历任刑、工、吏诸科给事中，顺天府尹，左都御史，刑部尚书等。著有《寒松堂集》。康熙十七年，汪楫应试至京，魏象枢招饮，有诗赠之，见《京华诗》七言律诗《魏庸斋总宪招饮奉呈二首》

9. 林麟焻（1646—? ），字石来，号玉岩，福建莆田人。康熙九年（1670）

进士,历官中书舍人、户部江南司主事、户部广西司员外郎、礼部主客祠祭仪制三司郎中、贵州提学佥事。著有《玉岩诗集》。康熙二十二年,汪楫为正使,林麟焻为副使,两人同使琉球,途中两人多所唱和,见《观海集·沧州迟石来不至次直沽见怀原韵二首》《观海集·出五虎门同石来次前使萧给事韵》《观海集·中山七夕次石来韵》。

10. 田雯(1635—1704),字紫纶,一字子纶,亦字纶霞,号漪亭,自号山姜子,晚号蒙斋,山东德州人。康熙三年进士。授中书舍人。历户、工二部司员,累擢江南督学、湖广督粮道、贵州巡抚。著有《古欢堂诗》《山姜文集》《长河志籍考》。康熙十八年,田雯因地震移居,作《移居诗》,汪楫有和诗,见《京华诗》七言古诗《田子纶工部移居次原韵》。同年重九,田雯与汪楫等游黑龙潭,见田雯《古欢堂集》卷六《九日同其年升六舟次蛟门石林集黑龙潭和韵》。

在汪楫的交游群体中,仕宦之友是规模最大的一个群体。汪楫在与他们酬唱往复中,创作了大量作品,品性才情得到了全面的展现。

五、博学鸿儒

康熙十八年的博学鸿儒科,网罗人才堪称一时之选。汪楫与诸鸿博同年修明史,故而与鸿博群体交往颇多,主要有陈维崧、尤侗、施闰章、毛奇龄、汪琬等。

1. 陈维崧(1625—1682),字其年,号迦陵,江苏宜兴人。与吴兆骞、彭师度同被吴伟业誉为"江左三凤"。与吴绮、章藻功称"骈体三家"。明亡后,科举不第。康熙十八年,举博学鸿儒科进士,授翰林院检讨。著有《迦陵集》《湖海楼集》《乌丝词》等。陈维崧与汪楫是同乡,又同举鸿博,交往颇深。康熙四年,陈维崧游扬州,有诗赠汪楫,见陈维崧《湖海楼诗集》卷二乙巳《赠汪舟次兼怀吴野人》。陈维崧归里,汪楫作诗赠别,见《悔斋诗》五言律诗《赠别陈其年》。五年,汪楫读书摄山,陈维崧作诗送行,见陈维崧《湖海楼诗集》卷二丙午《送汪舟次游摄山同王西樵吴野人赋》。十八年,两人同举鸿博,时相宴游,见陈维崧《湖海楼词集》卷十四《齐天乐·渌水亭观荷同对岩荪友竹垞舟次西溟饮容若处作》、陈维崧《湖海楼诗集》卷六己未稿《重九前一日喜汪蛟门至集曹羲嵋斋同曹升六田子纶乔石林汪舟次限六月韵》、陈维崧《湖海楼诗集》卷七庚申《早春同严荪友倪闇公范秋涛汪舟次乔石林潘次耕过李木庵前辈斋灯下看盆梅即次原韵四首》。

2. 施闰章（1619—1683），字尚白，一字屺云，号愚山、蠖斋，晚号矩斋，安徽宣城人。顺治六年进士，授刑部主事。历官山东提学道、湖西道参议。康熙十八年，举博学鸿儒科进士，授侍讲，预修《明史》，旋进侍读。文章醇雅，尤工于诗，与同邑高咏等唱和，时号"宣城体"；与宋琬有"南施北宋"之名。著有《学余堂诗文集》《蠖斋诗话》等。康熙六年，汪楫游江西，访施闰章于临江舟中，见《山闻诗·访愚山先生于临江舟中》。不久，施闰章以裁缺去任，汪楫作诗纪事，见《山闻诗·施愚山少参去临江任诗以纪事》。施闰章为汪楫《山闻诗》作序，见施闰章《学余堂文集》卷五《汪舟次诗序》。汪楫往游庐山，施闰章作诗送之，见施闰章《学余堂诗集》卷二十《龙山月下作歌送汪舟次游匡庐》。九年，施闰章游扬州，汪楫作诗赠之，见《山闻诗·卖船行为施愚山少参作》。十年，两人同集南京，听苏昆生度曲，见《山闻诗·秦淮月夜集施愚山少参寓亭听苏昆生度曲同郭汾又杨商贤吴野人赋》和施闰章《学余堂诗集》卷二十《秦淮水亭集郭汾又杨商贤吴野人汪舟次听苏生度曲》。十六年，汪楫官赣榆教谕，施闰章作书寄怀，见施闰章《学余堂诗集》卷三十二《寄汪舟次司训赣榆》。二十一年，汪楫奉使琉球，施闰章作诗送之，见施闰章《学余堂诗集》卷二十三《送汪舟次检讨册封琉球》。

3. 毛奇龄（1623—1713），字大可，号西河，浙江萧山人。康熙十八年，举博学鸿儒科进士，授检讨。著有《西河合集》。康熙十九年，毛奇龄娶丰台卖花女张曼殊为妾，汪楫作诗赠之，见《京华诗》七言绝句《毛大可纳丰台张姬戏赠四绝句》。汪楫移居，毛奇龄过访新居，和诗赠之，见毛奇龄《西河合集·过汪二检讨新居和冯三郡丞韵》。二十一年，汪楫奉使琉球，毛奇龄作诗送之，见毛奇龄《西河合集·送汪检讨林舍人奉使琉球册封中山王四首》。

4. 朱彝尊（1629—1709），字锡鬯，号竹垞，又号驱芳，晚号小长芦钓鱼师，又号金风亭长，浙江秀水人。康熙十八年，举博学鸿儒科进士，除检讨。二十二年，入直南书房。著有《曝书亭集》《经义考》等。康熙十八年，两人同举鸿博，时相宴游，见《京华诗》五言律诗《己未元日曹舍人颂嘉招同豹人大可锡鬯其年冰壑天章石林共集迟武曾次耕西崖不至限韵二首》《京华诗》七言古诗《己未人日高谡园招同家钝翁锡鬯武曾饮斋中被酒作歌》。汪楫卒,朱彝尊为志墓,见朱彝尊《曝书亭集》卷第七十三《通奉大夫福建布政司使内升汪公墓表》。

5. 汪琬(1624—1691),字苕文,号钝庵,初号玉遮山樵,晚号尧峰,江苏长洲人。顺治十二年(1655)进士,康熙十八年举鸿博,历官户部主事、刑部郎中、翰林院编修。著有《尧峰诗文钞》《钝翁类稿》等。康熙十年,汪琬假归,汪楫作诗赠之,见《山闻诗·喜家钝翁假归》。十六年,汪琬为《山闻后诗》作序,载《山闻后诗》卷首。二十一年,汪楫奉使琉球,汪琬作诗送之,见汪琬《钝翁续稿》卷八《送宗人舟次出使琉球》。二十五年,汪楫《中山沿革志》成,汪琬为作序,载《中山沿革志》卷首。

6. 徐釚(1636—1708),字电发,号虹亭、鞠庄、拙存,晚号枫江渔父,江苏吴江人。康熙十八年,召试博学鸿儒,授翰林院检讨。著有《词苑丛谈》《南州草堂集》《菊庄词》等。康熙三十三年,徐釚游闽,有诗赠汪楫,见徐釚《南州草堂集》卷十六《与同年汪悔斋观察》。

7. 乔莱(1642—1694),字子静,号石林,江苏宝应人。康熙二年举人,六年进士。授内阁中书。康熙十八年,举博学鸿儒一等进士,授翰林院编修,与修《明史》。升侍讲,转侍读。中蜚语罢归。潜心读《易》。著有《归田集》《易俟》等。康熙十七年,两人同应鸿博试至京,乔莱招汪楫饮,见《京华诗》五言古诗《乔石林舍人出藏酒招饮时以他约不获终燕明日作此奉柬》。十九年,乔莱指瓶中芍药索题,汪楫赋诗赠之,见《京华诗》七言律诗《乔石林指瓶中芍药花索题同峨眉蛟门即席限韵》。二十年,乔莱典桂林乡试,汪楫作诗送之,见《京华诗》七言律诗《赠别乔石林典试粤西五首》。二十六年,乔莱罢归,汪楫作诗慰之,见《京华诗》七言律诗《喜乔石林南归次家蛟门韵二首》。

8. 潘耒(1646—1708),字次耕,又字稼堂,晚号止止居士,江苏吴江人。少师事徐枋、顾炎武,博通经史、历算、音学。康熙十八年(1679),举博学鸿儒科进士,授翰林院检讨,参修《明史》。后以浮躁降职。著有《遂初堂集》。康熙二十一年,汪楫奉使琉球,潘耒作诗送之,见潘耒《遂初堂诗集》卷四《送同年汪舟次奉使琉球》。三十二年,潘耒游闽,有诗赠汪楫,见潘耒《遂初堂诗集》卷十《赠汪悔斋年友》。汪楫饷潘耒以枫亭荔枝,潘耒作诗谢之，见潘耒《遂初堂诗集》卷十《汪悔斋臬使饷枫亭荔枝叠前韵》。三十八年，汪楫卒，潘耒为文祭之，见潘耒《遂初堂文集》卷二十《祭汪悔斋文》。

9. 王顼龄（1642—1725），原名元龄，字颛士，号瑁湖，晚号松乔老人，江苏华亭人。康熙二年举人，十五年进士。十八年，举博学宏儒科进士，改翰林院编修。历工部尚书、武英殿大学士。雍正初，进太傅。著有《世恩堂集》。十八年，汪楫与王顼龄饮乔莱斋中，见《京华诗》七言律诗《同峨眉瑁湖饮石林斋中闻雁》。地震初止，汪楫有诗和王顼龄韵，见《京华诗》七言律诗《又和瑁湖韵》。二十一年，汪楫奉使琉球，王顼龄作诗送之，见王顼龄《世恩堂诗集》卷七《送汪舟次册封琉球》。

汪楫在与博学鸿儒诸贤同修《明史》过程中，与他们结下了深厚的友谊，不但创作了大量的诗文，史学造诣也得到了提高。

六、方外交游

硕揆禅师、无可禅师、今释禅师等高僧都与汪楫有一定的交往。在与这些高僧友人的交往中，汪楫的佛学修养得到了一定的提高，对人世间的名利、生死荣辱等问题看得更透彻。

1. 硕揆禅师（1628—1697），原名原志，字硕揆，号借巢，俗姓孙，江苏盐城人。杭州云林寺僧。著有《借巢诗集》。康熙四年，汪楫过禅智寺，访释原志，见《悔斋诗》七言律诗《过禅智寺访硕揆上人》。

2. 无可禅师（1611—1671），原名方以智，字密之，号曼公，又号鹿起、龙眠愚者等，安徽桐城人。崇祯十三年进士，官检讨。弘光时为马士英、阮大铖中伤，逃往广东以卖药自给。永历时任左中允，遭诬劾。清兵入粤后，在梧州出家，法名弘智，字无可，别号大智、药地、愚者大师等。晚年定居江西庐陵青原山，自称极丸老人。康熙十年，因"粤难"被捕，旋自沉殉国。著有《通雅》《物理小识》《药地炮庄》《东西均》等。康熙六年，汪楫游江西，晤无可禅师，赋诗赠之，时无可禅师居青原山净居寺，见《山闻诗·荆树行为无可大师赋》。无可禅师为《山闻诗》作序，汪楫作诗谢之，见《山闻诗·答无可大师》。无可禅师制岕茶见寄，汪楫作诗谢之，见《山闻诗·无可师自青又庵制岕茶见寄》。

3. 今释禅师(1614—1680),原名金堡,字卫公,又字道隐,浙江仁和人。崇祯庚辰(1640)进士,授临清知州。因催科不及额,坐解职。后薙发为僧,名曰今释,号澹归。工书画,著有《遍行堂集》。康熙六年,两人同游江西,晤谈甚欢,互有诗赠答,见金堡《遍行堂诗集》卷一《赠汪舟次》、汪楫《山闻诗·答赠澹归大师》。今释去青原,汪楫作诗送之,见《山闻诗·澹归师去青原》。今释为《山闻诗》作序,载《山闻诗》卷首。今释归粤,互有诗赠答,见金堡《遍行堂诗集》卷八《宜楼留别白岳汪舟次》、汪楫《山闻诗·赠别澹公》。

汪楫在与这些习佛、习道之人的雅集交游中,自然难免时常谈禅论道,这为其佛道思想的交流营造了较为浓郁的氛围。

纵观汪楫的交游状况,可以看出有以下几个特点:一,结交面广。从遗民隐士到方外人士,从博学鸿儒到同学彦友,从师长前辈到仕宦之友,其交游对象在社会地位、学识才情、生活地域、修养境界等方面均有所不同。二,交游人数多。在汪楫六十余年的人生历程中,主要交游有一百多人。文中所考只是汪楫的主要交往圈子,其他尚可考者还有很多。三,交游内容丰富,有祝寿、升迁之喜、乔迁之喜、谢友问安、宴游限韵、题画、次韵倡和,等等。

通过以上交游考略,可以发现汪楫多方面的特征,对其生平有了生动的了解。

参考文献

汪楫:《悔斋诗》,清康熙刻本

汪楫:《山闻诗》,清康熙刻本

汪楫:《山闻后诗》,清康熙刻本

汪楫:《京华诗》,清康熙刻本

汪楫:《观海诗》,清康熙刻本

汪楫:《琉球使录》,清康熙刻本

汪楫:《中山沿革志》,清康熙刻本

汪懋麟:《百尺梧桐阁集》,《四库全书存目丛书》本

汪懋麟:《百尺梧桐阁遗稿》,《四库全书存目丛书》本

徐乾学:《憺园文集》,清康熙刻冠山堂印本

雷士俊：《艾陵诗文钞》，清康熙莘乐草堂刻本

孙枝蔚：《溉堂集》，清康熙刻本

陈廷敬：《午亭文编》，清文渊阁《四库全书》本

吴嘉纪著，杨积庆笺校：《吴嘉纪诗笺校》，上海古籍出版社，1980

江闿：《江辰六文集》，《四库禁毁书丛刊》本

陶季：《舟车前集》，清康熙刻本

计东：《改亭诗文集》，清乾隆十三年计璸刻本

毛奇龄：《西河合集》，康熙书留草堂刻本

施闰章：《学余堂诗文集》，清文渊阁《四库全书》本

汪琬：《尧峰文钞》，《四部丛刊》景林佶写刻本

方文：《嵞山集》，清康熙二十八年王槩刻本

王士禛：《带经堂集》，清康熙五十年程哲七略书堂刻本

徐釚：《南州草堂集》，清康熙三十四年刻本

高士奇：《高士奇集》，清康熙刻本

陈维崧：《湖海楼诗集》，清刊本

朱彝尊：《曝书亭集》，《四部丛刊》景清康熙本

周亮工：《赖古堂集》，康熙十四年周在浚刻本

杜濬：《变雅堂遗稿》，清光绪二十年黄冈沈氏刊本

冯溥：《佳山堂诗集》，清康熙刻本

宗元鼎：《芙蓉集》，清康熙刻本

李良年：《秋锦山房集》，清康熙间刻乾隆间续刻《李氏家集四种》
本

方象瑛：《健松斋集》，清康熙间世美堂刻康熙四十年续刻本

孙蕙：《笠山诗选》，《四库全书存目丛书》本

王又旦：《黄湄诗选》，清康熙刻本

乔莱：《直庐集》，清康熙刻本

张英：《文端集》，清文渊阁《四库全书》本

田雯：《古欢堂集》，清文渊阁《四库全书》本

宋曹：《会秋堂诗集》，周梦庄辑抄本

阮元：《淮海英灵集》清嘉庆三年小琅嬛仙馆刻本

王豫：《淮海英灵续集》，清道光刻本

李斗:《扬州画舫录》,乾隆六十年自然盒刻本

江庆柏编著:《清代人物生卒年表》,人民文学出版社,2005

张慧剑编:《明清江苏文人年表》,上海古籍出版社,1986

邓之诚:《清诗纪事初编》,上海古籍出版社,1965

作者工作单位:复旦大学出版社

嘤其鸣矣　求其友声

——以郑板桥为中心试论扬州八怪的交友之道[*]

赵　阳　赵昌智

摘　要：国人历来十分重视交友之道，自天子至于庶人，未有不须友以成者也。本文以郑板桥为中心，论述扬州八怪的交友之道，其可赞者：善学多闻，善道友长，善规友短，真情相处。其交友之道主要源于儒学传统和平民精神。故扬州八怪之交友是真正的君子之素交，文人之学交，平民之情交。

关键词：扬州八怪　交友之道　儒学传统　平民精神

国人历来十分重视交友之道，经典文献中对此论述很多。儒家将之列入"五伦"："曰君臣也，父子也，夫妇也，昆弟也，朋友之交也：五者天下之达道也。"[1]孔子以为交友需慎重，曰："益者三友，损者三友。友直，友谅，友多闻，益矣。友便辟，友善柔，友便佞，损矣。"还提出"乐者三乐，损者三乐"，"乐节乐礼，乐道人之善，乐多贤友，益矣"。[2]曾子把交友作为"吾日

---

* 本文系江苏省社会科学基金项目"清代扬州地区女性文人文学空间及创作研究"（项目编号：16ZWB010）的阶段性成果。

［1］朱熹《中庸章句》，《四书章句集注》，中华书局1983年版，第29页。
［2］《论语集注·颜渊第十二》，《四书章句集注》，第172–173页。

三省吾身"的重要内容:"与朋友交而不信乎?"[1]他说:"君子以文会友,以友辅仁。"[2]"君子己善,亦乐人之善也;己能,亦乐人之能也;己虽不能,亦不以援人。"[3]"朋友不信,非孝也。"[4]"故蓬生麻中,不扶自直;白沙在泥,与之俱黑。是故人之相与也,譬如舟车然,相达济也。己先则援之,彼先则推之。是故人非人不济,马非马不走,土非土不高,水非水不流。"[5]孟子在回答万章"问友"时说:"不挟长,不挟贵,不挟兄弟而友。友也者,友其德也,不可以有挟也。"[6]并对交友的空间、时间作了个界定:"一乡之善士斯友一乡之善士,一国之善士斯友一国之善士,天下之善士斯友天下之善士。以友天下之善士为未足,又尚论古之人。颂其诗,读其书,不知其人,可乎? 是以论其世也。是尚友也。"[7]《诗经·小雅·伐木》云:"伐木丁丁,鸟鸣嘤嘤。……嘤其鸣矣,求其友声。相彼鸟矣,犹求友声。矧伊人矣,不求友生?"而序说得更明白:"伐木,燕朋友故旧也。"[8]

　　不仅儒家,诸子百家以及后世之有识见者莫不重视交友之道。曹丕曾有两篇文章论此。一篇《交友论》开宗明义:"夫阴阳交,万物成;君臣交,邦国治;士庶交,德行光。同忧乐,共富贵,而友道备矣。"为阐述自己的观点,他引《易》:"上下交而其志同……交乃人伦之本务,王道之大义。"而且还引《白虎通》言:"朋友之道有四:近则正之,远则称之,乐则思之,患则死之。"引扬子《法言》:"朋而不心,面朋也;友而不心,面友也。"引《说苑》言:"魏文侯叹田子方曰:自友子方也,君臣益亲,百姓益附,吾是以知友士之功焉。"[9]另一篇《典论·论文》,明面论文,底面论友,第一句便是:"文人相轻,自古而然。"为什么出现这种现象? 他分析:"夫人善于自见。而文非一体,

[1]《论语集注·学而第一》,《四书章句集注》,第48页。

[2]《论语集注·颜渊第十二》,《四书章句集注》,第141页。

[3]《曾子·立事》,阮元《曾子注释》,《扬州文库》第73册,广陵书社2015年版,第9页。

[4]《曾子·大孝》,《扬州文库》第73册,第22页。

[5]《曾子·制言》,《扬州文库》第73册,第29页。

[6]《孟子集注·万章章句下》,《四书章句集注》,第323页。

[7]《孟子集注·万章章句下》,《四书章句集注》,第329页。

[8]《诗经·小雅·伐木》,《毛诗传笺》,中华书局2018年版,第213页。

[9]〔三国魏〕曹丕《交友论》,《魏文章集》卷一,明张溥《汉魏六朝百三家集》,江苏古籍出版社2001年版,第738—739页。

鲜能备善,是以各以所长,相轻所短。里话曰:家有蔽帚,享之千金。斯不自见之患也。"他叙述的目的在于反衬建安七子:"斯七子,于学无所遗,于辞无所假,咸以自骋骥騄于千里,仰齐足而并驰,以此相服,亦良难矣。""盖君子审己以度人,故能免于斯累。"[1]建安文学之所以能出现繁荣局面,就因为重视交友之道。

但真正获得知己之交并不容易。南朝萧梁时期的文学家刘孝标见任昉辞世后,其后人流离失所、衣食不周,而昔之友人无人援手的惨状,愤而作《广绝交论》,揭露了当时社会上"交友问题"的五种恶劣表现(五交):"势交""贿交""谈交""穷交""量交",以及由此带来的三大危害(三衅):"败德殄义,禽兽相若,一衅也;难固易携,雠讼所聚,二衅也;名陷饕餮,贞介所羞,三衅也。"揭示了其根源:"利交同源。"也就是一切从自我的利益出发。作者呼唤君子之"素交":"至夫组织仁义,琢磨道德,欢其愉乐,恤其陵夷。寄通灵台之下,遗迹江湖之上。风雨急而不辍其音,雪霜零而不渝其色。斯乃贤达之素交,历万古而一遇。"[2]

故古人云:"自天子至于庶人,未有不须友以成者也。"[3]艺术也是如此。清代扬州八怪之所以取得成功,并获得深远的影响,也是与他们的交友之道分不开的。本文拟以郑板桥为中心作一粗浅的分析。

扬州八怪的交友之道,其可赞者大致有四:

一是善学多闻。扬州八怪诸人大多聪明绝顶,也常有人如金农自我标榜为"不学而能",其实天才的背后就是"勤奋"二字。郑板桥在《四书手读序》中讲:"板桥生平最不喜人过目不忘。"[4]在《板桥自叙》中更明明白白地说:"板桥每读一书,必千百遍。舟中、马上、被底,或当食忘匕箸,或对客不听其语,并忘其所语,皆记书默诵也。书有弗记者乎?"[5]读书如此,学书画亦如此。八大山人的高弟西江万个,能作一笔石,"石之凹凸浅

[1]〔三国魏〕曹丕《典论·论文》,《曹文帝集》,《汉魏六朝百三家集》,第736-737页。

[2]〔南朝宋〕刘孝标《广绝交论》,《文选》卷55,上海古籍出版社1986年版1997年第5次印刷,第2365-2380页。

[3]《诗经·小雅·伐木·序》,《毛诗传笺》,第213页。

[4]〔清〕郑板桥《四书手读序》,卞孝萱、卞岐编《郑板桥全集》第一册卷八·文钞二,凤凰出版社2012年版,第272页。

[5]《板桥自叙》,《郑板桥全集》第一册卷九·文钞三,第293页。

深，曲折肥瘦，无不毕具"，板桥遂学之，一个早晨得十二幅，似乎很容易，板桥说："然运笔之妙，却在平时打点，闲中试弄，非可率意为也。"[1]"平时打点，闲中试弄"八个字透露了板桥平日苦练笔墨的信息。乾隆甲戌十月，他在一幅画兰的题记中写道："予作兰有年，大率以陈古白先生为法。及来扬州，见石涛和尚墨花，横绝一时，心善之而弗学，谓其过纵，与之自不同路。又见颜君尊五，笔极活，墨极秀，不求异奇，自有一种新气。又有友人陈松亭，秀劲拔俗，矫然自名其家，遂欲仿之。兹所飘撇，其在颜、陈之间乎，然要不知似不似也。"[2]由此，一能见其好学，二能见其善学。更重要的是能"得其间"，"僧白丁画兰，浑化无痕迹。其法画毕微干，用水喷噀，其细如雾，笔墨之痕，因兹化去"，板桥未必赞成此法，他认为："口之噀水与笔之蘸水何异？"无非都是追求水墨之妙，但佩服画家的"妙才妙想"[3]。对学古人也是如此，"郑所南、陈古白两先生善画兰竹，燮未尝学之；徐文长、高且园两先生不甚画兰竹，而燮时时学之弗辍，盖师其意不在迹象间也"。[4]又如画石，板桥说："米元章论石，曰瘦、曰皱、曰漏、曰透，可谓尽石之妙矣。东坡又曰：石文而丑。一'丑'字石之千态万状，皆从此出。彼元章但知好之为好，而不知陋劣之中有至好也。东坡胸次，其造化之炉冶乎？"[5]板桥年少时即注重以文会友，切磋琢磨。雍正六年（1728）春，读书天宁寺，于诵读之暇，戏同诸砚友默书，赛经书之生熟，"日默三五纸，或一二纸，或七八十余纸，或兴之所至，间可三二十纸"，"固诵读之勤，亦刻苦之验也"。[6]此习到老不衰。乾隆二十一年（1756）二月三日，板桥发起"作一桌会，八人同席，各携百钱以为永日欢。座中三老人、五少年：白门程绵庄、七闽黄瘿瓢与燮为三老人；丹徒李御萝村、王文治梦楼，燕京于文浚石乡、全椒金兆燕棕亭、杭州张宾鹤仲谋为五少年。午后，济南朱文震青雷又至，遂为九人会。因画九畹兰花以纪其盛。诗曰：天上文星与

［1］《一笔石》，《郑板桥全集》第一册卷一一·题画一，第360页。

［2］《画兰》，《郑板桥全集》第一册卷一一·题画二，第361-362页。

［3］《兰》，《郑板桥全集》第一册卷一一·题画一，第344页。

［4］《兰》，《郑板桥全集》第一册卷一一·题画一，第354页。

［5］《石》，《郑板桥全集》第一册卷一一·题画一，第352页。

［6］《四书手读序》，《郑板桥全集》第一册卷八·文钞二，第272页。

酒星，一时欢聚竹西亭。何劳芍药夸金带，自是千秋九畹青。"[1]在板桥眼中，"四相簪花"反显得俗气了。他有幅兰竹的题跋曰："今年七十，兰竹益进，惜复堂不再，不复有商量画事人也。"[2]可见生前他是常与李鱓切磋画事的。

二是善道友长。曹丕认为自古文人相轻，其要害在于不能正确认识自己，也不能正确认识他人。看自己长处多，看别人短处多。以自己之长较他人之短。所谓："常人贵远贱近，向声背实，又患暗于自见，谓己为贤。"[3]扬州八怪诸人则一反此习，能见友之长，道友之长，学友之长。汪慎写竹并瘦石一块，请金农题咏，金农振笔书二十八字，其后十四字云："清瘦两笔如削玉，首阳山下立夷齐。"板桥认为："自古题竹以来，从未有用孤竹君事者，盖自寿门始。寿门愈不得志，诗愈奇，人亦何必汩富贵以自取陋！"[4]由这么一则逸事，可见汪慎写竹石能得神韵，从而触发金农的诗思，喻之以夷齐。汪慎钦金农之诗才，故索其题句，因其能得己心。而板桥在题句中叙事之本末，点出金农之诗眼，非高才、高谊均不能至此。板桥对金农诗文、书法都佩服得五体投地。他认为"寿门诗文绝俗"[5]，在一封《与金农书》中，写道："赐示《七夕诗》可谓词严义正，脱尽唐人窠臼，不似唐人作为一派亵狎语也。夫织女乃衣之源，牵牛乃食之本。在天星为最贵，奈何作此不经之说乎！如作者云云，真能助我张目者，惜世人从未道及，殊可叹也。"[6]对书法，板桥认为本朝八分，"若论高下，则傅（青主）之后为万（九沙），万之后为金（寿门），总不如穆倩先生古外之古，鼎彝剥蚀千年也。"[7]可见夸而不过，极有分寸。《赠金农》诗云："乱发团成字，深山凿出诗。不须论骨髓，谁得学其皮！"[8]板桥对高凤翰的诗、书、画亦赞叹不已，在《高凤翰画册》上，板桥差不多幅幅有题跋："其笔墨之妙，古

[1]《题兰竹石调寄一剪梅》，《郑板桥全集》第一册卷一一·题画一，第355—356页。

[2]《兰竹石》，《郑板桥全集》第一册卷一一·题画一，第353页。

[3]〔三国魏〕曹丕《典论·论文》，《曹文帝集》，《汉魏六朝百三家集》，第736页。

[4]《题画竹》，《郑板桥全集》第一册卷一一·题画二，第381页。

[5]《题画兰》，《郑板桥全集》第一册卷一一·题画二，第367页。

[6]《与金农书》，《郑板桥全集》第一册卷八·文钞二，第264页。

[7]《题程穆倩印谱》，《郑板桥全集》第一册卷八·文钞二，第286页。

[8]《赠金农》，《郑板桥全集》第一册卷一·诗钞二，第43页。

人或不能到,予何言以知之。""此幅已极神品、逸品之妙。""此幅从何处飞来,其笔墨未尝著纸,然飞来又恐飞去,须磔狗血以厌之。"[1]在《题高凤翰句石图轴》中,他甚至把自己的画与高凤翰的画比作王恺与石崇斗宝:"至夑自呈所作诗画,各有数种,直是王恺珊瑚,不足当季伦铁如意一击也。"[2]他为李鱓、高翔、黄慎、华喦、边寿民、李方膺都题过画,写过诗,《题高翔山水》云:"何日买山如画里,卧风消受一床书。"[3]《题华喦画浣纱溪扇面》云:"隔溪歌舞认前身……洗尽江山是美人。"[4]他赞黄慎:"爱看古庙破苔痕,惯写荒崖乱树根。画到情神飘没处,更无真相有真魂。"[5]赞边寿民:"画雁分明见雁鸣,缣缃飒飒荻芦声。笔头何限秋风冷,尽是关山离别情。"[6]板桥画竹,李方膺也画竹,但板桥对晴江之竹的赞美也是不吝词句,试录数则:"再减减不去,欲添添不能。酷似霜雪中,一把剪刀,剪去春风万里,只此二叶,已具天地间一片太和景象也。"[7]"此是他家竹,如何过我墙? 比邻情好在,相与共清光。"[8]"划地东风倒卷来,羞从地上拂青苔。南箕北斗排霄汉,扫尽天池涨雾开。"[9]"此二竿可以为箫,可以为笛,必须凿出孔窍,然世间之物,与其有孔窍,不若没孔窍之为妙也。晴江道人画数片叶以遮之,亦曰免其穿凿。"[10]乾隆二十五年五月十三日,板桥《题李方膺墨梅卷》中写道:"夫所谓剪裁者,绝不剪裁,乃真剪裁也。所谓刻划者,绝不刻划。乃真刻划也。""此卷新枝古干夹杂飞舞,令人莫得寻其起落。吾欲坐卧其下,作十日工课而后去耳。"[11]其时板桥正客于通州,不无"站台"之嫌,但如将李画与郑跋对照起来看,就可知板桥之赞绝非虚语。

[1]《题高凤翰画册》,《郑板桥全集》第一册卷一四·题画四,第459-460页。

[2]《题高凤翰菊石画轴》,《郑板桥全集》第一册卷一四·题画四,第459页。

[3]《题高翔山水》,《郑板桥全集》第一册卷一四·题画四,第474页。

[4]《题华喦画浣纱溪扇面》,《郑板桥全集》第一册卷一四·题画四,第474页。

[5]《绝句二十一首·黄慎》,《郑板桥全集》第一册卷二·诗钞二,第73-74页。

[6]《绝句二十一首·边寿民》,《郑板桥全集》第一册卷二·诗钞二,第73-74页。

[7]《扬州画派书画全集·李方膺》,天津人民美术出版社2000年版,第153页。

[8]《扬州画派书画全集·李方膺》,天津人民美术出版社2000年版,第154页。

[9]《扬州画派书画全集·李方膺》,天津人民美术出版社2000年版,第155页。

[10]《扬州画派书画全集·李方膺》,天津人民美术出版社2000年版,第156页。

[11]《题他人画·题李方膺墨梅图》,《郑板桥全集》第一册卷一四·题画四,第471页。

须知板桥所痛恨的现象之一就是无聊的吹捧。"此等辈如虾螺蚌蛤,不能自为,何能为人? 但其所称者,是亦虾螺蚌蛤而已哉!"[1]并以《孟子》"一乡之善""一国之善""天下之善"以应之。他曾撰书一联:"搔痒不着赞何益,入木三分骂亦情。"[2]故其赞多是搔着痒处的。

三是善规友短。"友直、友谅、友多闻",友谅二字最难。板桥有篇《比蛇》,前有序,很有意思。照录如下:

> 粤中有蛇,好与人比较长短,胜则啮人,不胜则自死,然必面令人见,不暗比也。山行见者,以伞具上冲,蛇不胜而死。
>
> 好向人间较短长,截冈要路出林塘。
>
> 纵然身死犹遗直,不是偷从背后量。[3]

这是可以当作一篇寓言来读的,道尽了人世间的险恶,在"友道"方面,"人不如蛇"的现象并不鲜见。扬州八怪多光明磊落之君子,从不恃己讥人之短,更不屑干落井下石之事,而对友人之不足,规规以劝。如板桥与复堂既为同乡,谊兼姻亲,复堂长板桥近十岁,成名早于板桥,板桥对之十分钦佩敬重,这并不妨碍相互之间平等的艺术交流。板桥乾隆庚辰(二十五年,1760)《题李鱓花卉蔬果册》很值得重视。他对李鱓的艺术道路作了总结回顾,说"复堂之画凡三变:初从里中魏凌苍先生学山水,便尔明秀苍雄,过于所师"。其后,"初入都一变,再入都又一变","此册是三十外学蒋(廷锡)时笔也"。他充分肯定了李鱓前两变之成就,但对"六十外又一变"持否定态度,直率地写道:"六十外又一变,则散漫颓唐,无复筋骨,老可悲也。"他还告诫那些李鱓艺术的追随者们:"世之爱复堂者,存其少作、壮年笔,而焚其衰笔、赝笔,则复堂之真精神、真面目,千古常新矣。"[4]上述言论绝非一时偶语,而是经过深思熟虑的,他在另一幅《题李鱓枯木竹石图》中写道:"力足手横,大是青藤得意之笔。"还特意注明"六十内画也"。[5]看来汪筠在《扬

---

[1]《题程邃印谱》,《郑板桥全集》第一册卷八·文钞二,第285页。

[2]《七言联》,《郑板桥全集》第一册卷六·杂著,第217页。

[3]《比蛇》,《郑板桥全集》第一册卷一·诗钞一,第53页。

[4]《题李鱓花卉蔬果册》,《郑板桥全集》第一册卷一四·题画四,第463页。

[5]《题李鱓枯木竹石册》,《郑板桥全集》第一册卷一四·题画四,第463页。

州画苑录》中所云："同时并举,另出偏师,怪以八名,如李复堂啸村之类,画非一体,似苏张之捭阖,徐黄之遗规,率汰三笔五笔,覆酱嫌粗,胡说五言七言,打油自喜,非无异趣,适赴歧路,示崭新于一时,只盛行乎百里。"[1]并非完全是空穴来风。再,板桥与金农之友谊极厚。金农好古玩,为个中大家,板桥《与金农书》云:"世间最宝贵者,莫若《易象》《诗》《书》《春秋》《礼》《乐》,斯岂非世上大古器乎!不此之贵,而玩物丧志,奚取焉!"[2]对朋友提出了委婉的批评,希望他能集中聪明才智,在艺术上、学术上作出更大的成就,非肝胆之交,孰能深言至此?他曾在一段画跋中谈及石涛务博,自己务专:"安见专之不如博乎!"并进而发挥:"精神专一,奋苦数十年,神将相之,鬼将告之,人将启之,物将发之。不奋苦而求速效,只落得少日浮夸,老来窘隘而已。"[3]也未尝不可以视为对平日书画朋友的一种忠告。在《与江昱江恂书》中提出:"学者自当树其帜。凡米盐船算之事,听气候于商人。未闻文章学问,亦听气候于商人者也。""吾扬之士,奔走躞蹀于其门,以其一言之是非为欣戚,其损士品而丧士气,真不可复述矣。"[4]第一句话为当代文章所常引,人多以为板桥创新精神之标识,其实作者本义主要指独立的人格,即"士品""士气",应包括书画界人士在内。对于扬州这一个盐商独大、商气充溢、物欲横流的城市,板桥之言绝非无的放矢。

　　四是真情相处。扬州八怪多为性情中人,友朋相处,出自真性情,不矫饰。给李鱓的诗文最能看出真情的流露。《饮李复堂宅赋赠》云:"声色荒淫二十年,丹青纵横三千里。""途穷卖画画益贱,佣儿贾竖论非是。"[5]《绝句二十一首·李鱓》云:"两革功名一贬官,萧萧华发镜中寒。回头痛哭仁皇帝,长把灵和柳色看。"[6]《怀李三鱓》云:"借君十亩堪栽秫,赁我三间好下帏。"[7]这大概是回忆自己解组归里借住于李鱓处的情景。《冬夜喜复堂至》云:"残夜凝寒酒一卮,灯前重与说相思。可怜薄醉微吟后,已是沉沉漏尽

［1］〔清〕汪鋆《扬州画苑录》卷二,《扬州文库》,广陵书社 2015 年版,第 145 页。

［2］《与金农书》,《郑板桥全集》第一册卷八·文钞二,第 265 页。

［3］《靳秋田索画》,《郑板桥全集》第一册卷一一·题画一,第 355 页。

［4］《与江昱江恂书》,《郑板桥全集》第一册卷八·文钞二,第 255 页。

［5］《饮李复堂宅赋赠》,《郑板桥全集》第一册卷一·诗钞一,第 30 页。

［6］《绝句二十一首·李鱓》,《郑板桥全集》第一册卷二·诗钞二,第 71 页。

［7］《怀李三鱓》,《郑板桥全集》第一册卷二·诗钞二,第 81 页。

时。"[1]《与李鱓书》云："十日不相见面，如隔三十年也。地干泥软，可一过我乎？"[2]一日不见如隔三秋，十日不见，板桥亟于见老友一抒胸臆的心情何等迫切！如果说，板桥与李鱓之间尚夹有乡谊亲情，那么与金农之间是更纯粹的惺惺相惜之情了。过去书画家在题画中写时人诗句者不多见，而板桥则常写金农诗句。在一幅墨兰图中题道："杭州金寿门题墨兰诗云：'苦被春风勾引出，和葱和蒜卖街头。'盖伤时不遇，又不能决然自引去也。芸亭年兄索余画，并索题寿门句。使当事尽如公等爱才，寿门何得出此恨句？"[3]惜才爱才值情跃然纸上。金农在《冬心先生画竹题记》中也写道："兴化郑进士板桥，风流雅谑，极有书名，狂草古籀，一字一笔，兼众妙之长。十年前，予与先后游广陵，相亲相洽，若鸥鹭之在汀渚也。"[4]而在《冬心先生自写真题记》中所叙更为感人："十年前，卧疾江乡，吾友郑进士板桥宰潍县，闻予捐世，服缌麻，设位而哭。沈上舍仲道赴东莱，乃云冬心先生虽撄二竖，至今无恙也。板桥始破涕改容，千里致书慰问。予感其生死不渝，赋诗报谢之。近板桥解组，予复出游。尝相见广陵僧庐，予仿昔人自为写真寄板桥。板桥擅画墨竹，绝似文湖州，乞画一枝，洗我满面尘土可乎？"[5]无独有偶，袁枚《投郑板桥明府》诗中也有句云："底事误传坡老死，费君老泪竟虚弹。"句下注："有误传余死者，板桥大恸。"[6]可见板桥对有真才实学的人都能真心相待。罗聘拜在金农门下，板桥于他自是长辈，但在艺术上仍视为平等交流关系。乾隆辛巳（二十六年），郑燮"为两峰罗四兄尊嫂方夫人三十初度"作画题诗："板桥道人没分晓，满幅画兰画不了。兰子兰孙百辈多，累尔夫妻直到老。"[7]虽不乏戏谑成分，但更多的是真心祝福。即使是对一些其时名头不大的士子，板桥也予以关心关注。他在《江七姜七》诗中热情地称赞："扬州江七无书

[1]《冬夜喜复堂至》，《郑板桥全集》第一册卷四·诗钞四，第131页。

[2]《与李鱓书》，《郑板桥全集》第一册卷八·文钞二，第262页。

[3]《题画兰》，《郑板桥全集》第一册卷一二·题画二，第366页。

[4]〔清〕金农《冬心先生画竹题记》，《郑板桥全集》第二册附录一·研究资料汇编，第57页。

[5]〔清〕金农《冬心先生自写真题记》，《郑板桥全集》第二册附录一·研究资料汇编，第57页。

[6]〔清〕袁枚《小仓山房诗集》卷十四，转引自《郑板桥全集》第二册，第76页。

[7]《为两峰罗四兄尊嫂方夫人三十初度作》，《郑板桥全集》第一册卷一二·题画二，第362页。

名,予独爱其神骨清。……如皋姜七无画名,予独爱其坚秀明。……独推书画众目瞠,寻诸至理还平平。……或予谬鉴双目盲,请呼老秃嗤残伧。"[1]江七名昱,后为著名经学家;姜七名文载,惜早逝,画史有名。板桥在这首诗中实际上抨击了学坛、书坛、画坛普遍存在的"贵远贱近,向声背实"的陋习,为小人物鸣不平。像板桥这样真心待友的现象,在扬州八怪中比比皆是,李鱓《致友人书》就表示"平生以朋友为性命"。[2]石涛故世后,其弟子高翔年年祭扫;金农故后,罗聘也是这样。

　　以上四点,虽不能完全概括扬州八怪的交友之道,但可见一斑。

　　扬州八怪的交友之道,深究其源,一是来自儒学传统,一是来自平民精神。这在板桥身上也表现得最为突出。

　　《板桥自叙》云:"板桥诗文,自出己意,理必归于圣贤,文必切于日用。"这两句话当作为破解板桥的密码。他说:"明清两朝,以制艺取士,虽有奇才异能,必从此出,乃为正途。其理愈求而愈精,其法愈求而愈密。鞭心入微,才力与学力俱无可恃,庶几弹丸脱手时乎?"[3]不仅诗文,他甚至认为书画亦从中出。在《题高凤翰画册》中说:"西园老兄,秀才出身,故画法具有理解。近日诗古家骂秀才,骂制艺,几至于不可耐。不知诗古不从制艺出,皆无伦杂凑。满口山川风月,满手桃柳杏花,张哥帽,李哥戴,真是不堪一笑耳。圣天子以制艺取士,士以此应之。明清两朝士人,精神会聚,正在此处。试看西园兄画,绝无时文气,而却从时文制艺出来。"[4]对于板桥的良苦用心当时就有人读懂了,以理学著称的翁方纲就说:"昔读板桥诗词,旨郁雷琅。""世儒评郑君,形迹类颠狂。吾但论其书,体己得钟王","当其运腕时,古隶参汉唐。呜呼知音难,识者为惋伤。"[5]其实把板桥类颠狂之形迹,比诸儒家之经典,莫不相符。金农曾谈及板桥初至扬城时,"广陵故多明童,巧而黠,俟板桥所欲,每逢酒天花地间,各持枒笺纨扇,求其笑写一竿,板桥不敢不应其索也。若少不称陈蛮子、田顺郎意,则更画,醉墨渍污上襟袖,不惜也"。[6]

[1]《江七姜七》,《郑板桥全集》第一册卷二·诗钞三,第89页。

[2]〔清〕李鱓《致友人书》,《郑板桥全集》第二册附录一·研究资料汇编,第54页。

[3]《板桥自叙》,《郑板桥全集》第一册卷九·文钞三,第293—294页。

[4]《题高凤翰画册五》,《郑板桥全集》第一册卷一四·题画四,第460—461页。

[5]〔清〕翁方纲《复初斋书外诗》,《郑板桥全集》第二册附录一·研究资料汇编,第79页。

[6]〔清〕金农《冬心先生画竹题记》,《郑板桥全集》第二册附录一·研究资料汇编,第57页。

其时板桥之窘态可想而知。但对此事板桥诗文题跋书札中从未提过，成名后也未见有任何反讥的举动，此亦可见板桥能得儒家"忠恕"之道。相比较而言，反是扬州社会上，当时也包括后世，有人反而曲解了板桥。林苏门《邗江三百吟》卷七趋时清赏门，列板桥题画，云："（郑板桥）晚年乞休归里，往来扬郡，字画易钱。时人但以字之怪，画之随意，不惜分金而换易之，而不知所擅长者，则在闲言戏语，题幅中多妙趣耳。"又说："郑公行世之字，皆尚古怪。余闻其中年学欧，因不能取炫于世，改而自成一家。"[1]林苏门以为他纠正了世俗对板桥的看法，其实他也没有读懂板桥，还是停留在表象上，今有学者认为板桥等人离经叛道，故被正统者视为"怪"。这更是一种误读。八怪诸公尤其是板桥，他们是儒学传统的忠实执行者、传承者。

　　为什么会出现不一样的看法，关键是板桥等人较多地体现了一种平民精神，或者说他们以平民精神去审视、贯彻儒学传统，以平民精神去写字，作画，做官，交友。幼年的困难，乳母的慈爱在他心中留下了不灭的印痕。"食禄千万钟，不如饼在手。"[2]他的家书可视为处于社会底层的儒者的处世之道。他曾摘古诗中有益身心者如"昨日入城市""二月卖新丝""耘苗日正午"等赠友人，谓"审能得力，终身长厚不薄也"。[3]而且公开声明："凡吾画兰画竹画石，用以慰天下之劳人，非以供天下之安享人也。"[4]欣慰的是，很多人懂他。阮元《淮海英灵集丙集》卷四云，郑燮"知山东潍县及范县。岁饥，为民请赈，大吏忤之，罢归。其有诗云：'长官好善民已愁，况以不善司民牧。'真至言也。"[5]在《广陵诗事》中，阮元又一次提及此诗句，说："元在山东过潍县，见邑人宝其书画，多能仿效其体，其流风余韵，入人深矣。""板桥实不愧古良吏，或以山人游客目之，非也。"[6]屠倬知真州时有《题画竹三首并引》，云："粗枝大叶依然好，一派秋生学板桥。""民则已肥吾竹瘦，此心只有板桥知。"[7]俨然以板桥自勉自励。扬

---

［1］〔清〕林苏门《邗江三百吟》卷七，《扬州文库》第56册，第250页。

［2］《乳母诗》，《郑板桥全集》第一册卷一·诗钞一，第51页。

［3］《写古诗赠陈青门》，《郑板桥全集》第一册卷八·文钞二，第278页。

［4］《靳秋田索画》，《郑板桥全集》第一册卷一一·题画一，第354页。

［5］〔清〕阮元《淮海英灵集丙集》，《郑板桥全集》第二册附录一·研究资料汇编，第110页。

［6］〔清〕阮元《广陵诗事》卷一，《郑板桥全集》第二册附录一·研究资料汇编，第140页。

［7］〔清〕屠倬《是程堂集》卷十四，《郑板桥全集》第二册附录一·研究资料汇编，第92页。

州八怪诸公来自民间,来自基层,民间有高手,有高人,许多民谚俗语蕴含了深刻的哲学。扬州地面多水,民谚曰:人架人高,水涨船高,其实与曾子所言"人非人不济,马非马不走,土非土不高,水非水不流",是一个道理。儒学传统与平民精神的结合,造就了扬州八怪的交友之道。概言之,扬州八怪真君子之素交,文人之学交,平民之情交也。

作者工作单位:赵　阳　南京林业大学人文学院
　　　　　　　赵昌智　扬州文化研究会

程且硕和曹寅的诗文之交

方晓伟

摘　要：清代两淮盐业发达，盐商家族世代相承，多有业醯而不废读书科举者，使得整个家族成为亦商、亦官、亦学的混合体，诸多来自安徽歙县的盐商家族都带有此类性质。曹寅与程且硕的交往，是清"康乾盛世"时期官、商互动的生动篇章之一，本文拟以这些史料为线索，通过对曹寅与当时扬州盐商的交游情况的研究，为研究当时的官商互动提供一些例证。

关键词：曹寅　程且硕　交游

徽学研究者在叙述徽州的家族文化时，常常会引用清朝康熙时人程且硕在他的《春帆纪程》中的一段话："徽俗，士夫巨室，多处于乡。每一村落，聚族而居，不杂他姓。其间社则有屋，宗则有祠。支派有谱，源流难以混淆；主仆攸分，冠裳不容倒置。"程且硕也因此在学界知名。但是，对于程且硕其人的生平、交游，特别是他和曹寅的交往，人们其实还是了解得不多，本文拟利用相关史料，对上述问题作一简略的梳理，以就教于方家学者，并公诸同好。

程且硕其人

程且硕,名庭,歙县籍扬州人。关于他的史料记载并不多。民国《歙县志》曰:"程且硕,字且硕,岑山渡人。居扬州,为汪沅诸甥。诗有温、李风调,著《若庵集》。"[1]《四库全书总目提要》则曰:"《若庵集》五卷(两江总督采进本),国朝程且硕撰。庭字且硕,号若庵,歙县人。是集《文》一卷;次《诗》一卷;次《诗馀》一卷;次《停骖随笔》一卷,康熙癸巳,庭至京祝釐,随日纪行所作,附以诗词;次《春帆纪程》一卷,则自扬州至歙,往返所作,亦有诗词附焉。"[2]许承尧《歙事闲谭》卷八云:"程且硕庭《若庵集》中《春帆记程》一种,余游陇时,于蜀人陈莲波处见之,因录一副本。是书作于康熙五十七年,前有成都费锡璜序。且硕,岑山渡人,侨居扬州,此其返歙时所作也,兹节录数条:其记徽俗云:'徽俗士夫巨室,多处于乡,每一村落,聚族而居,不杂他姓。其间社则有屋,宗则有祠。支派有谱,源流难以混淆。主仆攸分,冠裳不容倒置。至于男尚气节,女慕端贞,虽穷困至死,不肯轻弃其乡。女子自结褵未久,良人远出,或终其身不归,而谨事姑嫜,守志无怨,此余歙俗之异于他俗者也。乡村如星列棋布,凡五里十里,遥望粉墙矗矗,鸳瓦鳞鳞,棹楔峥嵘,鸱吻耸拔,宛如城郭,殊足观也。'"[3]另外,徐世昌《晚晴簃诗汇》卷六十四收其诗五首,诗前有小传[4]。

程且硕祖籍新安(今安徽省歙县),自其曾祖父程大典移居维扬业鹾,遂隶籍焉。程且硕的字号,出自《诗经·小雅·大田》之"播厥百谷,既庭且硕,曾孙是若"句,《诗经·小雅·大田》是周王祭祀田神以祈求丰年时唱给田神听的诗歌,表达了周王祈求风调雨顺、五谷丰登的诉求。庭者直也,硕者大也,若者顺也,曾孙则是周王的自称;百谷生长,挺拔壮硕,风调雨顺,上下皆乐,程氏寓意在此。《若庵集》卷三中有诗题作《忆癸亥春,余年十二,侍先大人入淮,甫三阅月而归;痛先大人即世,迄今十有六年,

[1] 楼文钊、许承尧修纂民国《歙县续志》卷十,《中国地方志集成·安徽府县志辑》第51册,江苏古籍出版社1998年版。

[2] 〔清〕永瑢《四库全书总目提要》,河北人民出版社2000年3月版。

[3] 许承尧《歙事闲谭》,黄山书社2001年版,第258页。

[4] 徐世昌《晚晴簃诗汇》卷六十四,中国书店1989年版。

重过淮阴,风景不殊,抚今思昔,伤何如也》,康熙癸亥即康熙二十二年;向上逆推十二年,即为康熙十一年。又,在程且硕作于康熙五十七年的《春帆纪程》中,有"余生四十七年,未尝一睹故乡面目"之语,据此自康熙五十七年上溯四十七年,亦可知其生于康熙十一年。程且硕少失怙恃,由祖母杨太孺人抚养长大。青少年时代,程且硕曾习制举之文,不得志,遂弃去,转而致力于古文。扬州程氏世代为盐商,家富于资,程且硕自己有双梧阁(又作"双桐小阁")、鹭锄小轩、西轩等景观,好与文士交往,为诗文亦勤奋,常与曹寅、唐祖命、吴秋屏、王楼村、郭双村、赵念昔、朱天绮、王名友、张子昭、费锡璜等相唱和。康熙四十六年(丁亥)建西轩[1]。同年八月十一日后,在伯父讷庵(程钟)广陵城南别墅作《百有五老人传》。康熙四十七年(戊子)秋,有事渡江,作《渡江记》。康熙四十八年为表兄张孺修作五十寿[2]。同年秋,程且硕归徽州岑山渡(今安徽省黄山市歙县岑山渡)扫墓,著有《春帆纪程》,描述了他眼中的山乡乐趣、如画风景,对于徽州的村落景观、妇女生活和人文风气等,都作了形象的揭示,是迄今为止研究徽州建筑文化和民俗文化较为生动可靠的文献[3]。康熙五十一年立夏前一日,程且硕与当时扬州文士三十六人因王兰皋舍人招集城南汪氏园亭,有诗记之。康熙五十二年"六旬万寿",他曾随当时的苏州织造兼两淮巡盐御史李煦入京进贡,"上赐收紫毫笔十箱;跪恳再四复蒙收彩笺千幅,所进筵席奉旨全收。……恭进汉席百筵、饽饽满席百筵。"同时,程且硕得游畅春园,目睹庆典盛况,作《停骖随笔》,记载祝寿觐见及游畅春苑等处的经过,历历如绘,颇有史料价值[4]。康熙五十四年前后,孔尚任重游扬州时,与之相交,并赞助孔尚任修建春山馆。康熙五十五年,曾为明末遗

---

[1] 〔清〕程且硕《若庵集》卷一《西轩纳凉唱和诗序》:"丁亥夏,余于草堂之西新构数椽以避暑,因颜之曰'西轩',……"康熙丁亥年为康熙四十六年(1707),据此,事、时俱明。程且硕《若庵集》六卷本,《北京师范大学图书馆藏稀见清人别集丛刊》第八册,广西师范大学出版社2007年10月版。本文所引《若庵集》中文字,凡不另注出处者,均据此。

[2] 程且硕《若庵集》卷一《张孺修表兄五十序》:"余姑母凡五氏,中表兄弟及余二季共得十余人,惟张氏孺修兄年最长,己丑六月为兄五十初度,……"康熙己丑年为康熙四十八年(1709),据此,事、时俱明。

[3] 参见程且硕《若庵集》卷五《春帆纪程》。

[4] 参见程且硕《若庵集》卷四《停骖随笔》。

民姚潜刊印《后陶遗稿》[1]，雍正元年，因受两江总督常鼐的唆使，诬控两淮巡盐御史张应诏在两淮盐运使司盐运使任上时侵蚀加根银二十二万、节仪四万八千两，上谕"命核两淮官商侵蚀加根课银"，因此获罪下狱；后因图兰所请得以"援赦免罪"，但程且硕因此奉命赔补课银十三万余两[2]。程且硕受此打击以后，心灰意冷，雍正五年，程且硕之妻先逝，程且硕更加"意绪惘惘，比入秋而倏已下世"。[3]

程且硕不但是个盐商，也算能诗能文能词。程氏称道唐宋古文，为文好发议论，宋和序云："且硕之学力也既能纵，故其文亦锐于议论。"诗学杜甫而成就不高，陆奎勋序称其为"诗坛之霸才"，谓之"淡宕者如韦，沈著者如杜，纵横奇辟者，于昌黎、昌谷间自标一格"，皆为过誉之辞。词宗阳羡词派陈维崧，集中颇多和迦陵词韵之作，先著序所谓"尝醉心迦陵"是也，然多类比堆砌而少自创；《春帆纪程》对徽州建筑及土风民俗的描写，亦是较为生动可靠的文献。

存世的程且硕《若庵集》，有六卷本和五卷本两种版本，五卷本为康熙

---

[1] 中山大学图书馆藏有〔清〕姚潜《后陶遗稿》，康熙五十五年（1716）刊本。据兰良永先生考证，此书为程且硕捐资刊刻（参见兰良永《新发现〈后陶遗稿〉考察报告》，载于《红楼梦学刊》2013年第1期）。

[2] 〔清〕萧奭《永宪录》卷一"康熙六十一年"条："两江总督常鼐索取两淮规礼无厌，而巡盐御史张应诏清廉，不遂其欲。乃乘总商贺节赴署，以草荐卷程且硕倒控之，逼令诬服。因参应诏前任运使侵蚀加根银三十二万、节仪四万八千两。上令新巡盐内阁学士魏廷珍核实。奏康熙三十四年始派余银十五万两，三十八年上南巡豁免。及织造曹寅、李煦更番历任盐差十年，又加织造铜觔等银每年二十七万余两，增至三十二万。曹、李任满，例应除之。后再命工部尚书李先复、通政司使图兰往理，雪应诏之枉。坐商人程且硕等赔补。鼐寻卒。应诏内补御史。"又据〔清〕王定安《光绪两淮盐法志》卷一百三十九《优恤门》载："雍正元年十二月，户部覆准工部尚书李先复等查奏两淮商人积欠一百三十五万余两，请分作三年带纳。八十一万一千四百余两，今商人程且硕等所交加根银十三万余两（两江总督常鼐劾奏两淮御史张应诏科派加根银十三万余两，审勘非实，商人即愿以此项充饷），遵旨准其抵算，除去外余，剩银六十七万一千五百余两仍令分作三年代征。"

[3] 〔清〕马荣祖《力本文集》卷四《跫音集序》："雍正丁未，若庵程君手辑交游投赠之作曰《跫音集》而问序于予。……无何，君复悼亡，意绪惘惘，比入秋而倏已下世"。雍正丁未为雍正五年，公元1727年，据此，推断程且硕逝世于雍正五年（1727）。马荣祖《跫音集序》一文，引自《力本文集》卷四，清乾隆十七年石莲堂刻本。

刻本，现藏北京大学图书馆，收入《四库全书存目丛书补编》第 8 册。集前有宋和总序。卷一为文，收赋、序、论、跋、传、说、赞等，有康熙四十八年李骥序、吴瞻泰序；卷二为古今诗，有陆奎勋序、程式庄序；卷三为诗余，有康熙五十六年先著序；卷四《停骖随笔》，主要以日记形式记录赴京参加康熙六旬大寿的祝寿盛典之行程以及都中见闻，途中所作诗词亦逐日附列，有王棠、元愈序，杜乘、汪道行跋；卷五《春帆纪程》，主要记叙康熙五十七年回祖籍新安营建祖坟及游览黄山的经过，附录其间所作诗词六十余首，有费锡璜序[1]。六卷本在前五卷基础上，增加第六卷《石城新草》，有康熙六十一年张璨序。所收最后一首诗作于雍正元年（1723），当为雍正间增刻。《若庵集》六卷本现藏北京师范大学图书馆，收入《北京师范大学图书馆藏稀见清人别集丛刊》第八册。此种版本中国国家图书馆亦有庋藏。另，程且硕集中《停骖随笔》和《春帆纪程》都曾被抽印单独行世[2]。据资料记载，程且硕尚有《蹏音集》和《来新剩草》，可能未曾付梓[3]。

程且硕和曹寅的交往

康熙四十三年十月，曹寅就两淮巡盐御史任，来到扬州[4]。是年程且硕三十二岁。

程且硕所属的徽州岑山渡程氏，是歙县槐塘程氏的一个支脉，明末清初随着恢复经济的大潮迁居扬州，发展成为显赫一时的盐商家族。"吾宗自岑山渡叔信公分支，传至第九世曰慎吾公（笔者按：即程大典），是为余六世祖，

---

[1] 参见《四库全书存目丛书》编纂委员会编纂《四库全书存目丛书补编》第 8 册，齐鲁书社 2001 年版。

[2] 程且硕《停骖随笔》曾被收入〔清〕王锡祺编纂《小方壶斋舆地丛抄》，《春帆记程》被抽印之情形可参见前引许承尧著《歙事闲谭》。

[3] 〔清〕马荣祖《力本文集》卷四《蹏音集序》："雍正丁未，若庵程君手辑交游投赠之作曰蹏音集，而问序于予。"（引自马荣祖《力本文集》卷四，清乾隆十七年石莲堂刻本）又，〔清〕曹学诗《香雪文钞》卷二有《来新剩草序》，是为程且硕所作："昔人句云：归来空剩草堂新。此先生《来新剩草》之编所由作也。"（引自曹学诗《香雪文钞》，清乾隆刻本）据此，知程且硕有《来新剩草》。

[4] 参见拙著《曹寅评传·曹寅年谱》"康熙四十三年"条，广陵书社 2010 年 6 月版。

由歙迁居于扬。子五人,长上慎公(即程量入)、次蝶庵公(即程量能)、次青来公(即程奭)、次阿平公(即程量衡)、次莲渡公(即程量越)。"[1]迄至明末崇祯年间,程且硕的伯祖父程量入已经成长为淮南盐商的领袖,他曾代表淮南盐商与政府谈判,成功把湖南南部的衡州、永州、宝庆三府,重归淮南引地内。[2]从宋到清,这三府一直是淮盐官僚系统和粤盐官僚系统矛盾集中的战场,[3]程量入代表淮南盐商,一度夺回此三府引地,足见其财力和手腕,非同凡响。程且硕的祖父是岑山渡程氏迁扬始祖程大典的次子程量能,父亲名曰程秉,为程量能的最幼子,惜寿年不永。

但是,当曹寅来到扬州的时候,程量入已经下世六十余年[4],以程式庄、程且硕为代表的新安程氏盐商家族,正处于调整、复兴阶段,从现有的文字记载来看,程且硕和曹寅的交往大约开始于康熙四十六年。这是因为在康熙四十三年三月到康熙四十五年十月的一年多时间内,曹寅一直全身心地扑在刊刻《全唐诗》上,"实司诗馆"(时人赵执信语),并未在管理两淮巡盐事务上倾注全部心血,迄至《全唐诗》刊刻结束以后,曹寅有了更多的精力来调理两淮巡盐事务,才有可能与作为当时两淮盐商巨头的新安程氏盐商家族有更多的接触。

程且硕《若庵集》卷二有诗曰《和曹银台〈墙头菊〉原韵》,诗云:"锦绣参差覆苑墙,高含玉露向朝阳。吹残海月还留影,散落天风遍有香。孤洁傲回青女信,轻清逗人黑甜乡。莫言骑屋多狂态,欲伴松阴送晚凉。"检视曹寅《楝亭诗别集》卷三,得《喜陶柳村墙头菊诗先成,和其字兼促吹万作二首》

[1]〔清〕程钟《讷庵杂著》云:"莲渡公,讳量越,字自远,生于明天启六年丙寅(1626),卒于国朝康熙二十六年丁卯(1687),捐职行人司副,生平好仁乐善,《两淮盐法志》有传,生子九人,俱成立。"转引自王光伯纂、程景韩增订《淮安河下志》。(收入《中国地方志集成·乡镇志专辑》第 16 册,江苏古籍出版社 1992 年版)

[2]"程量入,字上慎,歙县人,……及长,迁家扬州,治盐筴。审几度务,裨益鹾政,未易悉举。如代众控部,得带办倒追盐斤银一百四十万两,又使衡、永、宝复归淮地额引,商胥赖焉。……"引自〔清〕谢开宠总纂《康熙两淮盐法志》(收入《中国史学丛书》第 42 册,台湾学生书局 1966 年影印版)。

[3]参见黄国信《区与界:清代湘粤赣界邻地区食盐专卖研究》,三联书店 2006 年版。

[4]据香港中文大学卜永坚先生考证,参见卜永坚《徽州、杭州、扬州、淮安:明末清初槐塘程氏盐商家族的四城故事》(修订稿)。

一诗,对照押韵情况,可知程且硕和的是第一首:"陶家篱落宋家墙,素女青娥半夕阳。画额横排全匹锦,歌头高领一园香。当筵剩押题糕字,冒雨谁来说饼乡。确是风流同戏马,龙山秃鬓对苍凉。"作为"汉化的满人"[1],曹寅自小就深受中原文化的熏陶,具有良好的文化修养,擅作诗文,才情极高,在《墙头菊》一诗中,曹寅运用了很多关于秋菊的典故,意恰文妥,显示出丰富的学识和游刃有余的神态;程且硕和诗,却另辟蹊径,从墙头菊的生长环境、清香、姿态诸方面着笔,借海月、天风,点出"留影、有香",形神俱出;值得耐人寻味的是,和诗的最后两句"莫言骑屋多狂态,欲伴松阴送晚凉",联系当时两淮盐政中因曹寅与李煦不同的执行策略而产生的摇摆不定的经济生态[2],这两句诗真实地反映出当时两淮盐商的普遍心境,并带着些许劝谏的意味。

在《若庵集》中,程且硕还有《下水船·雨中忆巴园竹》《惜红衣·东渚荷花》《摸鱼子·渔湾留别诸子》《金缕曲·天池柳下待雨》及《疏影·旧江月下闻蝉》诸词是与曹寅相唱和的,这些唱和之作不管是现场交游所作,还是事后附和之吟,至少能说明两人的文学交往,较为密切。在这些词作中,程且硕不作敷衍套语,抒发的是自己的真情实感,足见其对曹寅的信任和没有芥蒂,其中尤以《摸鱼儿·渔湾饯送曹银台步"留别"原韵》这一首为突出,这首词,从题目看,似当为某次在渔湾饯送曹寅所作。渔湾,乃曹寅在仪征掣盐时于真州城西南沙漫洲所建,时在康熙四十四年(1705)[3],此处临江,可观渔民捕鱼,曹寅作有《观打鱼歌》《后观打鱼歌》诗;曹寅常与文人在此聚会吟诗,程且硕在词中说:"撼茅亭、惊涛万丈,乾坤胜概如许。高怀每爱停官舫,红杏裁来新句。公何取? 算只有、绿波南浦销魂语。回帆挝鼓。望

---

[1] 参见胡德平《说不尽的红楼梦·曹雪芹在香山》,中华书局,2004年,第136页。

[2] 曹寅和程且硕的这组唱和诗,胡绍棠先生认为作于康熙四十五年(1706)后(参见胡绍棠笺注《楝亭诗别集·卷三》,北京图书馆出版社,2007年,第489页);明光先生认为作于康熙四十八年前(参见明光《康熙朝扬州盐商文人程且硕》,见载于《扬州文化研究论丛·第十辑》,广陵书社,2012年,第119页);而康熙四十五年至四十八年间,正是曹寅与李煦因两淮盐政中执行策略的不同而意见相左的几年(李煦《虚白斋尺牍》,见载于《曹雪芹研究》第二辑,中华书局,2011年,第46,57,62,70,71页)。

[3] 李果《仪征江亭记》:"康熙岁乙酉,署御史曹公楝亭视鹾,其明年莅仪征,相其址,扫棘榛,筑亭其上。继之者为李公莱嵩,复益屋数楹,翼其傍。盖两使君燕游地也。"李果《在亭丛稿》卷八,收入《四库存目丛书补编》第九册,齐鲁书社2001年版。

烟树空濛,云山胶轕,旌节拥归去。 鲰生志,愧乏庙廊才具,竟日量晴较雨。男儿安事钱刀者,愿与砚田为侣。无心住。仗东君作主,另与安排处。低徊沙渚,待私意遥通,牙樯渐远,寂寂漫无绪。"程且硕是一个读书人出身的盐商,早年读书所建立起来的人生志向,具有极强的精神定向功能。尽管在现实生活的层面,已切断了通向实现既定志向的可能,甚至走向了反面,但在他的内心深处还是保持着既有的价值评价——万般皆下品,惟有读书高。程且硕的本心是"男儿安事钱刀者,愿与砚田为侣",可命运使他可不得不"竟日量晴较雨"。恰在此时,他又遇上了曹寅和李煦之间因执行策略不同而产生的矛盾,内心的痛苦和纠结可想而知,他向曹寅表达了"无心住。仗东君作主,另于安排处",希望在曹寅和李煦的矛盾中抽身而退。但就在程且硕欲言又止,徘徊于长江岸边的沙滩的时候,"早夹岸递呼,堠亭列炬"[1],曹寅的"牙樯"渐行渐远,只留下怅然若失、漫无心绪的程且硕。盐业收入事关国家经济命脉,主政者是不会轻易让成功的盐商全身而退的,因为盐业并不是靠官府的行政管理直接运转的,而是需要多位有经验的盐业巨商来组织、保证盐业的运转和收入的,因此,程且硕的祈望当然不可能得到曹寅的首肯。

康熙五十一年(1712)夏秋之交,曹寅病逝于扬州,这年的冬天,程且硕重到渔湾,百感交集中写下《渔湾有感》[2]:"朦胧旧事尚零星,鼿楫无聊上小汀。落日苍茫迷远树,寒涛寂寞打孤亭。渔歌欸乃空相忆,雁语酸凄不耐听。漫剔碧苔寻好句,鱼龙欲起晚风腥。"程且硕还特别在诗题后注云:"曹银台尝集渔人打鱼于此,壁间有公题咏。"吊亡诗是一种主情诗,常用手法是借物思人,由物生情;或忆往事,由事生情。程且硕却另辟蹊径,由自己的行踪写起,既有别于古人,又有别于时人,独具特色,而在特色的突显中表达自己与众不同的沉郁和感伤。故人已逝,但往日的情怀还萦绕在心间,每每不知不觉地划着小船来到当年挚友聚会的地方,看到落日苍茫中的远树,寒涛拍打中的孤亭,还有墙上墨迹淋漓的题咏,不禁悲从中来,"渔歌欸乃空相忆,雁语酸凄不耐听",程且硕移情入景,因景构境,描绘了一个沉痛感伤的抒情氛

---

[1] 曹寅《楝亭诗文钞》,清康熙刻本,第123页。

[2] 参见明光《康熙朝扬州盐商文人程且硕》,见载于《扬州文化研究论丛·第十辑》,广陵书社,2012年,第119页。

围，这样一首吊亡诗无疑深深地证明着程且硕和曹寅深厚的友谊。

曹寅逝世以后不久，大概是康熙五十五年（1716）前后，程且硕出资刊刻了曹寅挚友姚潜的《后陶遗稿》一卷，卷首"姚后陶先生遗像"，次曹寅题姚后陶像诗、唐祖命序、胡会恩序、陈维崧序及《小传》，然后是所收诗作[1]。曹寅题像诗末署"扫花人曹寅题"，左侧钤两枚方印，一为阳文"曹寅"，一为阴文"荔轩"。程且硕还将自己题姚后陶像《满江红》词附在后面，即《满江红·题姚后陶先生比丘遗照，即用其原题听翁殢花行者图韵》："鹤发聊萧，曾相遇、石头城下。任往日、翩翩同学，五陵衣马。老态复从图画出，壮心总付袈裟挂。胜青衫，毵毵对秋风，年年打。　　沧桑变，成闲话。江山泪，如铅泻。每邀君青眼，曹刘沈谢。自是比丘无我相，可如太上忘情者。莫因他、仙女散花来，闲愁惹。"程且硕此词题中"姚后陶"者，即姚潜，杨钟羲《雪桥诗话三集》卷三载："后陶名潜，原名景明，字仲潜，歙县人，家于江都。明永言廷尉思孝子。性情高介，以诗酒自豪。晚年托于曹，……荔轩外宦，出处与偕，为筑室于红板桥北，计口授食，乘时授衣者二十年。年八十五终。复迁其妻方儒人椟合窆于京江烂石山廷尉冢之穆。"可见曹寅与姚潜之关系。程且硕出资刊刻《后陶遗稿》，是出自曹寅生前的嘱托，还是程且硕有感于曹寅与姚潜之友谊可为楷模呢，我们已不得而知，然而程且硕刊刻曹寅挚友姚潜《后陶遗稿》本身，就说明了程且硕和曹寅的关系之非同一般。这是一种爱屋及乌的感情，程且硕因为和曹寅如胶似漆，所以对曹寅周围的人也表现出特殊的尊重和爱戴。

程且硕身为两淮盐商，曹寅则身任朝廷的盐务专员，二人的交游，最初只是缘于政商往来。然而，基于文学的交流，他们互相唱和，互相欣赏，在政商身份之上，更增加了人性的光辉，并使之有所超脱。

作者工作单位：扬州市政协文史和学习委员会

---

[1] 参见兰良永《新发现〈后陶遗稿〉考察报告》，载于《红楼梦学刊》2013年第1期，第131页。

边寿民事迹新考

朱德慈

摘　要：学界已有数种关于边寿民的年谱和研究资料，但不免仍有遗漏和舛误，本文据《山阳边氏族谱》《曲江会课》《竹民诗钞》等新见文献，对边寿民的事迹进行了进一步的考订与补充。并添补其与同邑文人吴玉搢、阳湖蒋汾功、金坛蒋衡、钱塘梁启心、淳安方櫆如、清河汪枚的交游考证。

关键词：《山阳边氏族谱》《曲江会课》　边寿民　王汝骧　吴玉搢

作为康乾扬州画坛怪杰之一的边寿民（1684—1752），谱名维祺，以擅绘芦雁著称于世，人称"边芦雁"[1]。其画作与题画诗词已经越来越受到学界的尊崇，研究渐进深入。可惜由于其迹未登仕版，题画诗外又没有更多关涉自己的诗文流传，所以人们对其生平事迹知晓较荒疏。丁志安的《边寿民年谱》为边寿民事迹研究奠定基础[2]，其后胡艺、王凤珠合作的《边寿民年

---

[1]　任瑗《薛敬伯诗集序》："邑有处士曰苇间边君，好学，能文章，尤以画名天下。不规循古人途辙，独出名意，作泼墨芦雁，意态飞动，天下号曰'边芦雁'。"《六有轩集》卷三，《清代诗文集汇编》第274册，上海古籍出版社2010年版，第74页。

[2]　丁志安《边寿民年谱》，附见《中国画家丛书·边寿民》，上海人民美术出版社1988年版。

谱》、王凤珠、周积寅合作的《扬州八怪书画年表》以及卞孝萱先生大作《从迁淮边氏谱看边寿民》[1]，踵事增色，续有添补，是迄今学人了解边寿民最重要的依据。然诸作舛误盲点依然多多。笔者近日获睹与边寿民生平活动相关的稿本、抄本或稀见刻本若干，如《山阳边氏族谱》《曲江会课》《竹民诗钞》等，爰据以针对上述诸作遗漏或舛误处，复行续貂，以期能对人们进一步认识这位苇间飞鸿有所裨益。

一、家世新考

《山阳边氏族谱》即卞孝萱先生所谓"迁淮边氏谱"。该谱系续修稿本，正名《山阳边氏族谱》。卞孝萱先生当年托丁志安转请汪澄伯、何辛丞访得该稿本，摘录寄示。经过一次转手的间接获取，出现讹误自在情理之中，最明显的表征就是名称不实。大约因为谱中第一篇家传题为《迁淮始祖文奎公传》，于是竟含混称之"迁淮边氏谱"了。我获得的是山阳边氏后裔边元雏藏复印本，其侄女边志英在我任教的淮安市老年大学诗词班研习，因故知悉。

《山阳边氏族谱》初修于咸丰间，有七世孙边巙咸丰十年十月序；续修于光绪末年，有八世孙边金镛序，署时"光绪三十一年春"；民国十五年丙寅三续，有九世孙边裕龄序。元雏乃边巙弟边峄嫡裔玄孙。

对于边氏之迁淮始祖，亦即边寿民的祖父边文奎，卞孝萱先生文之转述基本正确，但有遗漏与讹误。现谨将族谱原文移录于下：

> 吾淮曩无知纺织者，自明成化年金公，始教民纺织。然旋作旋辍，未能传诸久远也。惟我始祖文奎公，明末由任邱来淮，教人纺织，所纺所织，专为驼载粮食之用，俗所称口袋布也。口袋一条能一二十年不坏，至今人乐购之。当时创义会，立条约，举同业之公正者董其事。凡学习

---

[1]　胡艺、王凤珠《边寿民年谱》，卞孝萱主编《扬州八怪年谱》下册，江苏美术出版社1990年版；王凤珠、周积寅《扬州八怪书画年表》，江苏美术出版社1992年版；卞孝萱《从迁淮边氏谱看边寿民》，原载《淮阴师范学院学报》（哲社版）2009年第1期，后收入《卞孝萱文集》第六卷，凤凰出版社2010年版。

是业者，必先出赀若干生息，俟身死日，丧葬之费出诸义会，有余则给家属。立法至善，传世最远。吾边氏著籍于淮已三百年，义会之绵延勿替亦三百年，纺织业之继续不绝亦三百年。同业中有言曰："边尹张衡，创业最先。"吾始祖首创是业，尹张等皆受业于始祖而赞成该义会者也。吾边氏著名该义会者历三四世，人甚夥。后群趋于耕读两途，无研求工业者，遂至抛弃祖业，可慨也。吾愿后之人讲求工艺，与其为无业之游民，曷若效法始祖挟其一长一艺，因避兵燹，抛家二千里来淮创业，沿至今三百年，淮之人称道弗衰，其得失何可以道里计也夫！

据此可知，边寿民祖父边文奎创立的边氏纺织业，乃淮上三百年纺织业的核心。这是需要大书特书，予以表彰的。从行文之文白夹杂，尤其是"吾边氏著籍于淮已三百年"之语气看，该传应成于边裕龄之手。卞先生转述有谓："吾淮有口袋店，自公创始。嗣后凡有口袋艺人，咸称公为边祖。所供画像，即公像也。"这几项内容，均不见于族谱传文，颇疑为汪澄伯或何辛丞据传闻擅添。

卞先生转录边寿民长兄边维本的传记，与族谱原文亦有出入。好在原文不长，兹亦将谱文《三世祖复庵公传》照抄，以供学人采录：

公讳维本，字复庵，亦字大复，晚号壶逸老人。性沉默，不苟言笑。读书敦行，当世贤士夫皆乐与之游。精于岐黄，洞见症结，经方药饵与时俗汤剂迥殊，活者无算，至今人犹称道之。其后嗣所居之地、所耕之田在年登乡，名边家社，田数百亩，耕已百年。其初系祝氏之产，因延公治病，病瘥而酬报者也。大凡世之享有田产者，能过百年即不可多见，况公之后嗣犹世守此田，绵延勿失。祝之酬报在一时，天之酬报无穷期也，是所谓阴德也。吾愿后之人能体先人之仁心而扩充之，能发扬其先德，俾佑启我后人，不难光大其门阀，以为宗族交游之宠也。公善书，书法钟太傅，与寿民公同。吾淮留有遗迹不少，县学名伦堂联云："黄河水滚滚而来，文应若是；韩信兵多多益善，士亦如之。"淮人士多谓为大复公所撰，兼为大复公所书云。

卞先生转录遗漏了原文对于边维本性情的描述。原文谓维本习书仿效钟繇体，"与寿民公同"，即与寿民同一师法，卞文则曰"与寿民公同习百字"。特别是关于年登乡边家社之田，原文明谓是维本后嗣耕守之，卞录说成是维本自己据耕之，并进而推论维本与边寿民"兄弟已分家"，实误。维本终身以执医为业。

卞先生根据边寿民兄弟早年一同习字，认定这是迁淮边氏子孙"企图由'工商'转变为'士'的的第一步"。总的来说，这一判断没错。但如果更准确地讲，将这种转变坚持下去的只有二房的边寿民，是他获得邑增生后，仍执着举业，连考七次，从此才带动边氏第四世以下子孙纷纷向士阶层追求。其兄维本半道放弃了。长房，亦即边允镇（字晋侯）这房，至第三代虽亦有少年好学的人，但也都因故半途而废，仍然绍袭祖业，以织口袋布为营生。如果我们要深入考察边寿民思想的嬗变，尤其是其对于边氏家族价值取向转变所起的作用，这一节点是不可忽视的。据族谱，边文奎长子允镇先后娶江氏与赵氏，共生四个儿子。长子弘宁好学然而早卒，三子弘吉、四子弘庆皆碌碌无为。最有出息的要数次子弘康（1689—1753），边寿民的嫡堂弟，后来瓜瓞绵盛的边氏多是他的后裔。族谱理所当然要为他单列一传。作为边寿民立身处世的重要参照，现亦不惮烦将他的小传照录如下：

> 公讳弘康，字绍九，行二，晋侯公次子也。公生有至性，重友谊，敦气节，事母以孝闻。母八十，颐养自得，望而知有孝子慈孙在膝下也。公兄弟四人，欢好无间言。长兄讳弘宁，幼年笃学，未婚早逝。公读书略通大义，未敢精求深奥，盖鉴于兄之穷年矻矻，以勤学而失其天年也。公以工艺起家，稍丰，好施与，无吝惜。城南南所坝，有荷塘一区，公捐助水龙局，后人所知者，其一端也。公生时，即购置茔地一区，地名绳巷淮南庄，即在南所坝荷塘之侧，兄弟子姓四人附葬于斯，并葬中州吴季海君。吴君与公至交，生时与公同居，殁即葬于公地。公遗命子孙祭扫时，吴君墓与吾兄弟等一例奠祭，无得区分，至今后嗣犹遵行无忽。公平日兄弟怡怡，朋友切切偲偲，于此可窥见其一斑矣。

至于整个边氏家族的郁郁盛况，边裕龄《丙寅续修族谱序》中有一段话概括得很精练，兹移录于下，并稍予说明：

吾边氏著籍山阳近三百年矣，为博士弟子员者二十人，皆能乐道安贫，卧碑克守，孝友相传，勤俭自矢，无或稍逾礼教，绵绵延延，维持勿替，先人保家之道，具于是矣。缅维吾祖潜德之美善，细事不具书，书其卓卓大者，俾吾后之人取以为则：文奎公以工业教人，规条约束，至今遵守；绍九公孝友无间言，古谊克敦，乐善不倦；复庵公仁术济世，活人甚众；寿民公品端学粹，不求闻达，淡薄自甘；咸逸公朴实无华，交友必端，为世楷模；叔度公淹通经史文艺，世多传诵；毅堂公孝思行为，不匮后人，景仰教诲，终身不倦；绮楼公经明行修，蜚声庠序；其郁公急公好义，施与尤勤。此皆彰明较著者，故列举而备书之，庶以表彰先德，昭示来兹。

文奎、绍九、复庵、寿民已见前述，无待赘言。咸逸，即四世边方贡（1717—1789），弘康长子，以救人急难、交友诚悫闻；叔度，即四世边涵，号海门，维本长子，能诗擅文，著有《海门诗集》；毅堂，即六世边锐（1763—1821），号兰圃，方贡长孙，以孝行闻；绮楼，即七世边崑（1785—1827），边锐长子，以能诗文倾动当时，亦善书法，著有《绮楼诗文集》；其郁（1793—1870），即七世边巇，字湘云，平生"以守身养德为急务"（丁一鹏《湘云先生传》），乐善好施，颐养家居。可见山阳边氏在有清三百年间，以手工艺与诗礼并传家声，忠厚好善，颇享盛誉。边寿民就是这样一个家族中文艺最前出也是最杰出者。

族谱载边允宽共生二子一女，女儿嫁给了桃源薛馩[1]，生三子：慎、恭、怀。根据现有文献考察，薛恭情况不详，薛慎、薛怀则是久居山阳，其中薛怀最能传边寿民画艺衣钵。蒋宝龄《墨林今话》卷四曰："薛竹君怀，边苇间之甥，写芦雁酷似其舅，兼善花卉禽虫。《梧门诗话》云：'竹君花卉俱有生趣，诗不经意，亦非俗手。'吴竹堂先生又称其善画宜兴茶器，题其册云：'筠炉小爇起松飔，第二泉边啜茗迟。只有竹君能惜墨，些些淡味少人知。'谓用

---

[1]　卞孝萱先生《从迁淮边氏谱看边寿民》一文称边允宽婿"薛公馥"，误。1. 薛氏名馩，可能因该字罕见，转抄者遂取形近字"馥"代之了。2.《边氏族谱》行文惯例，姓氏后之"公"乃是敬称，如边巇生二女，"长适附贡生知州衔六合训导邵公敏，次适增生沈公联玉"；边嵋生二女，"长适职员刘公贡士，次适职员钱公汝明"。因此，谱文称边允宽女"适桃源薛公馩"，乃谓其婿名叫薛馩，非名公馩也。

枯墨也。"李濬之《清画家诗史·戊下》曰："薛怀,字竹居,一字竹君,号小凤,江苏桃源人。为边颐公之甥,写芦雁酷似其舅,花卉禽鸟俱有生趣,尤善画宜兴茗器。"今人推尊其为"将宜兴茶器入画的第一人"[1]。卞先生文对薛慎、薛怀有考,然甚简略。鉴于薛怀在艺术史上有着不平凡的贡献,除了卞文所及,迄今又鲜见有专文研究者,故这里拟对其人再进行更深入一些的探究。

山阳田园诗人吴进与薛怀交谊甚笃,曾为之作传,题《薛竹居生传》[2],文曰:

> 先生姓薛氏,名怀,字季思,号廉溪,晚号竹居,淮之桃源籍。居山阳城东,老屋数间,与兄廉村共处,去边先生苇间书屋数武。边其舅氏也,朝夕过从。时苇间往来,若虚舟、笠山、拙存诸前辈,悉与昆季作忘年交,是以二薛之名与苇间并闻于远。精六书,篆玉石印章,堪继文、何。画法苇间,得其髓。海内购求者珍藏之。诗不多作,作辄过人。丙寅上元,诸老宿集九莲庵,送家山夫先生入都。先生年独少,诗成有云:"生憎赵蝦楼头月,第一田园照别离。"竹民丈抚其背笑曰:"白发满座,让君出一头地矣!"居乡党,恂恂焉,彬彬焉,谦虚廉静,温恭有礼,郡县叩门见招,未之拒,亦未轻与之洽。督漕毓公竹溪先生设榻以待,减仪从,造其庐,巷隘,侧身入,促膝长谈。从容拜送去,入而阖户,淡如也。癸巳,王小史宦归,作城东诗会,邀入,难之。王谓:"子惮饮欤?许不饮,可乎?"笑曰:"远公招渊明入社许饮,子许不饮,事不同,用爱则一。"遂允诺。素性友爱,与兄出入肩随,翩翩都雅,人视如云中白鹤。老而清癯健胜,神明不衰,非由高蹈绝俗,而极无所纷扰欤?作《竹居先生传》。乾隆五十七年壬子三月,愚弟吴进拜撰,时年七十有九。

这篇小传生动传神地描绘了薛怀的个性人品与才学。其言薛怀字号,佐证了卞先生的推断:谓薛怀字竹君,误。其尾署则为我们推考薛怀生卒年提供了一个较为明确的坐标。检民国《泗阳县志》卷二十三《乡贤·技术》云:"薛怀,字季思,山阳边维祺之甥,徙居山阳。工诗善画,有维祺家法。并及

---

[1] 孙玉军、王厚宇《薛怀和〈芦雁图〉轴》,《收藏》2009年第3期,第57页。

[2] 吴进《薛竹居生传》,抄本《一咏轩文钞》(亦题《睞民文选》),淮安市淮安区图书馆藏。

花卉小品,清远绝俗。书法亦得之维祺。怀为人平实和易,以诚信见重远近垂五十年。举孝廉方正,卒年八十七。"[1]究竟生于何年、卒于何年,未见有考。今案,吴进撰传既尊称其"先生",自称"愚弟",则其应年长吴进好几岁。乾隆五十七年时吴进七十九岁,那么薛怀至少八十五六岁。《泗阳县志》既载其"卒年八十七",因此可以判断薛怀即当卒于乾隆五十九年(1794)前后。逆推之,其生年约在康熙四十七年(1708)。丁志安《边寿民年谱》等断言其生于康熙五十七年(1718),且言其为"安东(今涟水县)籍",显然是无根据的误说。直到最近仍有人信之而谓薛怀生卒年为"1718—约1804"[2]。如果薛怀生于1718年,则其比吴进还小四五岁,那么吴进为何屏声敛气称其"先生",自甘"愚弟"?

确如吴进所言,薛怀偕长兄薛慎(字敬伯,号廉村)与淮上文士频繁交往酬酢,现存文献中有关记载颇多。仅以陆立《竹民诗钞》为例,即有《久雨初晴,山夫、莪斋、毁也、廉溪接踵而至,小酌夜谈》《傅未孩、关莪斋、杨毁也、薛廉村、廉溪饮集苇间书屋,限"蒲"字,各赋长歌。予以病未获与,依韵志感,兼呈诸君》《山夫之任城前三日过别,适东涧、莪斋、荔亭、廉村、廉溪携〈春帆送别图〉并诗而至,因留小酌,率成短歌》《正试新茶,适荔亭、廉溪见过》诸题[3],其与山阳文士过从之密可见一斑。

顺及,廉溪之兄薛慎(字敬伯,号廉村)年逾七十,在那个时代也算得上高寿了。邱兢《悟石斋诗钞》有《薛廉村六十》《廉村七十》,兹录后一首:"麈尾清谈夜漏稀,当年心迹两依依。风流自许真名士,潦倒都为老布衣。壁上诗篇时寄兴,溪边鸥鸟静忘机。小阳正好梅花放,携酒来敲白板扉。"[4]

略微有点吊诡的是,《山阳边氏族谱》记载边维祺"生于康熙甲子年某月某日,亡于乾隆己卯年某月某日,年七十六岁"。康熙甲子即康熙二十三年(1684),乾隆己卯即乾隆二十四年(1759)。这和我们当今普遍采信的白坚、丁志安二先生所考边寿民生年一致,而卒年则颇有出入,晚

---

[1] 民国《泗阳县志》之薛怀传,实钞自同治《山阳县志》卷十五《人物·流寓》。

[2] 武维春《边寿民题画探讨》,《苇间飞鸿——边寿民诞辰330周年研讨会论文集》,清代扬州画派研究会2014年印。

[3] 陆立《竹民诗钞》,陈畏人抄本,淮阴师范学院图书馆藏。

[4] 邱兢《悟石斋诗钞》,页39,清道光间近取堂藏版。

了七年。王、丁二氏之《边寿民三考》[1]，据程晋芳组诗《偶过东城感怀边苇间成七绝句》（载《勉行堂集·桂宫集》），编年于乾隆十七年壬申，从而断定边寿民卒于乾隆十七年（1752）。复据汪枚诗《哭边大兄颐公》之"春初闻凶耗，无疾遽永诀"，进而认定边寿民卒于乾隆十七年春。起初我以为族谱所记固属孤证，而王、丁二先生所据亦属孤证，汪枚诗语只提供季节信息，并不能作为程晋芳诗的编年辅证。及再读汪枚诗，方知《哭边大兄颐公》实可确认作于乾隆十七年壬申。检《哭边大兄颐公》一诗，在汪枚诗集《钵山存稿》卷十[2]。整部《钵山存稿》十卷，虽未像程晋芳《勉行堂集》那样于每卷下明确编年，但是其按时间先后顺序编排，则是彰明较著的。卷十是哪一年的作品，在《哭边大兄颐公》后第七题《补祝潜夫王先生寿，次其七十自述十章原韵》第一首开头一句自注里便有明确的信息，诗句云"别后星霜十四周"，自注曰："自戊午别后，至今壬申。"稍后第七个标题《十美诗》，其序有曰："壬申初夏，阅《海门集》，有此十诗，颇清俊无脂粉气，因效颦为此。"以是可知《哭边大兄颐公》亦壬申年作，与程晋芳诗足堪互证，表明边寿民卒于乾隆十七年的推论是颠扑不破的。《边氏族谱》所记边寿民卒年，误。

　　谨案，边寿民卒日不惟可以确认在春初，而且可以进一步准确认定为正月初七。任瑗《祭边苇间文（代）》曰："呜呼！春人日，天光晶莹四垂，雪片如掌。余抚楯却立，凄厉少欢。户外履声橐橐，薛子敬伯踉跄至，曰：'苇间舅氏化去！'余瞠然骨惊，促武抵其家，已含饭毕，复哭之失声。"[3]人日者，正月初七也。从"促武抵其家，已含饭毕"云云看，显然说的是当天的事。

　　又，边寿民胞姊的享年比边寿民要高。任瑗《挽薛母边孺人》其二首联曰："儒雅风流见二难，可怜阶下获灰残。"这是指薛怀兄弟无疑。该诗编于

［1］　白坚、丁志安《边寿民三考》，原载《美术纵横》1982年第一辑，后收入薛永年编《扬州八怪考辨集》，江苏美术出版社1992年版。案，白坚先生非姓白，实际姓王，白坚其名也，与笔者为忘年交。

［2］《边寿民三考》称《哭边大兄颐公》在《钵山存稿》卷六，误。《钵山存稿》，清嘉庆间家刻本，淮安市淮安区图书馆藏。

［3］《六有轩文》卷四，《清代诗文集汇编》第274册，第120页。

《六有轩集》卷七《闰端午》后一年[1]。检郑鹤声《近世中西史日对照表》,乾隆二十七年(1762)闰端午,是则边孺人卒于乾隆二十八年(1763),迟于边寿民十一年。

二、曲江会课考

曲江楼,原是张新标(字鞠存)所建别墅,位于山阳城西北隅河下。后归徽商程垲(字爽林)所有,程氏曾招乡内外文士聚会唱酬于其中。经常参与曲江楼文会者有周振采、王家贲、刘培元、刘培风、邱谨、邱重慕、吴宁谔、边寿民、程嗣立、戴大纯等十人,时称"曲江十子"。十子曲江聚会的成绩据传有诗集《曲江楼稿》、手迹《名贤尺素》,惜乎已不见传本。笔者得见刻本帖括集《曲江会课》,从中颇可窥见曲江文会风雅之盛,尤可见边寿民早年的翩翩才华。

《曲江会课》分上下两册,由程从龙(字荔江)初刻于乾隆六年辛酉(1741),时十子中的边寿民等依然健在。由程易复刻于嘉庆二年丁巳(1797),其时曲江风流已成历史记忆。该集共收录帖括文二百余篇,作者以十子为主,另有赵楠、徐廷槐、程澄、程茂、刘士观、祝沆、吴锐、江越、徐毅武、程如需、孙士宽、沃乐、蒋汾功、程荀龙以及程垲本人,计二十五位。复刻时增加邱谨、程嗣立及王汝骧文数篇。

初刻时请宝应才子王懋竑作序,该序初以手迹形式摹刻于《曲江会课》卷首,后收入王氏《白田草堂存稿》卷十四,题作《曲江会艺序》。序文深情回忆曲江风雅之因由、盛况及其意义,具有独特的文学史价值。兹录其要者:

> 《曲江会艺》者,亡友程君爽林与诸同人会课之作也。程君家有园,园有曲江楼,为群居讲习之所,故以名其集云。程君,歙人也,而家于山阳。博学工文辞,与里中诸君子切劘甚至,将上追古之作者,而不以所长自域。而其为人广结纳,喜交游,三吴人士亦争趋之,往往有馆于其家者。先是,大江南北风土不同,而士之习尚亦异。大抵江以南多轻清雅丽之材,率以声气相高,前后相承,源流弗绝;江以北则淳直戆固,有

---

[1]《六有轩集》卷七,《清代诗文集汇编》第274册,第224页。

湛深刻苦之思，而静默自守，不以声气相通。故虽以一江为限，而隔阔不相闻问。程君于是合南北之士而为之，采其菁英，通其脉络，以古人为指归，而不乱于淆杂之说。至于驰骋上下，则各极其材力之所至，而不必其尽同也。程君以乙酉举于乡，不幸中道以殁，而弟风衣守其教不变，故曲江之会久而弗替。积之得文数巨帙，会金沙王君云衢过淮上，为之选定二百余篇。……今将印行以传于世。而里中素修白民、颐公、庸谨诸君子，以曲江之会始于程君，其惓惓接引之意有不可以忘者，故属懋竑序其缘起。……乾隆辛酉六月既望，白田王懋竑序。

从着意融合南北文风的视角，高度评价曲江楼文会的意义，这是特别有见地的一种认识。而边寿民则正是促进大江南北文士交流这项活动的积极参与者，这在文学文化史上应予浓墨重彩地书写。也正因为其积极参与这项活动，才结下大江南北各路人脉。四十岁以后，他到江南、两湖等地四处游历，所到之处，均受礼遇，纷纷赞誉其绘画，渐渐名满天下，正是其早年参与曲江文会所结善果。否则，以其织口袋布之小手工业者子弟，又无显赫的科举功名，仅仅邑增生而已，成名之前人家没有理由特别礼待他。

徐嘉《曲江十子事略》曰："吾邑曲江楼在萧湖滨，张鞠存考功别墅也。考功性耽吟咏，构依绿园，园有云起阁、曲江楼诸胜。……考功子岸斋太史移居海州后，为程爽林（塏）部郎所有，爽林弟水南（嗣立）与里中周白民、王镜湖、刘万资、万吹、吴慎公、邱庸谨、长孺、边颐公、戴白玉诸老结诗文社……其文幽微隽异，离绝众制。王墙东加评合为一集，白田王予中先生序之，为《曲江会课》行世，人称'曲江十子'云。"[1]以下即分述十子生平。惜与王懋竑序一样，无一语道及曲江会课始于何时，终于何时，致令后学模糊不清。如谓其"少习书法，二十一岁中秀才，后七赴乡试不举，回乡与程嗣立、周振采、陆竹民、沈凤等文人作曲江文酒之会"[2]，仿佛边寿民四十开外才参加曲江文会。

程晋芳《晚甘先生传》："先生姓程氏，名茂，字莼江，先世新安人，系籍

---

[1] 徐嘉《曲江十子事略》，《味静斋文存续选》卷二，民国二十一年排印本。

[2] 黄俶成《边寿民和他的雁画雁诗雁词》，《苇间飞鸿——边寿民诞辰330周年研讨会论文集》，清代扬州画派研究会2014年印。

淮安之安东。……叔父爽林先生为名孝廉,叔父水南先生文章声誉播海内,有园在淮之珠湖,为前明张氏曲江楼故址,构而新之,名曰'柳衣'。延致江浙耆儒方文辀、蒋东委、徐笠山、王云衢、罕皆、篛林及淮之周白民、邱庸谨、刘万资兄弟,相与晨夕淬厉,文宴为一时之盛,于时曲江楼课艺名天下。先生以从子厕诸叔父间,外内师友,目染神会,学益以进。"[1]丁志安《边寿民年谱》据程晋芳历数江浙诸公中的最后一位王澍(字篛林)来曲江楼坐馆的时间,从而定曲江文会始于康熙四十四年,时贤多从之。验诸文献,其说实不可靠。

考蒋汾功(字东委)《曲江楼会课序》记录曲江文会起始綦详,只因该文后来未收入《曲江会课》,所以从未有人注意。该文曰:

> 吾友爽林始课业于曲江楼也,聚四方能文之选,时则有若南陵汪师退、金沙王篛林、徐伊匡,采石吴钝人,山阴徐笠山皆在焉。其后人日益多,往来聚散不可常。于卒也罢南宫归,大合同邑诸彦及子若侄增修旧业。爽林遂言曰:"文章与行谊政事相表里,未有苟简为文而他日能自树立者。……秦赵多控骑,吴越善操舟,异地而弗能为者,习不习异也。自今以始,三月一大集,每集课题三五,不至者罚,过期而文不备者罚。"行之半岁,邑中人士翕然向方焉。无何而爽林遽病,病逾年而爽林即世矣[2]。

作为和王澍一样受程垲邀请至曲江楼任教者,蒋汾功明确指出,早期至曲江楼任教的,诸如汪越(字师退)、徐廷槐(字笠山)、方楘如(字文辀)、徐毅武(字伊匡)等均是以私人塾师身份应邀而至,帮助他本人博取功名。及至程垲最后一次"罢南宫归",亦即考进士失败归来后,才广招同邑诸彦及子侄与主人、嘉宾一道进行公开课艺活动,即世人艳称的曲江文会。程垲于康熙四十四年乙酉(1705)中举,"后连不得志于春官。少习攻苦,体素羸。岁己亥,疾大作,医莫能名,遂至不起,卒年四十有五"。"爽林之亡也,岁在

[1] 程晋芳《晚甘先生传》,《勉行堂文集》卷六,《续修四库全书》第1433册,第351页。
[2] 蒋汾功《曲江楼会课序》,《读孟居文集》卷三,《清代诗文集汇编》第230册,第514页。

庚子"[1]。庚子，即康熙五十九年。检《清代硃卷集成》，康熙四十四年后至五十九年间，会试至少进行三次，分别为康熙四十五年丙戌科、五十一年壬辰科、五十七年戊戌科。程垲最后一次"罢南宫归"应该就是康熙五十七年这一回，其公开招邑人进曲江楼课艺当然也就应该是自该年秋开始的了。这一年边寿民三十四岁。

　　曲江文会何时结束？我们可以从以下几个方面综合考察。其一，以第二任曲江楼主程嗣立（字风衣，号水南）去世为标志，因为王懋竑序曰：程垲中道殁后，"弟风衣守其教不变，故曲江之会久而弗替"。程嗣立卒于何时？"先生以乾隆九年甲子春下世"[2]。其二，以《曲江会课》结集为标志，因为结集后未闻有接续活动。王懋竑序说《曲江会课》是金坛王汝骧（字云衢，或作耘渠）选定，蒋汾功序亦如是说："篛林之族祖曰耘渠，久宦蜀中，未及交爽林。其后罢官归，过淮阴，以不及见爽林为恨。又见会课诸人，而喜曰：'当为诸君择文之尤者，传诸宇内。'集甫就而耘渠归，归不数年而又即世矣。……乾隆戊午余月朔，毗陵蒋某叙。"谨案，该说属实。《曲江会课》目录首页明确标署："金坛王汝骧耘渠甫选定。"王汝骧何时过淮，今虽不可详考，但是可以肯定是在乾隆辛酉（1741）王懋竑序、甚至还在乾隆戊午（1738）蒋汾功序之前数年。其三，从边寿民雍正元年夏已出游扬州，且此后陆续游历各地看，曲江十子之文会至雍正元年夏已经星散。其四，从《曲江会课》收录每位参与者的篇数高低看，第一是刘培元，计十六篇；第二是周振采，计十五篇；第三是吴宁谔，计十三篇。按照"三月一大集"推算，假令每集一题只能一人获隽，则至少得延续四年方能满足要求。综合这几方面的信息，我估计曲江文会的结束当在雍正初年（1723）。自康熙五十七年始至雍正元年终，曲江文会大约持续了六年。

　　《曲江会课》收入边寿民课艺十篇，分别题曰《子曰可也》（附王澍、王汝骧点评）、《君子周而不比》（附王汝骧点评）、《赐也何敢望回》（附王汝骧点评）、《樊迟问仁》（附周振采、王汝骧点评）、《诗云绵蛮黄鸟》（附王汝骧点评）、《左右皆曰贤然后用之》（附汪越、王汝骧点评）、《孔子曰德之流行》（附蒋汾功、王汝骧点评）、《许子必种粟独可耕且为与》（附徐毅武、王汝骧

　　[1]　蒋汾功《程爽林墓志铭》，《读孟居文集》卷五，《清代诗文集汇编》第 230 册，第 562 页。
　　[2]　程晋芳《水南先生墓志铭》，《勉行堂文集》卷六，《续修四库全书》第 1433 册，第 356 页。

点评)、《其一人专心致志非然也》(附王汝骧点评)、《逃墨必归于杨》(附徐近斋、王汝骧点评)。且录《其一人专心致志非然也》篇以飨读者:

> 学奕而不专其听,智不任咎也。夫专心致志,则能为功;而不专日致者,谁与分咎耶?岂真智弗若人耶?且事顾何常之有,亦存乎其人之自致耳。同事一人,而高下别焉;同为一事,而成败见焉。身当者默默知其故,而犹疑天质之不齐,良足悼已。今使责奕秋曰:业不可以独成,曷使学奕者而皆善奕?是岂独学奕者之幸哉,教者亦与有荣焉。而奕秋固不能也。盖指示之功,虽奕秋之所可与其力,而精专之至,非听者则无以要其成。且夫教无二道,而学本同归。自弃于教者之外而弗能为良,此人所知也;置身于学者之中而迄于无就,此人所不解也。人动曰:"吾不得善教者而诲之,与善学者共习之耳。苟授之心传,而相与淬厉,何忧弗若哉!"若然,则奕秋之门宜无弃才,同学之人宜无胜负。而抑知奕秋虽善诲,不能入听者之心而使无异志;人虽善学,不能强在彼之情而与之同趋。夫人情各不相下也,有耳皆能闻,有目皆能睹,有心志皆能屏虑而凝神,何分乎工拙,何论乎优劣也?顾乃专心致志者,欲使之不听而不能;一心有鸿鹄者,欲责以不听而又不可。呜呼噫嘻!虽与之俱学,弗若之矣。夫始据抗衡之势,而卒被见绌之形,生人之所大辱也。顾心有不甘之情,而事无上人之理,又志士之所深悲也。师在前,友在后,彷徨瞻顾,迫欲谢其责而不能,则有诿于智之不若人者矣。吾则谓天下无生而智者也,殚思极虑而业以精;天下亦无生而不智者也,颓惰委靡而事以废。自贻伊戚,咎将谁归?人固有不笑其智不若人,而笑其心志不若人者矣。王其知之否?

耘渠评:颐公尝语余云:"每作大幅画,先磨墨数升,乃张绢于壁,恣意泼之,墨渖倒射,斑驳满衫。及奋袖援笔,随物写形,则风落电转,有不知其所以然者。"余深爱其语,叹为王顾后身。今读其诸孟义,令我形神飞越,如亲见其泼墨淋漓时。连月闷怀,为之一破。

案:该文畅论专心致志之效,正反虚实兼顾,借用当时诸贤评其他篇时语,乃是"意识才气,到此都尽"(王澍评《子曰可也》);"个中神妙,轩豁无余"(徐近斋评《逃墨必归于杨》)。王汝骧评转述边寿民自陈泼墨经验语,即《山阳边氏族谱》之《边寿民公传》所谓"善泼墨"云云所本,详卞孝萱先生大作之引释。惜乎卞先生未见《曲江会课》,故于该传之"此公告友之语"一句,不明就里,无任何阐释。今可知所谓"友"者,金坛王汝骧(字耘渠)者也。

三、交游掇摭

丁志安先生乃淮安世家耆宿,藏地方文献甚富。所作《边寿民年谱》于谱主交游,考订綦详。然百密一疏,缺讹仍在。谨就所见,试为添补。

1. 吴玉搢

吴玉搢(1698—1773),字籍五,号山夫,晚号钝研,山阳人。父吴宁谧,曾任广德州学正。叔吴宁谔,与边寿民同为曲江十子成员。山夫幼年好学,及长,博通群籍,是淮上著名学者。有《别雅》《金石存》《山阳志遗》等经史考据著作多种,《别雅》还被官方纳入《四库全书》。因其无别集刻行,所以其生平诸多细节后人不得详知,博洽如段朝端所作《吴山夫先生年谱》[1],亦未能细致到涉及其与边寿民的交游。

考吴玉搢能诗,丁晏辑《山阳诗征》卷十九即录其诗二十九题四十首。笔者获见其诗集《钝研诗钞》两卷,钞本,原藏淮上陈畏人(1883—1970)手,传至其子陈慎侗(1909—2010),现归淮阴师范学院图书馆。该本最初是由清末民初淮上学者段朝端(字笏林,号蔗叟)所得,请宋琨(字文献)钞录于民国十二年(1923)癸亥,封面题《钝研诗钞二卷钝研读书纪略》,左下钤"蔗叟"阳文印一方。后为陈畏人于1957年丁酉年收藏,畏人于该钞本封面右上角题:"丁酉九秋购得,连同段丈诗录三册,计去人民币十数元。"钤其字"鉴庭"阳文印一方。该钞本卷二有题《王镜湖、边苇间、周白民、陆竹民、任东涧、潘退谷集邱浩亭桐园》,诗曰:"今年秋气佳,略无廉纤雨。昨夜闻滂沱,拂晓遽晴煦。晨兴践宿约,足屦力可致。长堤绝飞尘,缓步忌道阻。秋水剧澄鲜,舟行鉴眉宇。君家好园林,百尺桐阴古。萧萧竹数竿,新绿蔽窗户。一闻旧雨来,开轩命清醑。满座尽耆老,文望推甫愈。我头亦半白,马齿不足数。飞杯落晴云,眇论却玉麈。高会良不易,好怀共倾吐。戚戚秋渐深,

---

[1] 段朝端《吴山夫年谱》,《楚州丛书》第十八册,民国十一年铅印本。

瑟居吾谁与？"

该诗题所言镜湖即王家贲（生卒年不详），白民即周振采（1687—1756），竹民即陆立（1689—1760？），东涧即任瑷（1693—1774），退谷即诗论家潘德舆族祖潘益恭（1707—1759），浩亭即邱谨（1687—1756），桐园乃邱家花园。据《吴山夫先生年谱》加以推考，本诗应作于乾隆十一年（1746）受命修县志期间。座中年龄最长者周振采已逾六十，吴玉搢自己也将近五十岁，故云"满座尽耆老""我头亦半白"也。边寿民与同邑学者吴玉搢有交往，这在丁志安《边寿民年谱》中是闻所未闻的。

2. 蒋汾功

蒋汾功（1672—1753后），"字东委，阳湖人。雍正元年进士。性纯孝，丧母哀毁。杜门著书，有文誉，以古文名家。通籍后，以知县分发湖北，后官松江府教授。性好书卷，尤邃《孟子》。文章原本经术，根底醇厚"[1]。著《读孟居文集》六卷。其卷三有文《边颐公试草引》曰："去冬自都门归，寓淮上，得知交数人，边子颐公居一焉。颐公倜傥多奇，家甚贫而意豁如也。同侪中亟推之。改岁将游都门，集前后小试义，属余论定。……颐公又善为诗，肆笔皆有意趣，书画亦然。平居几案纷纭，日不暇给。……时甲午冬日。"[2]据此可知：一，康熙五十三年甲午（1714）冬，边寿民与蒋汾功曾经会面，地点应即在山阳。二，这时边寿民倾力为制艺应试文，曾结集请蒋汾功作序。这可补丁志安《边寿民年谱》本年之阙。

顺及，东委行四，其五弟蒋骥著《山带阁注楚辞》，乃楚辞学史上之名注本。东委生卒年岁，学界长期懵懂。今案，其为无锡秦蕙田主纂之《五礼通考》作序，尾署："乾隆十有八年秋八月，阳湖八十二老人蒋汾功。"见台湾圣环图书有限公司1994年套红影印王欣夫藏本《五礼通考》卷首。自乾隆十八年（1853）逆数八十二岁，因知其必生于康熙十一年（1672）。

3. 蒋衡

蒋衡（1672—1743），"字湘帆，又名振生，江苏金坛人。少为诸生，试辄不利。乃益肆力于古，受文法于妇翁王源，而峭利坚削，时或过之。（耗时一

---

[1]《清代毗陵名人小传稿》卷三，周骏富辑《清代传记丛刊》第197册，第73页，台北明文书局1985年版。

[2] 蒋汾功《边颐公试草引》，《读孟居文集》卷六，《清代诗文集汇编》第230册，第520页。

纪,楷书十三经),至乾隆三年,十三经次第毕成,扬州马曰琯为出白金二千镪,装潢成三百册,五十函。四年,总督高斌特疏进呈御览,藏懋勤殿。奉旨授国子监学正衔。……八年卒,年七十二"[1]。著有《拙存堂文集》六卷。其卷五有《边颐公时文序》一文,曰:"淮阴边子颐公,以其所著时文付梓。属余为序。余曰:天地之生气,有形有色有声,形其形,色其色,而不能声其声,未可以为至也。颐公善属文而工于画,泼墨淋漓,信手所成,生意跃跃盈绢素。世之工画者,刻意揣摩,不能测其端倪。余每笑而叹曰:是乃所以为颐公也。……吾于颐公文而知其画之善也。不知颐公文者,于其画求焉,庶几得之。"[2]由此可知,边寿民不仅热衷八股文,而且还曾刻印过八股文集。丁志安《边寿民年谱》于雍正十二年下据边寿民《泼墨图》录蒋衡题诗,却只字未道及此文,估计是未曾读过《拙存堂文集》。该序表明边寿民与蒋衡交谊匪浅,对蒋氏相当尊敬,否则不会请其作序。至于蒋衡序文作于何时,似不易遽定。但可以肯定是在康熙五十三年以后,估计可能在康熙末年。

4. 梁启心

梁启心(1695—1758),浙江钱塘人。"字首存,一字蔌林,溪父先生长子也。……岁在壬子,始举于乡。又八年,而成进士,改庶常。……时溪父老矣,君陈情乞养。……岁在戊寅,溪父先生终里第。君哀劳逾节,甫卒哭而疾作,遂至不起,年六十有四"[3]。著《南香草堂诗集》四卷。丁志安、王凤珠等谱均于乾隆四年记"启心曾题《泼墨图》七古一首",并从《两浙辀轩录》卷十九转引启心《边颐公自楚州至》一首,而后称"亦不详年月"。可知其均未尝见过《南香草堂诗集》,故无法考证其作于何时。

谨案:梁启心《边颐公自楚州至,予适有越州之行,归后漫柬》题下有诗二首,见《南香草堂诗集》卷一,曰:"君贳余杭酒,我泛剡溪船。亦复何为者,有如相避然。一径入秋晚,浃旬成昼眠。相思渺何许,红树白云边。""西风潮有信,归路一帆秋。有客淹高屐,怀人上小楼(时颐公寓僧楼)。惜别转成趣,负疴良已瘳。江淮衣带水,休忆大刀头。"[4]丁志安、王凤珠等谱均仅

[1] 《清史列传》卷七十一,周骏富辑《清代传记丛刊》第104册,第886页,台北明文书局1985年版。
[2] 蒋衡《边颐公时文序》,《拙存堂文集》卷五,《清代诗文集汇编》第228册,第357页。
[3] 杭世骏《梁启心传》,《南香草堂诗集》卷首,《清代诗文集汇编》第276册,第109页。
[4] 梁启心《南香草堂诗集》卷一,《清代诗文集汇编》第276册,第118页。

引其一,且将"浃旬",误作"三旬"。该诗表明边寿民尝至杭州,初访梁启心不遇。其时何时?实可从《题颐公泼墨图》一诗约略考见。该诗曰:"有客倦游卧小楼,清月照客楼上头。酒酣索我侧理纸,横扫一片潇湘秋。写生往往出新意,边鸾之后此其二。胡不碎君乌喻縻,自写平生不得志?笑云旧有泼墨图,生气拂拂十指摹。鬓丝颊毛各有态,只今想像非模糊(图在广陵,未携行箧,故云)。图中奋腕笔如雨,观者林立不敢语。背后金钗十二行,床头锦瑟五十柱。我听此言君且止,如君岂复愁罗绮?家姬捧砚王都尉,列炬修书宋学士。近代风流推两贤,惟君有之是以似。我欲从君乞点墨,明朝骑马入左掖。奈何饱此数尺缣,淫用不顾天爱惜。君不爱惜天欲号,头颅四十空萧骚。图中有墨黑如漆,鬓发白来染不得。泼墨图上墨如海,著纸不消增愧儡。我方陈词君绕床,三匝未已意惨怆。长啸一声秋破裂,檐前银汉低空光。"[1]首句"有客倦游卧小楼",与前诗之"怀人上小楼"及句下自注"时颐公寓僧楼";又"酒酣索我侧理纸,横扫一片潇湘秋"二句,与前题其二之"西风潮有信,归路一帆秋",地点、时令皆相互印证,表明其为同时所作。"君不爱惜天欲号,头颅四十空萧骚"二句,交代其时边寿民年约四十甚明。考丁志安《边寿民年谱》"雍正三年乙巳四十二岁"条下,引钱塘施安、会稽傅王露题《泼墨图》诗证该年秋边寿民曾游西湖,然则梁启心诗与施、傅二人诗之时间、地点及其时边寿民年岁俱相吻合,故必亦该年作无疑。丁志安先生将梁启心诗系于乾隆四年,误。

除了题《泼墨图》诗和《边颐公自楚州至》二诗外,《南香草堂诗集》卷一还有题《送颐公归楚州》四绝句,曰:"几株官柳老无丝,且向尊前唱《竹枝》。别本销魂君又甚,小春天气夕阳时。""西子湖名并莫愁,淡妆浓抹足勾留。新霜夜杀忘归草,一点乡心落楚州。""瑟瑟芦梢翳水亭,萧萧枫叶下江城。笑君解写随阳雁,如此风霜转北行。""行矣边生莫自疑,枚皋赋后数君诗。中郎已逝谁人识(用边孝先事),空唤江南老画师。"[2]组诗表明边寿民于雍正三年秋至杭州初访梁启心时,适值梁往越州,而过了一旬后,梁便回来,与边寿民会晤了。边寿民临别杭州时,梁启心还曾依依不舍送行好远呢。而"小春天气夕阳时"句,则更坐实了边寿民此行返程时在该年十月。

---

[1] 梁启心《南香草堂诗集》卷一,《清代诗文集汇编》第 276 册,第 119 页。

[2] 同 1。

农历十月,俗称小阳春也。

5.方粲如

方粲如,字若文,一字文辀,号朴山,浙江淳安赋溪人。"康熙四十五年进士,官直隶丰润知县,坐事免。乾隆元年,举博学鸿词,以格于部议,不与试。后以经学荐,不就。少受业于毛奇龄,博闻强记,经史百家,靡不淹贯。……晚主敷文讲席,口授指画,有叩即应。仪表丰伟,年八十,声如宏钟,世比欧阳永叔"[1]。著有《集虚斋学古文》十二卷。该集卷五有《赠边颐公叙》,曰:"始吾友徐笠山归自淮阴,手文以示余。丹铅点勘,斑斑然然,不著撰人名氏。余叩之。笠山曰:'子姑卒读之。'于是余卒读之,率意远思,秋豪欲破,笔未到而气已吞,墨略施而意已具。余曰:'得非边子颐公笔乎?''何以知之?''以子贻我边子画知之。……夫边子之画何如矣?涂稿醉墨,有谓无谓。活禽生卉,触豪而出。慎斯术也以往,虽其他奇奇怪怪,马牛其风而自我心匠,当悉赡举。又况文者,画也,关节通一,波澜莫二。边子独不能为之,余独不能知之乎?'……于是论次其文,为略署纸尾以去。盖于今已三年,而笠山与计偕。余从之淮,主程氏柳依园中,遂访颐公,如故知,益尽读所为文。大抵与画同关捩,而颐公固不欲名其画,恐遂以盖其文者。呜呼!"[2]

丁志安、王凤珠等谱引"夫边子之画"数语,置于雍正八年(1730)下,称"淳安方朴山(粲如)撰《赠边颐公序》有云",显然是认为方氏该序作于雍正八年。但证据是什么,二者皆未给出任何说明。度其殆以为徐廷槐(子笠山)乃雍正八年进士,而叙文言"笠山与计偕,余从之淮"。可是,凭什么说"笠山与计偕"就一定是雍正八年考中进士这一次呢?此前他就未曾应进士试么?安知方粲如不是随徐廷槐别一次计偕呢?

检《集虚斋学古文》卷七有《序钱载锡文》,文曰:"宪皇帝改元之岁,余始知载锡钱君。时诸士方战艺曲江,余妄从壁上观,决利钝也。私谓钱君文当擅一场,……然是役也,余言不雠。逾四年丙午,钱君始充秋赋。"[3]所谓

---

[1]《清史列传》卷七十一,周骏富辑《清代传记丛刊》第104册,第845页,台北明文书局1985年版。

[2] 方粲如《赠边颐公叙》,《集虚斋学古文》卷五,《清代诗文集汇编》第228册,第610页。

[3] 方粲如《序钱载锡文》,《集虚斋学古文》卷七,《清代诗文集汇编》第228册,第643页。

"时诸士方战艺曲江,余妄从壁上观,决利钝",正与《赠边颐公叙》之"之淮,主程氏柳依园中"地点相符。其时何时?"宪皇帝改元之岁",即谓雍正元年(1723)也。为什么不是乾隆元年?"逾四年丙午",那只能是雍正四年。乾隆四年乃是己未,非丙午也。然则雍正元年有会试吗?当然有,这年新皇帝登基,特行恩科会试。会试题分别是:"道之以德,齐之以礼,有耻且格";"齐庄中正,足以有敬也";"若禹、皋陶,则见而知之"[1]。

雍正元年初,方楘如随徐廷槐至淮上,住柳依园,访边寿民。时曲江文会风流犹在,方楘如深受感染,乘兴作《赠边颐公叙》。丁志安谱系于雍正八年,误。

6. 汪枚

汪枚(1693—1752),淮安清河人。"字卜三,号梅峰,以所居近钵池山侧,又自号钵山。生而醇谨,虽质仅中人,而耽学嗜古,读书昼夜不少懈。年十九,补弟子员。旋食饩于庠。尝下帷扬、通间。既而屡应乡举不售。适家大廷尉荐洲公监治南河,奇兄才,相邀至京,试北闱者又十余年。……终艰一第。晚年谋归里闲。家大冢宰谨堂公荐之渤海高师相。时师相督河清江,一见如平生欢,命诸孙从兄游。……乃既不显以功名,复不长于岁月,甫周甲子,赍志以殁,可哀也夫"[2]。著《钵山存稿》十卷,家刻本。从钵池到山阳县城仅二十来里,所以汪枚经常至山阳,与边寿民过从甚密。《钵山存稿》中有数首题赠边寿民绘画的诗作,丁志安及王凤珠谱皆失载,殊为可惜。

卷五《泼墨图歌,为边大颐公》,依其编序,应属雍正十一年癸丑(1733)作。其中有云:"吾友边君腹便便,枕经籍史爱懒眠。少年著述等青钱,飞扬跌宕何翩跹!胸中寄托别自有丘壑,耻与流俗涂抹争媸妍。当其槃薄时,意在挥毫先。倾汁一泓之宝石,涤笔万顷之清泉。……吁嗟乎!万象都如电影趋,烟云过眼只须臾。苇间屋,泼墨图。纷纷何必辨有无?"卷六《题颐公芦雁》,依其编序,乃乾隆元年丙辰(1736)作:"江上秋风起,芦花作雪寒。来宾一片影,健翮九霄搏。日晚霞同落,时清网正宽。谁能传此意?定复让边鸾。"

枉枚是边寿民的同乡挚友,一代泼墨画圣手凄凉逝去的最早哭奠者。

---

[1]《清代硃卷集成》第3册,第78-87页。

[2] 汪杰《钵山存稿跋》,《钵山存稿》卷十尾附,嘉庆家刻本。

我们要深入了解边寿民，理应更多阅读汪枚。惜乎枚迹未登仕版，官方记载几乎为零；其《钵山存稿》乃家刻，行之不远，因而今人多不知汪枚为谁。丁志安先生读过《钵山存稿》，但并不十分耐心，不仅遗漏了边、汪二人的亲密交往，甚至没有像考察边寿民其他交游人物那样追踪一下汪枚的生卒享年。案，如前所引，汪枚胞弟汪杰在《钵山存稿跋》中对汪枚一生有过简略的描述，"甫周甲子，赍志以殁"二语，是明确交代汪枚刚刚活到六十岁就去世了。据"年十九，补弟子员"，则可考见其生年。检《淮山肆雅录》卷上，康熙五十年辛卯贵州张元臣宗师科考，府学名录中汪枚赫然在列[1]。由康熙五十年（1711）逆数十九岁，是知汪枚生于康熙三十二年（1693）。由康熙三十二年生，享年六十，可知汪枚卒于乾隆十七年（1752）。检《钵山存稿》末卷亦即卷十，最后作品即前考边寿民卒年时所引组诗《十美诗》，其序明谓作于"壬申初夏"者。壬申即乾隆十七年，汪枚创作到这年初夏为止，更加佐证了汪枚卒于该年的推断。这年春初，边寿民辞世，汪枚哭奠。仲夏或秋初，汪枚便亦魂归道山，追随老友而去了。

边寿民是中国绘画史上数得着的人物之一，学术界对他的研究却并不很多，但愿本文所考，能对推进边寿民其人其画的研究略有小补。

作者工作单位：扬州大学文学院

---

[1]《淮山肆雅录》卷上，页46，嘉庆二年丁巳刻本。

扬州文化笔记（六题）

顾　农

昭明太子萧统曾参访扬州泰州

以编选《文选》一书著称的梁昭明太子萧统（501—531）在镇江、扬州都留下过一些遗迹，镇江南山有昭明太子读书台，扬州城里旌忠寺有文选楼。这些文化遗存，学者们大抵以传说视之，萧统自应在首都建康（今南京）当他的太子，不可能跑到外地去读书、编书。我也一向这么看，并曾在一篇旧文中写道：

扬州与文选学关系最大的文化遗址是文选楼，原来的全称是"梁昭明太子文选楼"。在城里市中心的旌忠寺内，楼顶屋脊上原有砖雕的"文风遐畅"四个大字；一般的庙宇是不会在制高点上谈什么文风问题的。可惜这几个字现在已经看不到了。

旌忠寺起源很古，据说在南朝陈时已在此地建"寂照院"，后来隋炀帝下扬州，曾在此院听讲佛法，再往后，文选楼即建于这所庙内。"寂照院"赵宋时改名为"功德院"，后奉敕改为"旌忠寺"，沿用至今。现在所看到的文选楼，乃清末民初重建者，近年来又重建了一次。原来楼上有木制佛龛，内供奉昭明太子萧统的塑像，现已不存，近来开辟专室陈列了若干文选学方面的著作。

《文选》是萧统及其手下文人在当时的首都即今南京编撰的，并不在扬州。李斗《扬州画舫录》卷九记扬州旧城坊巷，有"糙米巷""旌忠寺巷"，小注云："俗传昭明太子著《文选》于此，因于寺建后楼，额曰'梁昭明太子文选楼'"。"俗传"而已。与李斗同时的大学者阮元明确指出，文选楼是为纪念曹宪、李善而建的。可知此楼与萧统并无直接的关系，"糙米巷"就是"曹李巷"。（《文选学在扬州》，《四望亭文史随笔》，凤凰出版社 2012 年版，第 183 页）

但是应该补充一句说，萧统应当到过扬州，"俗传"他在扬州编撰《文选》虽然并非事实，但也不完全是空穴来风。他大约到过镇江、扬州、泰州一带，在南山读过几天书，也很可能。作为太子，他在首都附近的几个城市走一走，很像是有那么回事。

可以作为这一点之佐证的是，崇祯《泰州志》卷六《人物志》中"侨寓"门下第一条云：

> 梁昭明太子与邵陵王纶大同间游泰州，寓太子港金兰桥，二人为乐真人立观。又闻王仙翁上昇，诣天目山致礼。州人谓之郭西九郎，以其掌火政，立庙祀之，今文孝庙是也。（《泰州文献》第一册，凤凰出版社 2014 年版，第 176 页）

萧统和他的弟弟萧纶（519—551）既然一起到过泰州，那么应当也到过镇江、扬州，这样的交通路线是合适的。萧纶曾封邵陵郡王，一度权摄南兖州刺史，而当时南兖州治所正在今扬州。不过说萧统、萧纶兄弟在大同年间来泰州是不对的，大同这个年号（535—545）已在萧统身后。由萧梁至明朝的天启、崇祯（该志在天启年间启动，完成于崇祯五年壬申，1632），已有一千余年，根据民间口述史来做的记载，有些出入讹错是难免的事，我们应注意其中的有用信息。崇祯《泰州志》有这么一条线索可为泰州文化传统增加一点信息，同时也有助于对镇江、扬州两处与萧统有关的古迹提出某种解释。读地方旧志可以有许多收获，此其一也。

"迷楼"之谜

在中国古代的传统观念中，凡亡国之君都是荒淫无道的昏君暴君，往往一味沉溺于女色，把皇位给玩丢了；与此直接相关的则是必有一个妖精似的红颜祸水，例如夏桀的妹喜、商纣的妲己、周幽王的褒姒……以至南朝陈后主的张丽华，诸如此类，叮住她的主人成双作对地把天下彻底搞垮。不能修身、齐家者，自然也就无从治国、平天下。

隋炀帝杨广也是个亡国之君，可是他的萧皇后是一个很正派、水平很高的女子，炀帝的善后诸事就是她在极其困难的处境中一手安排的；她后来还有非常复杂的经历，活得很久，堪称女中豪杰。此外未见有什么记载说有某一祸水妖精把炀帝给迷住了。

杨广的亡国在这方面找不到常见的确切的原因，于是就传说，他不是被某一个而是被一批祸水所包围，而他们寻欢作乐的基地乃是一座奢华精致的特殊建筑，名曰"迷楼"——隋王朝的大业就是在这座迷楼里垮掉的。

晚唐诗人许浑（791？—？）《汴河亭》诗云：

> 广陵花盛帝东游，先劈昆仑一派流。
> 百二禁兵辞象阙，三千宫女下龙舟。
> 凝云鼓震星辰动，拂浪旗开日月浮。
> 四海义师归有道，迷楼还似景阳楼。

景阳楼乃是陈后主与张丽华等女神欢会的所在，他很快就亡国了；许浑在诗里说，隋炀帝杨广的迷楼相当于陈后主的景阳楼，其下场同样是迅速走向灭亡。

后来有一篇宋传奇《迷楼记》专写这迷楼的由来和其中的腐败：

> 炀帝晚年，尤沉迷女色。他日，顾谓近侍曰："人主享天地之富，亦欲极当年之乐，自快其意。今天下安富无外事，此吾得以遂其乐也。今宫殿虽壮丽显敞，苦无曲房小室、幽轩短槛。若得此，则吾期老于其中也。"近侍高昌奏曰："臣有友项昇，浙人也，自言能搆宫室。"翌日，召而

问之，昇曰："臣乞先奏图。"后数日，进图。帝披览，大悦，即日诏有司，供其材木。凡役夫数万，经岁而成。楼阁高下，轩窗掩映，幽房曲室，玉栏朱楯，互相连属，回环四合，曲屋自通。千门万户，上下金碧。金虬伏于栋下，玉兽蹲于户旁，壁砌生光，琐窗射日。工巧云极，自古无有也。费用金玉，帑库为之一虚。人误入者，虽终日不能出。帝幸之，大喜，顾左右曰："使真仙游其中，亦当自迷也，可目之曰迷楼。"诏以五品官赐昇，仍以内库帛千匹赏之。诏选后宫良家女数千，以居楼中。每一幸，有经月不出。

迷楼规模宏大，结构复杂，穷极奢华，内多神女，杨广乐而忘返——这样荒淫无道的皇帝，自然非完蛋不可；而这样高级的建筑，如果保存到现在，则一定是极其宝贵的物质文化遗产，项昇则是中国建筑史上了不起的大师。

在另一部宋人传奇文《隋遗录》（一名《大业拾遗记》《南部烟花记》）中，说隋炀帝建迷楼，"择下俚稚女居之"，又多记荒淫享乐的故事，大约同样出于想象虚构。中国古代的小说家这一方面的想象力历来是相当丰富的。

其实一个王朝覆灭的原因可能很复杂，单是用一个帝王沉迷于女色是不足以充分解释的。

《迷楼记》文末交代该楼的结局道：

> 后帝幸江都。唐帝提兵号令入京，见迷楼，大惊曰："此皆民膏血所为也！"乃命焚之，经月火不灭。

可知迷楼在隋的首都长安，后来被唐高祖李渊下令一把火给烧了——这件事很像是项羽攻入秦的首都咸阳以后，放火烧了阿房宫。"楚人一炬，可怜焦土。"现在的人们会想，既然是"民膏血所为"，为什么要白白地烧掉呢，可以就地改造为一个博物馆啊。

可是许浑《汴河亭》诗中先说隋炀帝开运河、下江都，龙舟上还带了三千宫女，然则末句提到的迷楼当在扬州（一称江都、广陵）。而且比许浑略早一些的诗人在作品里提到迷楼，也都说在扬州，如包何（生卒年不详，其弟包佶727？—792）诗云："闻说到扬州，吹箫有旧游。人来多不见，莫是上迷楼。"（《同诸公寻李方真不遇》）李绅（772—846）诗云："今日市朝风俗变，不须开口问迷楼。"（《宿扬州》）白居易（772—846）更详细地说起"南幸江都恣侠游，应将此柳系龙舟。紫髯郎将护锦缆，青蛾御史直迷楼。海内财力此时竭，舟中歌笑何日休？"（《新乐府·隋堤柳》）既然如此，李渊下令烧毁长安迷楼，大火经月不灭云云，就只能是一个传说了。

说扬州有隋炀帝的迷楼，其实也只是一个传说。中唐以前到过扬州的诗人甚多，不曾有人提起什么迷楼。

不过隋炀帝一贯好大喜功，多有兴建，乃是实情。他在扬州的行宫，想必相当壮丽奢华。隋末义师起兵造反，宣布隋炀帝的罪状，也正有"广立池台，多营宫观"，耗尽民脂民膏，"罄天下之资财"这么一条。然则扬州虽然未必真有诗歌小说里所说的迷楼，但其说亦非空穴来风，只是其间的详情现在已经无从深悉罢了。

迷楼是个谜，大约是多少有些根据的传说，其中寄寓着历史兴亡的教训。将文学作品里的一些说法完全信以为真，固然显得天真烂漫，而一定要通过考证取缔其事，亦未免失之于拘执高冷。即使查无其事，也还是事出有因。

凡文学作品，前人既已姑妄言之，我辈何妨姑妄听之，只要彼此心知其意就好。

唐代大和尚鉴真

在中外文化交流史上，唐代有两位大和尚是了不起的，这就是玄奘（604—664）与鉴真（688—763）。

玄奘的主要贡献是到西天（印度）取经和译经，极大地丰富了中国人的见闻和思想；鉴真的主要贡献是到日本去传道，同时把中国的许多先进成果带过去，促进了东亚文化圈的形成。鉴真原是南山律宗的第四代传人，"江淮之间，独为化主"，稍后应日本佛教界的邀请前往传律，十二年中历尽周折艰险，前五次渡海都失败了，最后终于在天平胜宝六年（中国天宝十三载，754）抵达日本首都奈良，这时他已经年纪老大，而且双目失明。鉴真在日本传律十年，献出了自己的一切，赢得了日本僧俗两界极高的崇敬。

一个是拿进来，一个是送出去，文化交流无非是这两个方面。

玄奘在中国知名度极高，特别是当他进入通俗小说以后，"唐三藏"几乎家喻户晓，一说起唐僧就知道指的是他，至于他译的那些佛教经典和《大唐西域记》倒不一定读过；鉴真在日本影响很大，而在中国国内的名气则远不能同唐玄奘相比。

最早为鉴真立的传是日本淡水真人元开（721—784）作于宝龟十年（中国贞元十五年，779）的《唐大和上东征传》，其材料来源之一是跟随鉴真东渡之弟子思托的有关记载，非常可靠而且珍贵。近人撰写专书研究介绍鉴真的，以孙蔚民先生的《鉴真和尚东渡记》（上海古籍出版社1979年版）为最早，这份书稿作于1963年，原为纪念鉴真大和尚逝世1200周年而著，可惜在稍后的文化环境中已经不能出版，直到十多年后才得以问世。书前有李俊民先生的序，写得非常深切动人。

鉴真原是江苏扬州人，他也正是从扬州出发去日本的；今天扬州有鉴真纪念堂，在大明寺内东侧，是仿日本奈良唐招提寺金堂修建的。1963年日本佛教和文化代表团访问扬州，主客一起隆重举行鉴真大和尚逝世1200周年纪念典礼；孙蔚民先生当时是扬州师范学院（今扬州大学的前身之一）院长，参与接待和典礼。他在稍后的"文化大革命"中遭迫害致死，书稿面世时，墓木已拱矣。能够心情舒畅地来谈论中外文化交流，也需要正常的环境和气氛。

新近面世的一本论述中日、中朝文化交流的专书《中国与东北亚文化交流志》（严绍荡、刘渤著，北京大学出版社2016年版）说到鉴真在五个方面的重大贡献：

一、鉴真在日本佛教界首设"戒坛"，传播"律学"，成为日本佛教中"律宗"的创始者。

二、为日本佛教界充实了一大批宗教文献。

三、把中国唐代的世俗文化带入日本。后来日本空海大师在中国求法归国后著《文镜秘府论》，就是顺延这一文化传统的成果。

四、鉴真带去的工匠将建筑、绘画、造型等中国的成熟工艺传入日本，其集中的体现就是鉴真督造的奈良唐招提寺。

五、将中国高超的医药带入日本。

如今中国文化正在大踏步走出去，令人格外追怀鉴真大师。从事对外文化工作，有必要学习他那种坚忍不拔的毅力和年既老而不衰的劲头。

关于阮元《碧纱笼石刻跋》

阮元《揅经室三集》卷四《碧纱笼石刻跋》云：

> 王敬公之才之遇，岂阇黎所能预识，为之纱笼亦至矣，而犹以诗愧
> 之，褊哉！ 敬公相业诚有可讥，然其濬扬州大渠利转运，以盐铁济军国
> 之用，亦不为无功。坡公诗以阇黎为具眼，亦过激之论也。古木兰院
> 僧心平属书"碧纱笼"扁，遂论之如此。（《揅经室集》下册，中华书局
> 1993 年版，第 672 页）

一段不长的跋文，涉及唐代扬州古木兰院阇黎（由梵语而来的音译词，
模范的意思，往往指高僧，也作为对一般和尚的美称）的作为、穷小子出身的
宰相王播（字明敫，谥曰"敬"，759—830）二十年后重到木兰院所题之诗以
及后来苏轼在《石塔寺》一诗中发表的议论，并就此独抒己见，言简而意深，
多有值得回味之处。

古木兰院通称石塔寺。因为城市建设街道拓宽的关系，这座满身沧桑
的石塔现在稳立在扬州文昌西路中轴线的绿化带上。据权威资料介绍，石
塔寺的历史沿革大致如下：

> 石塔寺为扬州二十四丛林之一。晋时遗刹，旧为蒙因显庆禅院，刘
> 宋元嘉十七年（440）改为慧照寺（又作惠照寺、惠昭寺、惠照教寺），又
> 名高公寺。唐先天元年（712）改名安国寺，乾元中（758—760）再改名
> 为木兰院。开成三年（838），得古佛舍利，建石塔藏之，名为石塔寺，香
> 火益盛。于是，僧请以慧照旧额更创于甘泉山，名甘泉山寺。
> 石塔原在西门外。宋绍定中（1228—1233），塔圮，僧以旧址重建。
> 至嘉熙中（1237—1240）始移建于城内浮山观之西，即今之所在地……
> 保存至今的石塔有石栏保护，分上下两层。共由 20 块长方形石块
> 和 11 根石柱建成。底层与塔基平，石上刻有龙、凤、犀、马等动物。石
> 塔五层，上有塔顶。每层六角，各层六面均精雕佛像。塔久经风雨，雕
> 像已风化剥落，残缺不全。文革中，所有佛像面部均被砸毁。1979 年，

拓建石塔路,石塔与塔东城隍庙内一株唐代银杏树适在马路中央,因围栏保护,成为路中一景。

石塔寺曾以王播饭后钟故事闻名……（江苏省政协文史资料委员会、扬州市政协文史和学习委员会、扬州市民族宗教事务局编《扬州宗教》,《江苏文史资料》编辑部 1999 年 1 月出版发行,第 124-125 页）

这座古庙从晋到清以至现当代的变迁,这里都说清楚了。石塔路现名文昌西路,不过比较老的居民仍然喜欢称之为石塔路。这里有一个比较重要的公交车站,就叫石塔站。

作为扬州一景的石塔已有一千岁,而原先的寺院今已不存,在那原址上开了几间专卖茶叶、土产的小店。石塔寺虽然历史悠久,却没有多少故事。和尚庙在一般情况下无非是打钟念经,一心拜佛,清心寡欲,远离尘俗,原不会有什么八卦故事。石塔寺里只有一件轶事流传甚广,只是算不得什么佳话。《唐摭言》卷七载:

王播少孤贫,尝客扬州惠昭寺木兰院,随僧斋飧。诸僧厌怠,播至,已饭矣。后二纪,播自重位出镇是邦,因访旧游,向之题已皆碧纱幕其上。播继以二绝句曰:"二十年前此院游,木兰花发院新修。而今再到经行处,树老无花僧白头。""上堂已了各西东,惭愧阇黎饭后钟。二十年来尘扑面,而今始得碧纱笼。"

按王播原籍山西太原,父亲在扬州当小官,所以他青少年时代生活于此。由于家境不算很好,一度在木兰院挂单、读书,准备参加科举考试。他中进士时已经三十六岁（贞元十年,794）,出道比较晚而升迁相当快,长庆元年（821）十月拜中书侍郎、平章事,这就是宰相;次年出为淮南节度使,驻节扬州。惠昭寺的和尚得知此事后赶紧把他早年在这里墙壁上随手写写划划的痕迹都恭恭敬敬地用碧纱笼罩保护起来,于是引起这位高官的感慨——当年自己在这里是个不受欢迎的穷小子,二十九年一过,情形完全不同了!

王播的两首新诗不无讽刺此院和尚的意思,只是措辞也还不算火爆。当然,如果他风格更高一点,也可以不再提起这件当年旧事,已经做到这么大的官了，旧时的小小恩怨何妨一笑了之，所以阮元批评他心胸不够开阔。

古代社会里常见一种"四有"官员：有才干，有政绩，有手段，有毛病。因为有毛病，往往物议纷然，弄不好就可能栽掉；而因为有能力会做事，为皇帝和时局所需要，所以又可能节节高升，且得以善终。王播属于这后一种幸运的类型，《旧唐书》（卷一六四）本传载：

> 长庆元年（821）七月，征还，拜刑部尚书，复领盐铁转运等使。十月，兼中书侍郎、平章事，领使如故。长庆中，内外权臣，率多假借。播以铜盐擢居辅弼，专以承迎为事，而安危启沃，不措一言。时河北复叛，朝廷用兵，会裴度自太原入觐，朝野物论，言度不宜居外。明年三月，留度复知政事，以播代度为淮南节度使……播至淮南，属岁旱俭，人相啖食，课最不充。设法掊敛，比屋嗟怨。
>
> 敬宗即位，就加银青光禄大夫、检校司空，罢盐铁转运使……明年（按指敬宗宝历元年，825）正月，播复领盐铁转运使。播既得旧职，乃于铜盐之内，巧为赋敛，以事月进。名为羡余，其实正额，务希奖擢，不恤人言。
>
> 时扬州城内官河水浅，遇旱即滞漕船，乃奏自城南阊门西七里港开河，向东，屈曲取禅智寺桥通旧官河，开凿稍深，舟航易济；所开长一十九里，其工役料度，不破省钱，当使方圆自备，而漕运不阻。后政赖之。
>
> 文宗即位，就加检校司徒。大和元年五月，自淮南入觐，进大小银碗三千四百枚、绫绢二十万匹。六月，拜尚书左仆射、同平章事，领使如故。二年，进封太原公、太清宫使。四年正月，患喉肿暴卒，时年七十二。废朝三日，赠太尉。

《新唐书》（卷一六七）《王播传》所记略同。阮元对王播一分为二，说他"相业诚有可讥，然其濬扬州大渠利转运，以盐铁济军国之用，亦不为无功"，根据正在这里。阮元在宦海里泡过多年，阅人多矣，一向讲究恕道，极高明而道中庸，所以立论能够如此简明深刻，平稳恰当。

《史记》以后正史的人物传记里往往详载其官职升降，有何重要章奏、文章之类，而很不重视能够体现人物性格的琐事细节，所以王播早年遭遇饭后钟以及当年题壁后来获得碧纱笼之高规格待遇一类故事,皆所不载。他还有一则故事,亦为史书不载而大有意味,足以同他的大作《题木兰院》二首互相发明,此事见于《太平广记》卷二六五引《闽川名士传》:

> 陈通方,闽县人,贞元十年(794)顾少连下进士及第。时属公道大开,采掇孤俊。通方年二十五,第四人及第。以其年少名高,轻薄自负。与王播同年,王时年五十六(按当作三十六),通方薄其成事后时,因期集抚其背曰:"王老王老,奉赠一第。"言其日暮途远,及第同赠官也。王曰:"拟应三篇。"通方又曰:"王老一之谓甚,其可再乎?"王心每贮之。通方寻值家艰还归,王果累捷高科,官渐达矣。通方后履人事入关,王已丞郎判盐铁。通方穷悴寡坐,不知王素衔其言,投之求救。同年李虚中时为副使,通方亦有诗扣之,求为汲引云:"应念路旁憔悴翼,昔年乔木幸同迁。"王不得已,署之江西院官。赴职未及其所,又改为浙东院,仅至半程,又改为南陵院。如是往复数四,困踬日甚。退省其咎,谓甥侄曰:"吾偶戏谑,不知王生遽为深憾。人之于言,岂合容易哉!"寻值王真拜,礼分悬绝,追谢无地,怅望病终。

为了当年的几句玩笑话,得意高升以后的王播就把先前的"同年"(一起进士及第的考生)折腾得苦不堪言。陈通方当时轻薄自负乱开玩笑固然不当,王播太记旧恨,反复收拾那位少不更事的小陈,也未免太过分了。

由此可知王播重到木兰院并题诗二首,吐出一口恶气,是一定会发生的事情。幸亏这庙里的老僧颇识时务,用一方碧纱无言地弥补了先前"饭后钟"的重大过失,避免了更严重的报复。亡羊补牢,犹未为晚,此之谓也。

王播《题木兰院》是讽刺木兰院中那些势利眼和尚的;后来清代"扬州八怪"之一的李鱓(他常住扬州卖画)有《石塔寺》一绝,大旨也是如此:

> 木兰院古树森森,回首王郎续旧吟。
> 莫讶相看僧冷热,笼纱原是打钟心。

此诗略谓虽然木兰院和尚前后的态度冷热悬殊,而秉性一直未变。这话也颇言之成理。但值得体谅的是,他们特意设置碧纱笼乃是不得已的事情,现在王播大人是本地最高军政长官,再也得罪不起——如果他要给自己的小庙套上一双小鞋,那实在易如反掌,所以非特别巴结、多陪笑脸不可。做一天和尚撞一天钟,他们也不容易啊。

后来的作品也有肯定和尚、批评王播的,最有趣的是苏轼的一首《石塔寺》：

> 饥眼眩东西,诗肠忘早晏。虽知灯是火,不悟钟非饭。
> 山僧异漂母,但可供一莞。何为二十年,记忆作此讪?
> 斋厨养若人,无益只贻患。乃知饭后钟,阇黎盖具眼。

诗前有小序云："王播饭后钟诗,盖扬州石塔寺事也。相传如此。戏作此诗。"可知这是一篇游戏之作,但其中也有些道理,二十多年还念念不忘旧时憾事,这种人当年不给他白吃饭是对的。阮元批评苏轼此诗为"过激之论",但他似乎忘了这是一篇"戏作"。

阮元的《碧纱笼石刻跋》虽然是应此时石塔寺当家和尚心平之请而作,但他仍然表示不赞成"阇黎盖具眼"那样的戏论。

阮元始终是一位温文尔雅的正人君子,立言的态度一向比较严肃平正。苏轼则嬉笑怒骂皆成文章,风格不同,立言自异。亦可谓言各有当也已。

吴敬梓客死扬州

吴敬梓(字敏轩,一字文木;1701—1754)晚年的朋友程晋芳《文木先生传》云：

> 岁甲戌,与余遇于扬州,知余益贫,执余手以泣曰："子亦到我地位! 此境不易处也,奈何!"余返淮,将解缆,先生登船为别,指新月谓余曰："与子别,后会不可期。即景恨恨,欲构句相赠,而涩于思,当俟异日耳。"时十月七日也。又七日而先生殁矣。先数日,哀囊中余钱,召友朋酣饮,醉,辄诵樊川"人生只合扬州死"之句,而竟如所言,异哉。

这里说吴敬梓死于十月十四;而第一时间赶过去与逝者诀别并经办后

事的晚辈亲戚金兆燕说,那是在十月底,其《甲戌仲冬送吴文木先生旅榇于扬州城外登舟归金陵》诗中有云:

孟冬晦前夕,寒风入我帷。独客卧禅关,昏灯对牟尼。
忽闻叩门声,奔驰且惊疑,中衢积寒冰,怒芒明参旗。
踉跄至君前,瞪目无一词。左右为余言,顷刻事太奇。
今晨饱朝餐,雄谈尽解颐。乘暮谒客归,呼尊釂一卮。
薄醉遂高眠,自解衫与綦。安枕未终食,痰壅如流澌。
圭匕不及投,撒手在片时。……

吴敬梓死得非常突然,当天的白天到傍晚还一直正常活动,晚上喝了点酒,醉了,睡下去不久忽然发病,就没有救了。"晦"是月底最后一天,按这里的说法,吴敬梓去世于十月二十九日,比程晋芳的《文木先生传》所载要晚半个月。

甲戌是乾隆十九年(1754),按传统的办法计虚岁,这一年吴敬梓是五十四岁。用现在的年龄观念看去,他属于最可痛惜的英年早逝。

吴敬梓一生多次到过扬州,他最后这次来,大约仍然是探亲访友并争取经济上的援助。那时扬州盐商之类的阔人多,地方官里文化修养高、足以主持风雅的高人多,总之可以赞助文化的人比较多,所以文人中的寒士喜欢往这里跑。吴敬梓在扬州本来就有不少亲戚和朋友,走动就更勤一点。乾隆十九年,过去在扬州任过两淮盐运使的卢见曾(字抱孙,号雅雨;1690—1768)重来此地再度担任这个重要的职务;吴敬梓很早就认识他,关系不错,所以也赶紧跑到扬州来了。但此行吴敬梓似乎没有多少收获,已经准备回南京去,不料竟然已经回不去了;他的丧葬费用是由卢见曾支付的。

"人生只合扬州死"之句,出于唐代诗人张祜的《纵游淮南》:"十里长街市井连,月明桥上看神仙。人生只合扬州死,禅智山光好墓田。"程晋芳误记为樊川即杜牧,大约是因为杜牧名气更大,同扬州的关系也更深。

吴敬梓很早就有糖尿病,但他非常大意,一向喝酒,这是很不相宜的。他的最后大约是贫病交加,身心并疲,终因糖尿病与某种别的病并发,遂猝死于扬州。

《红楼梦》里的扬州方言

《红楼梦》的作者同扬州有什么关系以及为什么有这种关系，是一个有过讨论、悬而未决的问题。最近读到韩冬冰先生的《阅读红楼梦》一书（中国经济出版社·中国石化出版社 2018 年 4 月版），其中说《红楼梦》前八十回里多有扬州方言词汇，由此推论其初稿的作者应当不是曹雪芹本人，可能是他的祖父——同扬州、南京关系很深的曹寅，曹雪芹则是小说书稿的整理写定者。从逻辑上看，这一推测很可备一说。

韩书之第六讲第一节《典型的宁扬方言》中列举《红楼梦》中这些扬州话——

> 不曾，话头，怪道，出月，才刚，着实，生意，强如，拉硬屎，多嘴，拿大、不大、先不先，害着、害不着，挺胸叠肚，何苦、大还不过，吃茶，不大××，作，大不了，大好了、大愈，多早晚，不中用，眼错，巴巴的，爬高上梯，不愁，那会子，作法，吃了一下，硬正仗腰子的，嚼蛆，往大里闹，勒挦、累挦，好生，花子，全挂子，歪、歪着、歪一歪，胳肢窝，排揎，不卯，大生日，看人家的鼻子眼睛，不防头，摸（到这儿），倒扁儿，韶刀，逼着，关，撂开手、撂，歪派，要死、要死了，簇新，拗、搅，可大好了，不得、没得，倒是你说吧，登时，不像，作死，文风不动，记性，心事，养，偷攛，回来、回头，家去，搛，不好过，苦瓠子，馋鬼，螾，挺尸，撞尸，说嘴，下作，早起，洋糖，发狠，卦、打卦、我的卦，希嫩，过了人，作兴，年下，不则声，领、领承，能可，现成，半中间，枵子盖，馋痨，死在这里了，拉劝，尖，躲懒，降不住，拿手，诌掉了下巴，顿了一顿，放风筝送饭送菜，不及，一顿把，廊檐，屹蚤、蠓虫儿，白话，咸浸浸的

这里列举的一百多个方言词，有些可能不仅仅在扬州一带使用，又有些词现在已经进入了普通话，情形较为复杂；但它们确为扬州方言，最好用扬州口音来读，在这个方言系统里其义项同别的地方有所不同。韩先生举"白话"一词为例道：

第五十二回,宝钗道:"偏这个颦儿惯说这些白话。"

书(按指人民文学出版社2008年版之修订本)上注解为把话说白了,这是北方人作的注,他不懂这是扬州方言,完全弄错了。这里的意思是"淡话",或信口开河的话,随便说的废话……

韩先生的意见是对的。这里"白话"的"白",在扬州一带方言里读如po之入声,空话,废话的意思。

韩先生是江苏泰州(离扬州很近,历史上隶属于扬州)人,我同他高中同学三年,半个多世纪以来一直有所联系,很熟悉的。他是著名的化工专家,在他的专业里曾得过许多奖,退休前任烟台大学化学化工系教授兼系主任;而退休后他却在该校开书法课、诗词课,近年来又大讲《红楼梦》,极受学生的欢迎爱戴。他的书法、诗词读中学时已露头角,后来更卓然名家,还不知道他又深研红学。我读了他这本《阅读红楼梦》以后,更佩服他的渊博深沉了。

作者工作单位:扬州大学瘦西湖校区文学院

钱良胤《广陵竹枝词一百首》

李　洁

摘　要：晚明南通诗人钱良胤，一生未仕，以州学生员终生。其所著《春雪馆诗》十六卷，为天津图书馆馆藏孤本，颇为罕见。诗集中有《广陵竹枝词一百首》，创作于晚明万历四十五年（1617），描写当时扬州的社会生活和社会各阶层的风俗民情，内容丰富，是晚明扬州的见证与写照，对于研究扬州历史文化具有重要的价值。兹将全诗并二序录出，以飨同道。

关键词：钱良胤　明万历末年　广陵竹枝词

　　钱良胤，字王孙，通州人。明州学生员。有才调，性善谐谑。入清不仕。著有《春雪馆诗》十六卷，《〔康熙〕通州志》卷一二著录[1]。此书未见刻本流传，仅有手抄本十六卷，藏于天津图书馆，中华全国图书馆文献缩微复制中心编选《天津图书馆孤本秘籍丛书》第 12 册影印出版。明代时期，通州隶属于扬州府辖区，所以钱良胤常来往于扬州，自称"土著之夫"，诗集中有不少在扬州所作的诗歌。其中有《广陵竹枝词一百首》，作于万历四十五年（1617）秋季，描绘了晚明万历末年的扬州风物。《春雪馆诗》为海内孤本，

---

[1]　参考《江苏艺文志·南通卷》，江苏人民出版社 1995 年版，第 42 页。

在影印本出版之前颇为难见，因此夏友兰、陈天白、顾一平编选的《扬州竹枝词》《扬州竹枝词续集》《扬州竹枝词再续集》均未收录。笔者已作《论钱良胤〈广陵竹枝词一百首〉的史料价值》[1]，对这一组竹枝词的创作背景和所涉及晚明扬州的政治经济、风俗民情、忧乐利弊等描写进行了考证和介绍，现再将全诗一百首并前置之同乡汤不疑序和钱良胤自序[2]，公之同道，借以为扬州地方文化史研究增添新的文献资料。

广陵竹枝词叙

异哉，今海内言诗者也！人抱嗜痂之癖，家矜破胆之鉴。自汉魏以迄于兹，作者纷纶，莫不置雌黄。其舌迹所评摧，几若夏虫寒卉乎，不易方以相稽矣。唯是尼父所刊定《十五国风》，及诸厘戒升袝之什，即无问体工拙而指贞淫，概以为诗家之龙准，而郊禘之嗣是。则杜陵野叟，犹幸从祀两庑间也。何故？驺人孟子车光生有言"诗亡然后《春秋》作"，夫诗故史族典，杜陵诗中有史，即不敢拟《获麟》，其或可分稗官一局，自不得与宴游酬赠之篇骈举而毛刺之也。唐刘梦得谪居沅湘间，听里歌芜陋，依其声唱之为《竹枝词》，隶于乐府，予友钱王孙氏，乃摹其调，于广陵三日而成百首。或曰："若是其捷乎？"虽然，予不以难王孙。夫王孙才故捷耳，第其于扬之兵农盐铁、饮食男女、骚雅人物、俗尚风谣，种种情态悉吻若列眉，诊其病而授之以方，哀其婺而恤之以纬，若有韩公子、贾长沙孤愤痛哭之思焉。他日汉天子诏求贤良文学，进子大夫于庭，问扬之风土治忽何若，即持此以奏之可矣。所云"诗史"，非耶？王孙雅抱经世才，顾屈首于韦间，不能驶其逸足，居恒谈术时政，辄慷慨汍澜，壮心旃旆从鼻尖作火光射出，兹故其一时余冰之语，殆诗鼎中之寸胾云。它诗若干种，工丽典雅，伯仲唐高、岑与近代济南、武昌诸公，顷乃欲创霸江东，耻奉中原冠带。新梭细锦，说者将以之骖乘公安，予私揣王

---

[1] 发表于《扬州文化研究论丛（第21辑）》，广陵书社2018年版，第110–122页。

[2] 汤不疑，字袭明。通州人。文辞超乘，雄长艺林。晚以明经应举，逾明年而卒。有《汤袭明文集》，已佚。（见《江苏艺文志·南通卷》，第26页）钱良胤自序中所提及"陈季慈明府"，名荀产，字季慈，贵州铜仁人。万历三十一年举人。万历时期曾任湖广某地知县、顺天漷县知县，崇祯年间任云南琅盐井盐课提举，明亡后仕南明，为云南某府同知。其诗文集无考。（参见《〔光绪〕顺天府志·官师志》"明知县"、《〔康熙〕琅盐井志·官师志·宦绩》"明提举"、钱海岳《南明史·列传》"时云南疆吏先后可记者"）

孙,恐犹未即色唯也。

丁巳秋八月社弟汤不疑袭明甫叙。

广陵竹枝词百首和陈季慈明府 并小引

余不佞,不恒至郡中,间以就学使者试过之,然亦枯坐邸舍,向紫阳注脚觅生活,诸凡土风时习,未尝过而问也。今秋有事于扬,三四友人文酒过从,留连弥月,偶过陈季慈明府信美斋,出所为《广陵竹枝词》要余属和,余惟季慈黔中流寓,目击颓风,语含嘲讽,深得浣花老人微旨,矧不佞土著之夫也,言念维桑,杞忧弥切,乃摭拾旧闻,参附近习,间摅末议,条画二三,凡三夕广至百章,以俟观风者择焉。诸君子其视为诙谐之朔,惟命;视为痛哭之谊,惟命。

其一

黄金坝口水汤汤,行到湾头客转忙。弭楫东关进城去,琼花观里问无双。

其二

平山堂与蜀冈连,柳外迷楼冷断烟。见说旧时歌舞地,春来田父拾遗钿。

其三

梅花岭边画阁重,冬看梅雪夏荷风。太守风流今尚在,游人还解说吴公。

其四

两艘镳绾钞关坚,朝夕帆樯栉比然。关吏榷商非得已,边疆岁急水衡钱。

其五

郡中科甲近来多,说者归功宝带河。不见傍州引为例,吾通筑塔高嵯峨。

其六

土人逐末习成风,说着耕田个个慵。好买犁锄勤稼穑,古来兵事寓诸农。

其七

埂子遥将河底通,五方百货集其中。就中何地饶心计,共说新安山陕雄。

其八

只合劳劳名利间,钱奴宦贾不曾闲。几人解脱逃羁绁,清福清名帝所悭。

其九

晓起朝饔且慢餐,下床饼饵共团栾。小家瓶底不储粟,上户仍闻担石难。

其十

何人肯抱杞人忧,阖郡空虚不解愁。倘然有警城门闭,珠玉还堪炊煮不?

其十一

几百残兵卫两城，拟从淮寨借防春。何当请募收游侠，无赖翻成有用人。

其十二

厉精戎伍诵丰城，未许增兵只练兵。海上近传夷叵测，设科远望郑康成。

丰城谓前监司熊公，康成谓今监司郑公。

其十三

醭台东宪辖诸司，身后丰碑篆去思。为问就中谁第一，请看城外应公祠。

其十四

郡中繁富靠群商，只聚金银不聚粮。拟向旧城设柴市，更向新城添米行。

其十五

广储门外旧通船，桥腹桥多船不前。游女逢春多似昔，百钱户户买游轷。

熊兵尊禁游船，甚维风化，而春游士女，皆舍舟从陆矣。

其十六

巾车预戒尽裹幨，一日三番换绮缣。日暮进香诸庙罢，司徒祠畔掣灵签。

其十七

迎春兆岁土牛司，尘拥勾芒箫鼓随。妓乐缤纷夸极盛，儿童争说杜公时。

其十八

上元灯事甲他州，火树银花烂不收。莫讶虹桥跨天半，官家端拱厌宵游。

其十九

四时节令盛清明，士女郊游走阖城。马上坠鞭酬掷果，船头吹管答啼莺。

其二十

烟花繁处说关南，谑月评风巷十三。多少冶游轻薄子，沿门日暮数红衫。

其二十一

少年三五挟名姝，袨服新妆游旱湖。游遍西山天尚早，赐张坟里看投壶。

俗谓陆游曰"游旱湖"，不可解也。

其二十二

青衿士子气凌云，无耐中间自败群。硬证强帮渎公府，致令官长薄斯文。

其二十三

商家掌记多佣儿，结束佯称某字旗。可怜姊妹无具眼，迎上高楼翻讶迟。

其二十四

冠履由来辨等威，满城巾子是耶非。婚家女眷尤堪笑，袍带人人尽着绯。

其二十五

伐鼓张筵合卺宵，儿郎欢剧女郎娇。酒阑阿母笑归去，一点朱樱裹素绡。

其二十六

人家惯设庆生筵，黄口抓周酿酒钱。舞象成童跻大耋，称觞召客自年年。

其二十七

翩翩白皙俊儿郎，不读儒书不业商。广袖折巾新样好，街头游览度流光。

其二十八

市中浮价可轩渠，岂独吴中折半虚。偶向肆门看贸易，三分买去百钱鱼。

其二十九

假女名呼瘦马儿，三三两两投女师。教习梳妆与弹唱，嫁时什二割奁资。

其三十

良家女儿花比妍，不拣夫婿只拣钱。钱多朝赍夕挈女，宁问闽粤和韩燕。

其三十一

罔利无过质库饶，宝缣山积不征徭。人家缓急趋他便，谁悟黄金尽此销。

其三十二

齐鲁年来苦旱蝗，垂髫稚女论船装。到扬下驷为良婢，佳丽都归北里娼。

其三十三

城南宝塔插天红，无奈年来忄祝融。术者指教壬癸压，只今改作黑文峰。

其三十四

营里骄兵不满千，醉游两湾拥伎眠。许大都会等儿戏，有急若个持刀前。

上湾下湾，皆狭邪处，与营房相连。

其三十五

战艟海上竖贼旗，逢着客舸夜劫赍。官差捕盗反为盗，兵使军门那得知。

扬属诸营时有此弊。

其三十六

妖道游僧性不良，采生禁魇毒非常。通都孔道宁无此，不遣登门是秘方。

其三十七

游士身披隐士衫，投来新刻亟开械。诗多先捡诸题阅，强半峥嵘贵客衔。

其三十八

近夸新事客争传，草圣行书列市廛。款下墨池清兴印，或充时贵或先贤。

其三十九

扬州医馆润州来，恰好居同左卫街。一样悬壶人莫辨，门前认取小招牌。

其四十

客人买妾至他方，妁妪奔波汗似浆。红纸包封钱十片，扪牙引臂尽情相。

其四十一

刀笔纵横性太刁，自言不数汉庭萧。后生莫堕渠坑阱，破产亡躯尽此曹。

其四十二

茉莉花香五月天，家家买戴不论钱。童儿趁早穿花卖，叫到深闺绣榻边。

其四十三

山东流移殊可怜，饥肠燥吻攫炊烟。官兵徼功录为盗，何幸当道哀颠连。
予寓扬目击此弊，郑兵尊怜而尽释之。

其四十四

划子船开一叶微，宵行晨拽疾如飞。欺他估客平身弱，几贯青蚨酿杀机。
划船常劫财杀人，吾扬一大蠹也。

其四十五

民间有讼到公庭，不待官司剖断明。雇倩天罡充打手，但凭强弱判输赢。
天罡诸属邑间有，而吾通尤甚。

其四十六

衙门伍伯何太凶，夏着花纱冬大绒。晓起入衙齐换却，竹皮拄手帽鲜红。
吾通伍伯强半天罡，尤怪事也。

其四十七

游闲公子到邗江，从者如云拥画舫。醉倚玉人看不见，箫声苎泽出蓬窗。

其四十八

新开茶馆太喧阗，粉扁横书赛玉川。拍案呼茶茶不至，竹筹一把撒君前。

其四十九

吴江帽子荡口鞋，扇骨如油冬夏揩。取醉彭园过关去，登楼同看夹青牌。

其五十

童儿也解串吴歌，板眼虽谐吐字讹。不是歌喉殊彼地，却缘无奈土音多。

其五十一

儿郎不遣习公车，买缺教充府县胥。弄智舞文非美俗，赚来钱物到头虚。

其五十二

当年榷税至权珰，门下私人似虎伥。珰死天回群孽窜，石坊小额撒通商。

其五十三

青帘高揭似新丰,曲馆深堂复阁通。门面尽高无好酿,家家煮细血般浓。

其五十四

八鲜扯面说扬州,鱼肉如林气作馊。引类呼群齐上店,小东门外郑家楼。

其五十五

短衣高帽学吴儿,巾帻深笼不见眉。双眼一丁浑未识,人前评画复评诗。

其五十六

古鼎重将旧锦包,人来赏鉴怕轻敲。百金买去不重看,谁识花纹镜背胶。

其五十七

三义阁前冷铺儿,剥铜蚀玉带黄泥。问他名色都不解,一味向人求高赀。

其五十八

估人钱虏不知茶,壶腻杯腥水夹砂。赤色六安人尽买,天宁寺口访僧家。

其五十九

足底云梯稚子盘,鸣锣蚁聚万人看。古来绝技时时有,不数承蜩与弄丸。

其六十

问舍求田没了期,牙筹日夜悉铢锱。试看韩叟财倾郡,为问今还有立锥? 韩伧拥赀百万,数年家毁于狱,身竟贫死。

其六十一

灰色毛衫两袖宽,一生爱向闹中钻。青楼朱馆家家熟,镇日跟随大老官。

其六十二

诸厅甲首大如天,窝访生涯巧弄权。持牒他州勾摄去,归来捆载满腰缠。

其六十三

白棍衣衫结裹精,儿郎韶秀引同行。荒祠别墅成私约,见客呼为小弟兄。

其六十四

市中五虎向来闻,博局倡楼扎火囤。一自赵公严遣后,至今余党望风奔。

其六十五

衙官弁客也多才,诗句疑窥韵府来。楮尾细书门下走,俚言求教老恩台。

其六十六

香贾半多西域儿,教门断肉剪黄髭。礼拜寺中频礼拜,防闲不遣外人窥。

其六十七

凹头骨董镇年淹,售者偿多价转添。却笑贪心无厌乏,宁教蠹蚀与霉沾。

其六十八

桑门祝发为传灯,怪底扬多酒肉僧。一个智公留不得,匡庐西去叩三乘。

其六十九

扬子桥边艇子来,乘风吹浪片帆开。底事篙师面如漆,云往真州去贩煤。

其七十

家资满百尽装身,绸段绫绒色色新。到家夜夜不妨火,过渡朝朝愁杀人。

其七十一

朱门炙手客争趋,谠论无闻只贡谀。绝似戏场诸丑净,只差几笔粉儿涂。

其七十二

高突无烟了不愁,出门拉伴日嬉游。博场酤肆无钱入,游府边傍学打毬。

其七十三

从来婚礼有恒仪,底事铺张缛节为。盘榼尽多无好物,大馄死面裹糖皮。

其七十四

鲁监当年学给孤,布金宝刹兴玄都。铜山金埒何尝乏,功德能如此老无。

其七十五

清规严净说尼庵,客至寻常不放参。三窟委蛇同狡兔,曲房私约比丘谭。

其七十六

肩荷黏竿羉窃脂,茂林深树侧身窥。获将麻雀焊光卖,狡猾无过射鸟儿。

其七十七

游宦行商尽此过,骡行尘滚聚千骠。不论齐楚燕秦客,只拣行装重载驮。

其七十八

马泊六称杨矮奇,好家儿女尽钻窥。五十黄边供一醉,引郎花里会仙姬。

其七十九

学子心花日渐开,天真微凿好滋培。昨日青楼客游戏,挈来童子赤双腮。

其八十

砖街姊妹号娉婷,车马如流向不停。近日门前嫌冷落,移家潜住撒盐厅。

其八十一

东关对岸有长堤,个处娟名柁客妻。收纤艤舟投宿去,入门先浣脚跟泥。

其八十二

一肩行李卸划航,古褶行衣土绣香。袖里笼书去投刺,达官荐与某盐商。

其八十三

说着收藏贵赏音，陶匏瓦缶胜璆琳。休言彝鼎名希世，一个宣瓷抵廿金。

其八十四

小家女儿剧好游，赁服华身簪耀头。不畏飞沙风太猛，只愁云合雨如滮。

其八十五

学舞教歌做顛官，面涂粉墨太辛酸。郡县当差忙不迭，健儿票捉后衙看。

其八十六

挑客潜踪傍短檐，淡妆斜口映疏帘。窥人羞睹桃花面，佯假分香露玉纤。

其八十七

舌剑心兵腹隐矛，好谈中菁与阴谋。从来此辈干天忌，几个少年能白头。

其八十八

乡曲人传武断声，谋充乡约更纵横。虚称彰瘅瞒官府，假托条陈诈比邻。

其八十九

折简精工尚拱花，銮江三坝未须夸。徽州新至昭文馆，压倒扬城数十家。

其九十

皇华使节日经过，耳畔常闻铺卒锣。执役河干迎送苦，醵钱共买五香螺。

其九十一

关外园丁解种莲，不论盆盎叶田田。客来只见红芳乱，讶道依稀太华巅。

其九十二

合属新添社学生，龙钟伛偻惯逢迎。青袍垂摆角巾绽，朔望挨趋府县庭。

其九十三

乳媪人将妈子呼，青年终岁撇儿夫。嗔他主母堤防密，背地潜私厮养奴。

其九十四

玉枢丹好远方夸，每两三星价不差。闽广瘴乡需更亟，满城寻觅到樊家。

其九十五

零星食肆最堪憎，油炙鸡鱼为辟蝇。一榼星攒无可啖，瓜仁桐子纸箍层。

其九十六

纫工巾贾叙同乡，从小离家自豫章。醵饮沉思操胜算，嫌鱼多骨市猪肠。

其九十七

运司前后府东西，青竹提篮到处携。禁约森严明不畏，摊钱诱客取刀锥。

其九十八

逼除荏苒岁将新，为问谁家谷有陈。柏酹桃符俱不管，得钱先竞买瓜仁。

其九十九

好收菽麦入城来，万廪千箱尽意堆。莫倚年丰忘蓄积，飞蝗闻也过长淮。

其一百

同时守令总循良，巨猾神奸迹半藏。浇俗挽回功不小，斡旋妙用属龚黄。

作者工作单位：广陵书社